Dorothee Sölle im Gespräch

Herausgegeben
von Theo Christiansen
und Johannes Thiele

Kreuz Verlag

Bildquellennachweis:

Hans Lachmann, Monheim, Seite 9, Seite 53, Seite 63
Oswald Kettenberger, Maria Laach, Seite 21, Seite 37
Jaime Pacheco, Frankfurt, Seite 89
EPD-Bild (Fotograf: Niemz), Frankfurt, Seite 99, Seite 113
Jesper Dijohn, Neuenegg/Schweiz, Seite 127, Seite 179
Andreas Wolfensberger, Winterthur/Schweiz, Seite 137
Johanna Roy, Seite 145
Martin Langer, Bielefeld, Seite 155
Adolf Clemens, Dortmund, Seite 193
Christoph Morlok, Isny, Seite 201
Jeroen Neus, Hilversum, Seite 217 (veröffentlicht in: H. M. Kuitert / Dorothee
        Sölle »DE POLITIEK EN DE RESERVES VAN DE KERK«
        © 1987 Uitgeverij Ten Have b.v., Baarn)

CIP-Titelaufnahme der Deutschen Bibliothek

Sölle, Dorothee:
Dorothee Sölle im Gespräch / hrsg. von Theo Christiansen u.
Johannes Thiele. – 1. Aufl. – Stuttgart: Kreuz-Verl., 1988
   ISBN 3-7831-0912-4
NE: HST

1. Auflage (1.–8. Tausend)
© Kreuz Verlag Stuttgart 1988
Umschlaggestaltung: HF Ottmann
Umschlagfoto: Andreas Wolfensberger
Gesamtherstellung: Ebner Ulm
ISBN 3 7831 0912 4

Inhalt

Editorial

Dorothee Sölle im Gespräch – das ist nicht nur ein Programm, sondern fast so etwas wie eine Gleichung. Wer diese Theologin kennt, weiß, daß sie im Gespräch aufblüht. Es ist der Ort, an dem die Sache, um die es ihr geht, in der persönlichen Vermittlung lebendig wird. Am Anfang ihres Denkens steht nie der theologische Lehrsatz, sondern die konkrete Situation, aus der heraus Theologie erst sprechen kann.

Vielen Menschen ist Dorothee Sölle durch ihre Bücher, ihre Lehrtätigkeit und ihre Vorträge bekannt geworden. Wir zeigen hier eine vielleicht nicht so gut dokumentierte, aber sehr wichtige Seite ihres öffentlichen Wirkens. Das Buch versammelt die wichtigsten Gespräche und Dialoge, die Dorothee Sölle in den vergangenen fünfzehn Jahren in verschiedenen Medien und mit unterschiedlichen Gesprächspartnern geführt hat. Im lebendigen Austausch vollzieht sie mit besonderer Meisterschaft die Auseinandersetzung mit den brennenden Fragen der Gegenwart. Wir haben aus der Fülle des Materials eine Auswahl treffen müssen und dabei den grundsätzlicheren Gesprächen den Vorrang vor zahlreichen tagespolitisch aktuellen Interviews gegeben.

Wir danken den Gesprächspartnerinnen und -partnern sowie den Radio- und Fernsehanstalten für die Erlaubnis, die Texte hier abzudrucken. Den Leserinnen und Lesern wünschen wir, daß diese Dokumentation die Auseinandersetzung mit Dorothee Sölle bereichern und vertiefen kann.

Hamburg/Stuttgart, im Dezember 1987   *Theo Christiansen*
Johannes Thiele

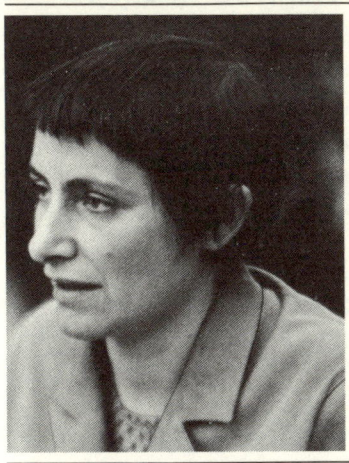

»Das Christentum muß kritischen Fragen standhalten, wenn es Zukunft haben will«

Gespräch mit Günter Gaus über Aufklärung und Atheismus, Theologie ohne Gott und den notwendigen Lernprozeß der Christen

GAUS: Frau Dr. Sölle, Sie sind die protestantische Vertreterin einer Theologie, die damit fertig werden will und muß, daß nach Auffassung dieser Theologie Gott im herkömmlichen Sinn tot ist. Mit einem solchen Gottesverständnis wurde man in Ihrer Generation, Sie sind Jahrgang 1929, noch nicht geboren, es mußte sich entwickeln, es bedurfte der Anstöße. Was hat Sie auf den theologischen Weg gebracht, auf dem Sie jetzt sind?

SÖLLE: Eigentlich eine längere Entwicklung, die so ähnlich gelaufen ist wie für viele Leute in meiner Generation. Ich stamme aus einem liberalen und großbürgerlichen Elternhaus und bin als Kind in den Kindergottesdienst geschickt worden, weil das gegen die Nazis gut war oder meinen Eltern gut zu sein schien, und ich bin im Laufe des Schulunterrichts auf den Gedanken gekommen, mich mit Theologie etwas näher zu beschäftigen. Ich habe dann sehr viel gelernt von dem Bultmannschen Entmythologisierungsprogramm und seinen Folgen, und das ist für mich sicher ein wesentlicher Anstoß gewesen, der allein allerdings nicht ausreichte. Der zweite wichtige Anstoß ist, glaube ich, die Beschäftigung mit der gesellschaftlichen Wirklichkeit, die Beschäftigung mit dem Marxismus, das heißt auch die Annahme oder Übernahme der marxistischen Religionskritik für eine Theologie, die noch mehr

Das Gespräch wurde am 13. Juli 1969 vom Südwestfunk im Deutschen Fernsehen ausgestrahlt und veröffentlicht in: *Dorothee Sölle*, Das Recht, ein anderer zu werden. Theologische Texte, erweiterte Neuausgabe Stuttgart 1981 (Erstpublikation: Darmstadt 1971).

9

überkommene Selbstverständlichkeiten ausräumte. Also ein Schritt über die Entmythologisierung hinaus, der aber von da aus durchaus seinen Anfang nimmt.

GAUS: Aber es bedurfte dazu auch des politischen Anstoßes?

SÖLLE: Ja, der Entwicklung eines politischen Bewußtseins, eines politisch-gesellschaftlichen Bewußtseins. Dies war aber bei mir sehr stark getragen durch die theologische Fragestellung, ich war lange Zeit Religionslehrerin und merkte, daß viele Schwierigkeiten meiner Schülerinnen daher kamen, daß sie gesellschaftlich und politisch so verdummt und verstört waren, daß die Botschaft des Evangeliums ihnen gar nichts sagen konnte, und von daher hatte sich für mich immer stärker die Nötigung ergeben, die Gesellschaft, in der wir leben, mit zu reflektieren, wenn von Theologie die Rede ist.

GAUS: In welchem Bewußtseins-Zustand waren diese Ihre Schülerinnen?

SÖLLE: In einer Untertertia haben die Kinder mir einmal gesagt: Hitler war doch gar nicht so schlimm, der hat doch auch die Autobahn gebaut – als ich etwa als Beispiel die Judenverfolgung erwähnte; sie waren völlig unwissend, sie hatten in dieser Zeit ja noch sehr viel weniger politische Bildung als heute, da hat sich einiges verändert...

GAUS: Ihre Erkenntnis von einem notwendigen christlichen Atheismus, ist das eine von innen wirkende Gnade, bleibt dieser Vorgang an ein personales Erlebnis oder an eine personale Entwicklung, wie Sie sie genommen haben, gebunden, oder halten Sie für möglich, daß Ihre Auffassung vom Christentum durch einen gesellschaftlichen Lernprozeß zu einer allgemeinen Auffassung werden könnte?

SÖLLE: Ja, das halte ich nicht nur für möglich, ich bin dessen sogar relativ sicher, daß das Christentum entweder in einiger Zeit doch mehr oder weniger verschwunden sein wird oder daß es einen solchen Weg, in dem Glaube und Vernunft sich versöhnen oder Glaube und Aufklärung miteinander arbeiten, gehen wird. Eine andere Möglichkeit sehe ich kaum für das Christentum; wenn es überhaupt Zukunft haben soll, dann muß es auch den kritischen Fragen standhalten, kann vor diesen Fragen nicht in einen irrationalen Bereich ausweichen.

GAUS: Damit verlangen Sie aber von jedem Christen, der Ihrem Christentum folgt, daß er sich von außen bewegen läßt, ihm zu folgen, er braucht für diese Art Glaubenserlebnis nicht den inneren personalen Anstoß.

SÖLLE: Ja, ich weiß nicht ganz genau, was Sie meinen mit innerem personalen Anstoß, vielleicht ist das wirklich etwas, was es in unserer Welt kaum mehr gibt, also eine unmittelbare Gottesbegegnung, wie sie uns aus der Tradition erzählt wird, wie . . .

GAUS: wie sie Luther hatte und Augustin.

SÖLLE: Gut. Eine solche unmittelbare . . ., ich halte diese Zeugnisse schon für authentisch, sie überzeugen einen ja, aber eine solche unmittelbare Gottesbegegnung, auf die kann man eigentlich nicht warten in unserer Welt, und ich meine auch, daß Gott den meisten Menschen in dieser Weise gar nicht begegnet, sondern daß sie wohl etwas erfahren, was wir auch im Sinne der Tradition »Gott« nennen können, daß sie das aber nicht auf diesem traditionellen Weg, der unmittelbar, sozusagen senkrecht von oben, ihnen zustößt, erfahren. Viel wichtiger finde ich, daß sie *ihre eigenen Situationen* wahrnehmen, also daß sie die Fragen, die ihnen in ihrem Leben selbst gestellt werden oder die da auf sie zukommen, begreifen als die großen religiösen Fragen.

GAUS: Zunächst einmal müßten sie die ja nur begreifen als die großen gesellschaftpolitischen Fragen. Was soll denn jetzt den gesellschaftlichen Bezug erhöhen in den religiösen Bezug? Wenn ein Mensch erkennt, daß er gesellschaftlich abhängig ist, daß er nicht frei ist, daß er ein Elender ist, dann ist das eine politische Erkenntnis und Einsicht. Was macht diese politische Erkenntnis und Einsicht zu einer in Ihrem Sinne religiösen?

SÖLLE: Ich glaube das Versprechen und die Verheißung, die etwa in der Bibel ausgedrückt sind, daß jeder Mensch die Chance des ewigen Lebens hat, daß jeder dazu geboren ist, in den Himmel zu kommen, wenn ich mich so traditionell ausdrücken darf. Das heißt, daß keiner aufgegeben werden kann und auch keiner sein eigenes Leben aufgeben kann . . . im Rahmen dieser Tradition – die ermutigt uns dazu, an einer Veränderung der Zustände zu arbeiten, so daß auch der einzelne ein erfülltes Leben gewinnen kann. Mir ist die Unterscheidung von persönlich und gesellschaftlich . . .

GAUS: Sie wollen sie nicht akzeptieren . . .?

SÖLLE: Nein, nein, die halte ich für falsch, weil ich meine, daß gerade das Persönliche so abhängig ist vom Gesellschaftlichen und so sehr bedingt, zum Beispiel durch die Erziehung, die ich genieße. Diese Abhängigkeit geht bis in mein alltägliches Leben hinein, meine Abhängigkeit von den Dingen, die produziert werden und die mir zum Kauf angeboten werden. Alles dies verändert doch meine Sache auch.

GAUS: Sie haben mit Ihren Thesen Anstoß erregt, sichtbaren und hörbaren, bei den etablierten Autoritäten der evangelischen Kirche, zum Beispiel bei Präses Beckmann. Sie haben aber auch Zulauf gefunden, so bei den von Ihnen mitgestalteten sogenannten politischen Nachtgebeten, einer Art modernem Gottesdienst mit einem unmittelbaren politisch-gesellschaftlichen Bezug, einem Bezug, der mal der moderne Strafvollzug, mal Vietnam sein konnte. Wie setzt sich nach Ihrem Eindruck, nach Ihren Erfahrungen eine Gemeinde alters- und herkunftsmäßig zusammen, die zu dieser Art Gottesdienst kommt?

SÖLLE: Eigentlich sehr unterschiedlich. Es gibt da sehr viele junge Leute, die in Lederjacken und mit langen Haaren auf den Stufen des Altars sitzen und die sicher auch nach ihren Aussagen sehr selten oder auch nie in die Kirche gehen. Aber es gibt auch durchaus Angehörige der älteren Generation und der mittleren Generation, Menschen, die vielleicht unbefriedigt sind von dem, was ihnen in der Kirche, also im normalen Gottesdienst, geboten wird, und die hier die Möglichkeit sehen, sich selbst genauer zu formulieren. Ich meine, daß eigentlich zum Gottesdienst gerade dies gehört, daß ein Mensch sich darin aussprechen kann. Es ist für uns ein Ort, wo ein Mensch nicht nur Hörender ist, nicht nur Zuschauer, also nicht nur in dieser Weise Anteil hat, wo er selbst gefragt ist. Deswegen ist bei uns Diskussion ein ganz wesentlicher Teil dieser Gottesdienste. Diskussion gehört unmittelbar dazu, und Vorschläge der Kirchenoberen, man solle doch die Diskussion vielleicht aus dem sakralen Raum herausverlegen und dazu in einen Gemeinderaum gehen, die können wir eigentlich nicht akzeptieren.

GAUS: Weil Sie genau an den Kern stoßen, den Sie eben haben wollen.

SÖLLE: Ja, weil wir meinen, daß die Sakralität durch die Diskussion nicht verletzt, sondern gerade hergestellt wird, indem Menschen Menschen sein können; da sind sie Kirche, und die Kirche ist nicht ein Haus oder ein Raum, der in sich heilig wäre.

GAUS: Bei Ihrer Behauptung, Frau Sölle, Gott ist tot, was für Sie freilich keine Abkehr vom Christentum zur Folge hat, sondern gerade eine neue Hinwendung zu Christus, bei Ihrer Behauptung also vom toten Gott gehen Sie davon aus, daß Gott früher für die Menschen die Lücke in der Unerklärbarkeit der Welt, der Natur und in den schicksalhaften Abhängigkeiten gefüllt hat. Ist das richtig als Definition?

SÖLLE: Ja, das könnte man sagen, daß Menschen Gott angerufen haben in sehr vielen Problemen und Nöten, die durch die technische Mangelhaftigkeit und Unvollkommenheit der Produktionsverhältnisse hergestellt waren.

GAUS: Und in dieser Not, sich mit einem Schicksal konfrontiert zu sehen, dessen Herkunft man nicht kannte, bedurften sie Gottes.

SÖLLE: Ja.

GAUS: Soweit richtig.

SÖLLE: Soweit mit Feuerbach und Karl Marx richtig.

GAUS: Gut. Wenn Sie einräumen, daß Gott seine Funktion verloren hat, weil die Welt und ihre sozialen Abhängigkeiten nach Ihrer Meinung erklärbar geworden sind, besteht dann nicht die Gefahr einer schrecklichen Verkennung darüber, wieweit in Wahrheit die Welt noch immer für die meisten Menschen in ihren Abhängigkeiten ganz unerklärbar ist, und ist also nicht Ihre Theologie eine Theologie für die Aufgeklärten, für die, die ohnehin schon auf der Sonnenseite des Lebens sind?

SÖLLE: Ach nein, das scheint mir eigentlich eine Verkennung von dem, was Theologie überhaupt ist. Theologie zieht ja Menschen in einen Aufklärungsprozeß hinein. Christus hat die Menschen aufgeklärt darüber, was Sünde ist, was verfehltes Leben ist, was Glück ist, was Heil ist, und diesen Prozeß beschreiben Sie jetzt als etwas sehr Statisches, indem Sie einfach zwei Gruppen konstatieren.

GAUS: Glauben Sie an die Veränderbarkeit des Menschen? Kann man den Menschen bessern, kann man ihn anders machen, als er ist?

SÖLLE: Ja . . . ich halte diese Frage für wirklichen Atheismus. Wer so fragt oder wer meint, daß der Mensch unveränderlich sei, der glaubt wirklich nicht an Gott. Das biblische Wort für das, was wir heute Veränderung nennen, heißt ja Erlösung. Und eigentlich haben Sie mich eben gefragt: Glauben Sie, daß der Mensch erlöst werden kann? Und wie sollte ich dazu »nein« sagen können?

GAUS: Das »Nein« ist eine ganz klare, eindeutige Antwort. Dies heißt doch, Sie wollen Ihre Gemeinde einem langanhaltenden Lern- und Lehrprozeß unterwerfen?

SÖLLE: Ich würde vielleicht sagen, das Evangelium macht das.

GAUS: Während dieses langen Lernprozesses sollen die Menschen nach Ihrem Wunsch begreifen, daß vieles, was man Gott zuschreibt, in Wahrheit schlechte Politik ist und keineswegs hingenommen werden muß.

SÖLLE: Ja.

13

GAUS: Indem die Menschen lernen sollen, sich nicht alles gefallen zu lassen von politischen Mächten?

SÖLLE: Ja.

GAUS: Während dieses Lernprozesses ist am Beginn des Prozesses mancher Mensch vielleicht doch auf den Ausweg angewiesen, nach Gott als Lückenbüßer rufen zu müssen. Was bieten Sie ihm, bis er gelernt hat, in Ihrem Sinn Gott nicht zu brauchen?

SÖLLE: Wir versuchen, langsam zu übersetzen, was es heißt, daß er ausgeliefert ist. Wir versuchen, ihm schrittweise dahin zu helfen, zu erkennen, wo er von dieser Gesellschaft beschädigt ist. Allerdings kommt da noch etwas hinzu, was Sie eben nicht nannten. Bei dem Aufklärungsprozeß, den wir als Christen versuchen, spielt ja eine wesentliche Rolle ein besseres oder ein klares Verhältnis zur Sünde. Wir sagen den Leuten ja nicht nur, die Gesellschaft ist böse oder die da oben sind böse, sondern wir sagen im wesentlichen, wir Christen sind schuld daran, daß in diesem Land diese und jene Zustände herrschen. Wir haben noch nicht eine andere Ordnung des Strafvollzugs gefunden, wir beuten die Entwicklungsländer aus und verdienen an jeder Banane, die wir essen, weil wir die so ungerecht essen. Dieses ist die eigentliche Brücke, scheint mir, für die Menschen, und sie ist ganz in der Tradition verwurzelt. Es ist eigentlich das, was die christliche Tradition immer gesagt hat, daß der Mensch Sünder ist; wir legen das vor allem den alttestamentlichen Propheten folgend aus, die ja immer schon gesagt haben: Ihr ruft da zu Gott und verkauft die Armen um ein Paar Schuhe und verteilt das Land ungerecht und so weiter. Und diese sozialkritische Linie ist die eigentliche Hilfe dafür. Wenn Sie mich persönlich danach fragen, würde ich sagen, für mich ist es die Erfahrung der Hitlerzeit und das Schuldproblem, das sich daran angeschlossen hat – wie weit sind wir als Deutsche schuldig, haften wir dafür? Hier das Modell, daß ein Volk geschwiegen hat, während ein anderes ermordet wurde durch seine Leute, also durch die Deutschen. Das ist ein Vorgang, den man theologisch reflektieren muß, da kann man nicht einfach wieder vor '33 anfangen mit derselben Theologie. Eine Sache wie Auschwitz muß irgendwelche Konsequenzen haben – auch für das Denken einer Theologie.

GAUS: Ihr Konzept eines erneuerten, gegenwartsbezogenen Glaubens, eines gegenwartsbereiten Christentums darf, so behaupte ich, den Menschen nicht so nehmen, wie er in der Regel ist; denn der Mensch, und wir haben es ja wegen der Nichtbewältigung von Auschwitz doch in unserem Volk erlebt, neigt zu ver-

14

drängen, er neigt zur nächstliegenden Entschuldigung, er neigt nicht zur Buße, er neigt nicht zur Einkehr. Dieses ist der Mensch in seinem Elend. Meine Frage: Solange Sie ihn nicht durch einen Lernprozeß zu einem anderen Menschen gemacht haben, ist das, was Sie von ihm verlangen, möglicherweise gerade von Ihnen, die Sie sagen, den Nächsten lieben, der größte Auftrag, eine Überforderung des Nächsten.

SÖLLE: Ja, in gewissem Sinn würde ich das zugeben, aber das ist eine Überforderung, die notwendig ist oder die Jesus von Nazareth allen Menschen angetan hat, und ich würde eigentlich meinen, das Gegenteil ist Menschenverachtung. Menschen in einem unaufgeklärten Zustand lassen, dazu gehört doch eine ungeheure Menschenverachtung . . . Man kann doch Leute nicht einfach, weil sie vielleicht etwas glücklicher mit ihren Verdrängungen leben, darin lassen. Es zahlt sich ja wohl auch psychologisch nicht aus, es schafft ja wohl Neurosen, wie man weiß, und Glück ist dann sehr äußerlich verstanden, wenn man es so nimmt. Die Unruhe ist doch auch in den Menschen da, es ist ja nicht so, daß sie über die Spannungen in unserer Gesellschaft völlig drüber wären und nun munter meinten, es ginge alles so weiter. Sie leiden ja tatsächlich. Was wir tun, ist eigentlich nur, daß wir den Leidensdruck, der da ist, der auf allen lastet, bewußt machen, daß wir ihnen also mit der gesellschaftlichen Umwelt vermittelnd sagen, das kommt daher, das kommt daher, das kommt daher, das hängt damit zusammen, und in diesem Sinne den Lernprozeß anstiften. Aber ich weiß nicht, ich könnte mir gar nicht vorstellen, wie eine Theologie oder eine christliche Kirche ohne diese Art der Überforderung jemals auskäme. Dann müßte sie sich tatsächlich aufgeben, wenn sie sich vollständig anpaßte an das Bestehende. Dasselbe haben in früherer Zeit in einer, wie mir scheint, sehr falschen Weise die Kirchen gemacht, indem sie die Sexualität zu dem Punkt machten, an dem sie die Menschen überforderten, und zwar unbarmherzig überforderten. Der Punkt war sicher nicht richtig, das war eine Verkehrung dessen, was Jesus gemeint hat, aber die Tendenz, mehr zu verlangen als das, was jetzt ist, auch vom einzelnen, die, meine ich, ist nicht aufgebbar, wenn man unter Liebe zum Nächsten also etwas Ernsthaftes und nicht nur eine Art Erleichterung oder Trost versteht.

GAUS: Wie wollen Sie der Gefahr entgehen – eine Frage, die an die politische Linke deutlicher gerichtet werden muß als an Sie – aber ich will Sie dennoch hier fragen: Wie wollen Sie der Gefahr entgehen, eines Tages andere zu ihrem Glück, so wie Sie es verstehen, notfalls zwingen zu müssen, wenn sich die Erkenntnis durchgesetzt hat, dieser Lernprozeß, wie Sie ihn fordern, aus guten Gründen fordern, sei das Richtige, und nun sollen die Menschen diesem Richtigen zugeführt werden, und wer nicht will, der wird genötigt.

SÖLLE: Sie denken wahrscheinlich an eine sozialistische Gesellschaft, in der so etwas möglich wäre. Ich weiß es nicht, ich nehme beinahe an, daß wir, diese Art von Christen, dann gegebenenfalls im Widerstand wären gegen eine solche Gesellschaft, und das heißt auf der Seite derer, die sich weigern, oder daß wir den Diskriminierten in einer solchen Gesellschaft helfen würden. Diskriminierung ist für uns tatsächlich ein ganz zentraler Punkt, Diskriminierung aller möglichen Gruppen, und in einer anderen Gesellschaft können das natürlich andere Gruppen sein, die diskriminiert werden und beschädigt werden, und es ist vielleicht schwierig, das so abstrakt zu formulieren, weil man nicht genau voraussagen kann, an welchen Stellen jeweils die Diskriminierung oder das Unrecht einsetzt, aber theologisch würde ich vielleicht darauf antworten, daß die Liebe, wie sie im Neuen Testament gemeint ist, kein Prinzip ist, das bestimmte Regeln festsetzt, sondern tatsächlich eine Variabilität enthält, eine Sensibilität für den anderen.

GAUS: Und die Art, wie sie sich äußert, hängt von den gesellschaftlichen Gegebenheiten, zum Beispiel . . .

SÖLLE: . . . kann das vollständige Gegenteil sein, Gewaltlosigkeit kann das Christliche sein. Gewaltanwendung kann möglicherweise auch das Christliche sein.

GAUS: Unter welchen Bedingungen?

SÖLLE: Unter den Bedingungen, daß die vorher geübte Gewalt der Verhältnisse mehr Opfer fordert oder tödlicher ist als die Gegengewalt, unter den Bedingungen ist sicher Gewaltanwendung das Richtige, ich würde mich da etwa auf die Leute vom 20. Juli berufen.

GAUS: Wieweit halten Sie sich für die theologische Vollstreckerin der Aufklärung und insofern als Nachhut, und wieweit sind Sie Vortrupp?

SÖLLE: Es ist so schwierig zu sagen, weil natürlich viele unserer atheistischen Freunde immer wieder sagen: Na, jetzt kommt ihr darauf und habt es nun auch schon gemerkt, die Kirche hinkt wie immer nach. Ich halte das nicht für ganz richtig, diese These der Linken, sondern meine, daß in der Kirche und in der Religiosität Bedürfnisse des Menschen formuliert sind, die nicht aufgehoben werden können, die auch nicht allein durch Rationalität, durch Wissenschaft abgesättigt werden können, so wie es natürlich Probleme gibt, die sich nicht auflösen lassen, die auch in einer sozialistischen Gesellschaft nicht einfach abgestellt werden. So gibt es auch immer wieder Fragen von Menschen, die auf eine neue Weise ein Bedürfnis formulieren, etwas suchen, was ihnen die Wissenschaft zum Beispiel nicht geben kann.

GAUS: Ich darf Dorothee Sölle zitieren: »Ich weiß nicht, wie man nach Auschwitz noch den Gott loben kann, der alles so herrlich regieret. Die Weltgeschichte ist immer mehr zur Sache der Menschen geworden, immer weniger können wir Gott verantwortlich machen für alles, was geschieht.« Soweit das Zitat von Ihnen. Gibt es eine Geschichte, die sich machen läßt durch den freien Willen des Menschen? Gibt es den freien Willen des Menschen?

SÖLLE: Ich weiß, das ist eine Frage, die in der klassischen evangelischen Theologie von Luther diskutiert worden ist. Der Kontext meines Denkens geht eigentlich nicht auf diese Frage direkt ein, sondern hier geht es darum, daß wir tatsächlich die Verantwortung für die ganze Welt und ihren Zustand haben. Ja, die Hunderttausende oder Millionen, die in den nächsten zehn bis zwanzig Jahren verhungern werden, klagen uns an, und in diesem Sinn, weil jede Anklage natürlich einen freien Willen voraussetzt, meine ich, habe nicht nur ich, sondern hat die christliche Anthropologie immer freien Willen vorausgesetzt, nämlich Verantwortung, und ohne eine Verantwortung können wir gar nicht christlich denken. Ob der Mensch seine Erlösung selber in der Hand hat, das ist eine davon zu unterscheidende Frage, die auch bei Luther, glaube ich, sehr genau voneinander unterschieden ist.

GAUS: Bleibt etwas Unaufhebbares, etwas Unverbesserbares, bleibt ein Rest, den wir nicht in der Hand haben, wenn wir versuchen, die Geschichte der Welt zu bestimmen und die Welt zu verbessern?

SÖLLE: Je mehr ein Mensch sich auf die Liebe einläßt, um so evidenter werden ihm die Reste, also um so klarer wird ihm eigentlich, wo er versagt, wo er das nicht erreicht, was er will, oder man kann auch ganz einfach sagen: Je mehr einer liebt, um so mehr wird er leiden. Das ist eine Erfahrung, die in Jesus formuliert ist und die wir seit Jesus wissen oder kennen. Und sich auf seine Geschichte einlassen heißt eigentlich sich darauf einlassen, daß wir die Reste erkennen und daß wir immer weiter an ihnen arbeiten.

GAUS: Ist ein Paradies auf Erden möglich?
(Lange Pause)
SÖLLE: Nein, ich glaube nicht. Ich glaube, daß ein Paradies eine Utopie ist, das heißt etwas, was wir entwerfen und von dem aus wir unsere Gegenwart korrigieren können, und daß in diesem Vollzug der Korrektur unserer Gegenwart, in diesem immer wieder neuen Entwurf eigentlich unser Leben besteht. Ein Paradies in einem vollständig tod- und leidfreien Leben zu sehen, das schiene mir unmöglich.
GAUS: Was ist der Sinn des menschlichen Lebens?
SÖLLE: Wissen Sie, eine Kinderfrage, die derjenige, der in dem Sinn lebt, nicht mehr stellt.
GAUS: Was ist Ihr Sinn?
SÖLLE: Ich könnte es vielleicht so sagen, daß der Mensch am anderen Menschen nicht mehr die Begrenzung, sondern seinen Reichtum erfährt, daß er im anderen nicht mehr seinen Feind, seinen Konkurrenten, seinen Unterdrücker erlebt, sondern seinen Freund, seinen Bruder, das Reich der Liebe. Das zu bauen oder darin zu leben, das ist der Sinn. Einen anderen Sinn außer der Liebe gibt es nicht.
GAUS: Sie haben in den Mittelpunkt Ihrer Theologie, wenn ich es recht nachgelesen habe, gestellt, nach dem Entwurf Christi zu leben, das heißt Christus zu nehmen als einen Menschen, der menschliches Vorbild sein sollte.
SÖLLE: Ja.
GAUS: Was muß nach Ihrem Verständnis ein Mensch tun, heute in der Bundesrepublik, der den Entwurf Christi leben soll?
SÖLLE: Ich glaube, daß er in diesem Sinn im Widerstand zu dieser Gesellschaft leben muß, daß er also nicht vollständig angepaßt sein kann, daß er nicht gesellschaftskonform leben kann, das heißt, daß er Kritik üben wird, protestieren wird, verändern wird an sehr vielen verschiedenen Stellen, je nachdem, wo er gerade ist, wie er zu arbeiten hat. Ich finde es sehr schwer, in der Bundesrepublik ein Christ zu sein, vielleicht schwerer als in anderen Zeiten.
GAUS: Warum?
SÖLLE: Weil das eine Gesellschaft ist, deren wesentliche und erklärte Ziele den Menschen eigentlich töten; denn die wesentlichen und erklärten Ziele sind Verdienen, sind Produzieren und Konsumieren. Es ist das, was diese Gesellschaft den Menschen, die hier leben, anbietet und ihnen ununterbrochen einimpft. Jedem sein Eigenheim etwa, oder jedem seine passive Rolle im

18

Konsumieren und auch im Produzieren, in der er selbst seine eigene Vorstellung kaum durchsetzen kann. Anpassung, Zurücknahme, das ist ein Klima, in dem der christliche Widerstand sich sehr schwer artikuliert, viel schwieriger etwa als in der Zeit des Nationalsozialismus, wo der Gegner viel eindeutiger war, viel deklarierter oder maskenloser, während in unserer Gesellschaft der Gegner oder das Böse im System so versteckt ist, daß es sehr vielen Leuten kaum auffällt.

GAUS: Liegt die Gefahr nicht in Ihrer Auffassung, daß Sie allzu unbedacht über das bißchen Glück, das für viele Menschen in einem Eigenheim liegen kann, hinweggehen?

SÖLLE: Ich glaube, daß das Glück in den Vorstadtsiedlungen nicht so groß ist, wenn ich die Kinder, die da heranwachsen, betrachte oder die Spannungen, die innerhalb der Familien sind.

GAUS: Wodurch würde es größer, dieses Glück? Doch nicht durch den Konsumverzicht allein?

SÖLLE: Nein, sicher nicht allein, aber ich glaube durch Solidarität in einem weiten Sinn, mit mehr Menschen zum Beispiel; die Einsamkeit in unserer Gesellschaft, die Einsamkeit junger Ehepaare, die also nur ein oder zwei andere höchstens noch kennen, im übrigen vollständig konsum-orientiert und produktions-orientiert leben, die halte ich für tödlich. Es mag sein, daß darin eine gewisse Ungerechtigkeit liegt, wenn man dem Menschen etwas wegnimmt, der schwer arbeitet; aber das ist die Frage, was man dafür gibt, ich meine, daß allein schon das Bewußtsein, an einer Sache mitzuarbeiten, die eine Zukunft hat, also ein revolutionäres Bewußtsein, eine ungeheure Bereicherung ist, die diese Konsum-Orientierung tatsächlich vergessen läßt.

GAUS: Der Stellenwert, den das Transzendente, die jenseitige Welt, in Ihrer Theologie einnimmt, ist relativ klein. Sie verlangen die diesseitige Haltung des Christen. Sie sind heute vierzig Jahre alt, Frau Sölle, halten Sie für möglich, daß beim Älterwerden Ihre Theologie eine Hinwendung zu Ewigkeitserwartungen vollziehen wird?

SÖLLE: Der Himmel schütze mich ... ich meine das sehr ernst. Ich hoffe, daß mir das erspart bleibt.

GAUS: Glauben Sie an ein Leben nach dem Tod?

SÖLLE: Ich möchte einen Zustand erreichen, in dem man nicht mehr nötig hat, das zu glauben.

GAUS: Einen personalen Zustand oder einen gesellschaftlichen Zustand?

SÖLLE: Beides, aber ich möchte es auch für mich selbst ...

GAUS: Das eine ist vom anderen abhängig . . .

SÖLLE: Ich versuche, es für mich selbst so zu leben, aber mich interessiert die Frage nicht besonders, muß ich eigentlich sagen. Sie ist für mich keine entscheidende Frage. Ich würde sagen, es hat auch in der Tradition Menschen gegeben wie zum Beispiel die Propheten des Alten Testaments, die keine Jenseits-Vorstellungen kannten und die trotzdem so gelebt haben, mit einer Haltung, die ich den Glauben nennen würde, in einer vollständigen Diesseitigkeit, und ich meine, daß das ein Vorbild ist für unsere Welt . . . Ich würde auch meinen, daß sehr viele Christen heute ganz ähnlich denken, daß das eigentlich für sie eine Randfrage ist, die sie nicht zentral betrifft. Ich habe einmal einem Mädchen in einer Diskussion, das mich gefragt hat: Ist mit dem Tod für Sie alles aus? gesagt: Wenn Sie für sich selber alles sind, dann ist für Sie mit dem Tod alles aus.

GAUS: Erlauben Sie mir eine letzte Frage. Was von dem, was Sie in den letzten Jahren getan und gelassen haben, hat Ihnen am meisten Genugtuung verschafft?

SÖLLE: Ich würde meinen – das politische Nachtgebet, und zwar weil das ein Stück Theorie-Praxis ist, also ein Versuch, aus der Theorie, die ich gelernt habe und von der ich gehört habe, herauszukommen und auch aus einer nur intellektuellen Existenz herauszukommen, in der man diskutiert oder Bücher schreibt oder so etwas tut, in einen praktischen Vollzug mit anderen zusammen, also in einer Gruppe, in der man miteinander arbeitet. Das heißt nicht, daß das politische Nachtgebet die einzige Realisation ist, die ich mir vorstelle. Wir haben andere Pläne und werden also auch noch andere Dinge versuchen in dieser Richtung. Was mir am meisten am Herzen liegt und auch für die Theologie am wichtigsten zu sein scheint, sind solche Theorie-Praxis-Modelle, in denen Menschen wirklich auf einen neuen Weg gebracht werden, und zwar in einer größeren Gruppierung.

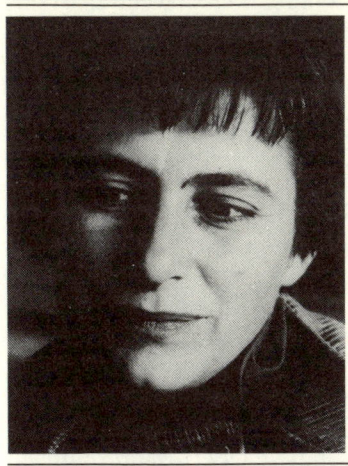

»Das Kreuz kann man nur verstehen, wenn man es in die Gegenwart denkt«

Gespräch mit Christen in der DDR über atheistisches Reden von Gott, Liebe und Autorität und die Sache Jesu

SÖLLE: Ich habe meine Aufgabe hier nur als eine einleitende und vielleicht provozierende verstanden, daß ich versuche, die im Thema genannte Problematik anzureißen.

Ich glaube, daß heute an vielen Stellen der Welt Versuche unternommen werden, christlichen Glauben ohne Rückgriff auf ein Gottesverständnis, wie es uns überkommen ist, zu formulieren. Ich denke nicht nur an die amerikanische Gott-ist-tot-Theologie, sondern auch an Versuche in Europa, in Frankreich etwa an Jean Cardonell, einen französischen Dominikaner, der ein Buch geschrieben hat: »Dieu est mort en Jésus Christ«. Auf deutsch heißt es – etwas abgeschwächt, um der Zensur zu entgehen –: Gott in Zukunft (München, Pfeiffer). Wenn man an revolutionäre Priestergruppen in Brasilien denkt, könnte man dort eine ähnliche Konzeption christlichen Glaubens und christlicher Existenz finden, die jedenfalls auch dann, wenn sie theoretisch das Problem eines nachtheistischen Glaubens nicht durchreflektiert, faktisch doch nicht mehr auf das, was theistisch Gott genannt werden kann, rekurriert. Dieser neue Versuch, der an vielen Stellen gemacht wird, geht aus von der *einen* Welt, in der wir leben, von der einen Zeit, die wir haben, von dem einen Raum, in dem wir sind. Und er verbietet sich zu rekurrieren auf eine zweite Welt, auf eine zweite Zeit, auf einen zweiten Raum. Nun, für den Raum ist das

Das Gespräch fand am 7. Dezember 1969 in Berlin (Ost) statt und wurde veröffentlicht in: *Dorothee Sölle*, Das Recht, ein anderer zu werden. Theologische Texte, erweiterte Neuausgabe, Stuttgart 1981 (Erstpublikation: Darmstadt 1971).

relativ einfach. Das ist tatsächlich Kinderglaube, wenn man sich Gott im Himmel vorstellt. Aber schon bei der Zeit wird es schwieriger, denn viele, die die naiv mythische Raumvorstellung preisgegeben haben, halten an der ebenso naiven Zeitvorstellung in der Gestalt einer praenatalen und postmortalen Existenz fest. Sie verharren also an einem Punkt, der weniger handgreiflich ist als der des Raumes, eigentlich in der gleichen mythischen Welt. Sie spiegeln das, was hier ist, die Wirklichkeit, die wir erfahren, noch einmal in einer Form von Überwelt. Und der zentrale Punkt der Überwelt ist natürlich die Vorstellung von einem Überwesen, von einem himmlischen Wesen, einem göttlichen Wesen, das in dieser Überwelt in einer wie immer zu denkenden Form existiert.

Nun, wenn viele heute entschlossen sind, damit aufzuhören, sich also Ausflüge in diese Überwelt nicht mehr zu erlauben und den christlichen Glauben nicht mehr zu bestimmen durch ein Rekurrieren auf diese Überwelt oder auf diese Überperson, dann hat das natürlich für den Glauben, der sich in einer Sprache historisch formuliert hat, die durchaus mit einer Überwelt rechnete, Konsequenzen. Die meisten Schwierigkeiten des Glaubens scheinen heute an diesem Punkt zu entstehen, wenn man versucht, das Christentum diesseitig zu formulieren – wenn jemand eine Tradition suchte, dann wäre natürlich Bonhoeffer als einer der ersten zu nennen; das ist so selbstverständlich, daß ich erst nicht daran gedacht habe – oder die Diesseitigkeit des Christentums zu entdekken und zu versuchen, die Aussagen der Tradition so zu übersetzen, daß ihre Substanz nicht verlorengeht, aber zugleich der Rückgriff auf eine Überwelt überflüssig wird, beziehungsweise daß wir uns nicht mehr weltbildlich daran klammern müssen. Oder anders: daß der Glaube keine Vorleistungen mehr hat. Denn auch die Vorstellung des Theismus, daß man zunächst an ein Himmelswesen, an einen Gott glauben müsse, ehe man in den christlichen Glauben oder in den Glauben an das Leben mit Jesus Christus eintreten könne, ist eine Art Vorleistung weltanschaulicher Art, so als müsse man erst anerkennen, daß Gott sei, und dann erst könne man sich auf die Botschaft Jesu einlassen, als könne man sich erst dann darüber Gedanken machen, ob man diese Botschaft Jesu annehmen wolle oder nicht. Als seien das zwei voneinander getrennte Schritte. Wir meinen, daß diese Formen des Theismus nicht nur weltbildlich in rationalem Sinne überholt sind, weil die Wissenschaft unterdessen sehr viele Dinge, die wir mit der theistischen Gottesvorstellung früher erklären konnten, anders erklärt, sondern daß sie auch existentiell schädlich sind.

Ich möchte das an einem Bild zeigen, das der eben schon erwähnte französische Theologe gebraucht hat. Er spricht in seinem Buch von drei verschiedenen Gottesvorstellungen. In einem Bild sagt er: Die erste Gottesvorstellung geht dahin, daß Gott, der Herrscher des Universums, der das Universum geschaffen hat, omnipotent, jederzeit zu jedem Eingriff mächtig und autonom ist. Autonom heißt hier: Er ist vollkommen unabhängig von dem, was er geschaffen hat. Er kann alles und braucht niemanden. Das sind die Wesensmerkmale dieses weithin in den Gottesvorstellungen der Menschen herrschenden Gottes. Cardonell nennt ihn in einem Bild: den großen Herrn der Jagd. Er sagt, es mache diesen Gott weder größer noch glücklicher, irgendeinen von uns erschaffen zu haben. Denn dieser Gott braucht niemanden, es ist eigentlich eine verlängerte, wenn ich mich theistisch ausdrücken will, eine gesteigerte, potenzierte Aseität. Und wenn wir von dieser Aseität Gottes ausgehen, dann müssen wir uns fragen, ob wir nicht damit tatsächlich diesen großen Jagdherrn, der unabhängig ist und autonom, meinen. – Eine zweite Vorstellung nennt Cardonell die, daß der große Jagdherr für einige dreißig Jahre auf seine Seinsverfassung von Autonomie und Unabhängigkeit verzichtet und die Seinsverfassung des Wildes, des Gejagten angenommen hat. Dies ist aber innerhalb dieser Gottesvorstellung nur eine akzidentielle, also eine zufällig hinzukommende Qualität gewesen, die dann nach den dreißig Jahren wieder aufgehoben worden ist. Und das omnipotente Himmelswesen ist wieder in Macht gesetzt. – Nun, es ist leicht zu erschließen, welches die dritte Vorstellung ist. Es ist die, daß Gott immer schon das Wild ist, der Gejagte. Daß er nie etwas anderes war, daß er nichts von all diesen Eigenschaften, die wir ihm zugedichtet haben, Omnipotenz, Macht, Souveränität, Autonomie, Aseität, hat, sondern daß er immer schon das Wild ist, wie Cardonell sagt. Sie werden vielleicht einwenden, daß die erste Möglichkeit eine gewisse Karikatur sei, aber ich würde sagen, der landläufige Theismus, der in uns allen steckt, kann sich in dieser Karikatur wirklich ausdrücken. Cardonell fragt sich: Wie kommen Menschen dazu, von Gott so zu reden und so zu denken, daß sie ihn so in seiner Aseität und Machtvollkommenheit, in seiner Herrschaft sehen? Und er gibt darauf die einleuchtende Antwort, die in der Methode schon Feuerbach gegeben hat, die aber hier angewandt wird auf ein Modell: Es ist das, was wir selber uns ersehnen. Auch wir wären am liebsten autark, autonom, von niemandem abhängig, Herren, omnipotent. Unsere Omnipotenzträume, die sicher jeder Mensch hat, verbalisieren sich, indem wir uns ein Himmelswesen dieser Art geschaffen haben. Christlicher Glaube könnte eigentlich dann erst entstehen, wenn wir diesen Gott endgültig verabschieden.

Die zweite Möglichkeit sieht Cardonell sehr stark in den Kirchen und ihren Auslegungen repräsentiert. Man kann sagen, daß dort meist ein Kompromiß geschlossen wird zwischen dem Himmelswesen, also zwischen Gott, dem großen Jagdherren, und Gott, dem zeitweilig auf die große Jagd Verzichtenden, daß sozusagen hier zwei Modelle in gewisser Weise in Konkurrenz liegen, während also die dritte Möglichkeit ein ernsthafter Versuch ist, Gott innerweltlich zu denken, also nicht ihn aus einer Überwelt abzuleiten. Cardonell sagt sehr schön, daß der omnipotente Gott charakterisiert ist durch etwas, was er von selbst hat, nämlich Privilegien. Zu diesem omnipotenten Gott gehört die Vorstellung, Privilegien zu haben. Cardonell sagt, das Wesen der Liebe sei es, keine Privilegien zu haben, keine Privilegien zu dulden. Man könnte vielleicht das Anliegen einer nachtheistischen Theologie beschreiben, indem man einfach sagt, hier wird versucht, den Satz, daß Gott Liebe sei, vollständig zu denken. Oder ihn nicht zurückzuführen, so als sei Gott zunächst irgend etwas und dann auch noch oder manchmal Liebe. Sondern ihn so zu denken, daß radikal ernst damit ist: Liebe und nichts anderes bezeichnet Gott, nicht Allmacht, nicht Omnipotenz, nicht Aseität, nicht Autonomie, all die Eigenschaften, die zu dem großen Jagdherren notwendig dazugehören. Cardonell sagt von diesem Gott, daß ihm zu gleichen der größte Schuft sich schämen würde, weil er Macht hat, das Unglück in der Welt zu ändern, und es nicht tut. Und ich muß sagen, das ist für mich auch eines der schlagendsten existentiellen Argumente für eine nachtheistische Konzeption: das ungelöste Problem der Theodizee. Und eine theistische Theologie kann dieses Problem nicht lösen. Sie beschwätzt einen, sie hält einen eigentlich hin, und entweder verweist sie einen auf das unerklärliche Geheimnis und entflieht dem Problem, oder sie versucht auf eine Art, die ich eigentlich als masochistisch empfinde, den Menschen noch weiter zu demütigen und ihm die Schuld zuzuschieben in einer Weise, die man zwar für sich selbst als ein Sündenbewußter übernehmen kann, die man aber in gar keinem Fall für das Leid der Unschuldigen in Anspruch nehmen kann.

Nun, ich meine, man müßte auch aus diesem Grunde, wegen des innerhalb der theistischen Theologie unlösbaren Theodizeeproblems, darauf verzichten, von einem solchen Gott zu sprechen, und man müßte also versuchen, das, was die Tradition mit

»Gott« meint, zu beschreiben in Kategorien wie etwa der des Wildes oder des Gejagten, das heißt in Aussageformen, die dann tatsächlich nicht mehr so aussehen können wie die: Gott *ist* das und das . . ., sondern die, um Herbert Braun zu zitieren, davon ausgehen, daß Gott geschieht zwischen Menschen. Gott ereignet sich in unserer Welt, so wie wir sagen: Liebe ereignet sich, Liebe kommt vor. So, in keinem größeren oder anderen Sinne können wir sagen: Gott ereignet sich in dem, was zwischen Menschen geschieht. Und darüber hinaus ist er nicht.

Angenommen, wir Menschen brächten es fertig, diese Welt mit einer Atomexplosion kaputtzukriegen – das ganze Ding ist weg. Es ist eine fast spielerische, eine Gretchenfrage an die Theologen: Ist Gott dann noch? Nun, ich würde sagen, der Gott, der dann noch ist, für den bedanke ich mich. Mit dem will ich nichts zu tun haben. *Das* ist nicht der Vater Jesu Christi.

Sondern das, was Jesus gemeint hat, ist abhängig von denen, die er liebt. Das ist *nicht* frei von uns und *nicht* souverän. Und wenn tatsächlich diese Welt zerstört ist, dann ist auch das, was Menschen unter Gott formuliert haben, weg – man muß das im Ernst sehen. Wenn Sie an Pascals Wette denken, könnte man vielleicht sagen, daß der Glaube ein Versuch ist, darauf zu wetten, daß Gott sei, das heißt, daß das nicht passiert, daß diese Welt zugrunde geht. Das ist eine Wette, die ich mit dem Einsatz meines Lebens versuche, aber ich kann daraus keine Garantie ableiten, daß dieser Gott ist, ob ich oder die Welt oder irgend etwas ist oder nicht. Es gibt keine Garantie.

Die Liebe kann jedenfalls nicht gedacht werden ohne ihre Gegenstände. Sie kann nicht gedacht werden als ein abstraktes Prinzip dieser Art, das dann reine Autonomie und Omnipotenz wäre. Ich schärfe das an dieser Stelle so zu – in der Fragestellung »Was wäre wenn . . .«, einer natürlich spielerischen Fragestellung –, um klarzumachen, wie stark meiner Meinung nach die bestehende Theologie, vor allem eben auch die bestehende kirchliche Praxis, mit dem Jagdherrn verheiratet ist, wie stark sie immer noch von dem großen Jagdherrn aus denkt.

Die Ansätze – wenn ich es jetzt mal mit der »Destruktion« genug sein lassen will – zu dem Positiven wären, daß man vielleicht sagen könnte: Gott geschieht in dem, was zwischen Menschen geschieht. Oder anders gesagt: Gott hat keine andern Augen als unsere, Gott hat keine anderen Ohren als unsere, er hat keine anderen Hände als unsere. Das heißt, wenn ein Mensch zugrunde geht und schreit und *wir* hören ihn nicht, dann hört ihn auch kein

25

anderer. Wir können uns dann nicht vertrösten und sagen: »Das ist ja schrecklich, aber Gott wird es schon machen!« Das ist meiner Ansicht nach ein kindischer Glaube – dieses »Papa wird's schon richten« –, indem man abschiebt, was *unsere* Sache ist, und insofern ein *Alibi der verweigerten Liebe* sucht. Wenn Menschen leiden, schreien – und wir sie nicht sehen, dann kann man sich nicht damit trösten, daß der Vater im Himmel sie sieht. Denn das wäre ein Verzicht auch auf die Macht der Liebe. Wir würden damit sozusagen der Liebe, die wir sind oder an der wir teilhaben, in die hinein wir auferstanden sind, zu wenig zutrauen. Wir wären zu ängstlich. Diese Haltung unter dem Vater ist ja ein Stück kindlicher Angst und kindlicher Sehnsucht nach Geborgenheit. Aber erwachsen werden heißt selber Geborgenheit vermitteln, selber Geborgenheit werden für andere und nicht mehr auf Geborgenheit warten.

GESPRÄCHSPARTNER: Sie haben gemeint, das Bild vom großen Jagdherren sei das Gottesmodell (Gottesverständnis) einer theistischen Theologie, aber eben auch zugleich wesentlich typisch für kirchliche Praxis. Meine erste Frage wäre: Ist jedes biblisch verantwortete und um einen biblischen Bezug bemühte Reden von Gott ohne weiteres mit dem Verdikt des Theismus zu belegen? Oder gibt es nicht zwischen dem theistischen Jagdherren und dem nachtheistischen oder atheistischen Wild außer diesen beiden Grundmodellen eine Fülle weiterer Möglichkeiten, im Zusammenhang mit biblischen Texten von Gott zu reden, daß noch etwas anderes herauskommt als entweder der Jagdherr, der schon so konzipiert ist, daß man ihn kaum verteidigen kann, oder das Wild. Kann man wirklich das alles so ohne weiteres ausklammern oder theistisch interpretieren, was etwa im Umkreis biblischer Rede von Gott als dem Herrn im Sinne des Gesetzes oder des Vaters im Sinne des Evangeliums gesagt wird? Ich muß gestehen, daß mir die Gottesanschauung Jesu oder das Gottesverständnis oder der Gottesgedanke Jesu eben weder in der Formel des Jagdherren noch in der Formel des Wildes begegnet, sondern da liegen doch andere Tendenzen, und mich würde also einfach interessieren, wie Sie denken über die Möglichkeit, im Rückgriff auf biblische Zusammenhänge noch etwas anderes von Gott zu sagen als das Abgelehnte des Jagdherren und das Angenommene des Wildes?

Damit hängt dann das zweite zusammen. Man könnte ja jetzt auf den Gedanken kommen: Welche Wirkung hat denn nun die Rede von Gott als Wild? Wo in der Berufung auf den Vater Jesu

Christi Gott dem anderen nur als Jagdherr erscheinen kann, haben wir völlig versagt. Sofern das geschieht, sofern unsere Botschaft so aussieht, daß Gott der Jagdherr ist, müssen wir von ihr Abschied nehmen. Aber was ist mit dem Bild des Gejagten? Ist es nicht so, daß wir nun im Zusammenhang des Leidens oder des Gejagtwerdens im Grunde genommen nicht mehr deutlich machen können, wieso das für Menschen zu wissen und zu glauben eine Hilfe sein kann. Was nützt mir eigentlich, wenn ich mich selbst als Gejagten oder als Wild fühle, die Zusicherung, bei Gott sei das im Grunde genauso? Müssen wir uns nicht, wenn wir den Sinn der Verkündigung bejahen, wenn wir also meinen, in dem Zusammenhang von Verkündigung stecke etwas, das wir anderswo so nicht entdecken, doch auch bemühen, über das Bild vom Wild hinauszukommen?

SÖLLE: Was mit dem Bild vom Wild gemeint ist bei Cardonell, ist eigentlich, daß das Schicksal der Liebe in der Welt nicht der Erfolg und nicht die Macht ist, sondern eben umgekehrt das Gejagtwerden. Und dabei ist also entscheidend nicht das Gejagtwerden, das ist nur eine Konsequenz, sondern entscheidend ist ja das Lieben und das deswegen Zugrundegehen oder wie immer. Und ich würde eigentlich sagen: Hier liegt aller Ton darauf, daß in dieser Konzeption Gott nichts anderes, nichts mehr, nichts über dies hinaus als Liebe ist. Und wenn Sie meinen, zwischen diesen beiden extremen Bildvorstellungen vom Vater und Gejagten gäbe es noch viele andere, es gäbe noch verschiedene Modelle, dann würde ich doch fragen: Reicht es Ihnen nicht, daß Gott nichts anderes ist als Liebe, die zwischen Menschen geschieht? Oder meinen Sie, daß Gott ein Wesen ist, das also unabhängig von diesem Charakteristikum, von dieser Essenzbestimmung da ist? Hier könnte vielleicht unser Dissensus, wenn einer da ist, herauskommen.

GESPRÄCHSPARTNER: Ich würde sagen, daß ich nachtheistisches Reden von Gott so verstehe, daß wir Gott tatsächlich nicht anders haben als im Wort Gottes. Nicht im Wort »Gott«, sondern im Wort Gottes. Und daß freilich bei der immer wieder neuen Bemühung um biblische Texte noch andere Aussagen herauskommen als die des Wildes. Was mache ich denn, wenn ich mich völlig einstelle auf das Bild vom Wild? Oder, Sie haben völlig richtig gesagt, auf die Frage der Liebe? Was mache ich nun mit Jesu Gottesverkündigung, um nur das eine zu nennen? Muß ich die jetzt um jeden Preis zusammenpressen auf diese eine Form? Sie hatten einmal gesagt: Der Vater ist mir zum ewigen Bruder geworden (beschrieben als eine Konsequenz aus dem Denken Jesu hinsichtlich Gottes) – bleibt also in der Aussage vom ewigen Bruder nicht eben selbst an diesem Punkt ein weder räumliches noch zeitliches, aber eben doch sachliches Gegenüber? Ich würde meinen, Gott ist eben auch die Krisis unserer Mitmenschlichkeit und nicht nur in unserer Mitmenschlichkeit drin. Darf ich nicht auch und muß ich nicht auch davon reden, daß tatsächlich im Gottesgedanken selber eine Kritik des Menschen ist? Wo kommt denn eigentlich unser Ungenügen hinsichtlich der theistischen und hinsichtlich auch mancher kirchlichen oder auch theologisch und dogmatisch geübten Redeweise hinsichtlich Gottes her? Doch letztlich von da, daß für uns das Wort Gottes oder die biblischen Texte eine kritische Funktion haben. Und nun müßte man doch einen sehr weiten Umweg gehen, wenn man diese kritische Funktion auch noch integrieren wollte oder müßte in das Bild vom Wild. Und man kann auch die Formel: »Gott ist Liebe« oder auch dann in der Form bei Bischof Robinson: »Nichts vorgeschrieben außer Liebe« überstrapazieren.

SÖLLE: Nein, das kann man nicht. Oder Jesus hat das auch gemacht.

GESPRÄCHSPARTNER: Aber Jesus hat . . .

SÖLLE: . . . sie genauso überstrapaziert. Man kann sie nicht überstrapazieren. Entschuldigen Sie, wenn ich das so sage, ich empfinde das als eine Erschleichung, die Sie also hier jetzt versuchen. Indem Sie mir eine Überstrapazierung, eine Überkonsequenz vorwerfen, versuchen Sie, da einen Sonderraum auszusparen, in dem dann etwas von Gott übrigbleibt, was nicht in Liebe aufgeht. Sie haben dann noch eine Hoffnung auf Gott, die nicht mit dem, was ich meine, beschrieben ist.

GESPRÄCHSPARTNER: Ja, das kann sein.

SÖLLE: Sie haben da ein Plus – woher haben Sie das? Was nützt Ihnen das?

GESPRÄCHSPARTNER: Das Plus, das ich haben würde – einfach das Unbewältigte –, was ich meine nicht einfach mit der Rede von der Liebe bewältigt zu haben, ist Gottes Kritik am Menschen, wie wir sie eben auch in den biblischen Texten haben. Und ich glaube, es würde schwer sein, nun zu sagen, das sei dann unser »Masochismus« oder das sei irgendwie eine fetischistische Verwendung des Wortes Gottes. In den Texten steckt eine Kritik des Menschen. Natürlich kann man sie auch anders erklären – Herr Kahl hat sie in diesem Bändchen: »Das Elend des Christentums« ganz anders erklärt. Wir wissen, man kann alles ganz anders er-

28

klären. Aber es wird doch unbequemer, wenn wir die Kritik auf uns beziehen. Ich will mir nichts »erschleichen«, aber das Unbequeme an der Überlieferung, das Unbewältigte an der Überlieferung der biblischen Texte, das habe ich, wenn Sie so wollen, als Plus.

SÖLLE: Es wäre doch ein sehr flacher Begriff von Liebe, wenn er nicht die radikale, die totale Kritik am Menschen einschlösse. Kierkegaard schreibt, glaube ich, irgendwo, daß die Unendlichkeit der Liebe darin besteht, daß wir immer in ihrer Schuld bleiben. Das ist für mich eigentlich die reale Begründung eines Sündenverständnisses. Die Welt, in der wir leben, überzeugt mich davon, daß wir zu wenig Liebe aufgebracht haben. Das heißt, daß wir diese Welt nicht mehr verändert haben, daß sie nach 2000 Jahren Christentum noch so aussieht. Das heißt aber doch auch: Unser gesamtes Sündenverständnis kann sich nur ableiten von diesem Begriff einer unendlich geforderten Bereitschaft, für den anderen dazusein. Und ich sehe darin eigentlich noch keinen Überstieg zu einer anderen Qualität, sondern ich meine, daß die Rede, daß Gott sich zwischen Menschen ereigne, keine optimistische Rede ist, sondern es ist eine Rede, die auch einschließt, daß, wenn Gott zwischen Menschen kaputtgemacht wird, indem Menschen einander kaputtmachen, dabei Gott mit draufgeht. Das meinte ich vorhin in dem Gedankenspiel mit der Frage nach einer atomaren Vernichtung allen Lebens auf der Erde. Wenn Gott dabei mit draufgeht oder das, was die Tradition Gott nannte, damit auch zerstört ist, dann muß man sehen, daß gerade dieser Begriff von Gott, der nachtheistische, die radikale Kritik am Menschen enthält und das nicht etwa ausklammert. Und ich würde auch andere Qualitäten der Tradition aufarbeiten. Ich würde also auch sagen: Auch der Richter ist uns ja doch viel näher als in den Zeiten, da man noch an ein Jüngstes Gericht glaubte. Denn wenn das Gericht tatsächlich nur passiert und jetzt passiert und wir uns darüber klar sein müssen, daß die Hölle, die wir anderen machen, unsere eigene ist oder das Gefängnis, in das wir andere sperren, unser eigenes ist, wenn also nicht irgendwann Zerstörung von Leben dann erst Wirklichkeit wird, sondern wenn jede Zerstörung von Leben, die wir begehen, auf uns zurückschlägt, so daß die, die am meisten zerstören, auch die Zerstörtesten sind – dann ist der Gedanke, der ursprüngliche Gedanke des Gerichts, so verifiziert in der Gegenwart unseres Lebens, keineswegs versöhnlicher oder in irgendeiner Form Erweichung des Christentums. Sondern im Gegenteil. Es wird eigentlich schwerer, Christ zu sein, wenn man so sagen soll, als in einem mythenfreudigeren Zeitalter, in dem man diesen Akt selbst noch in eine andere Zeit hinausprojizieren konnte.

GESPRÄCHSPARTNER: Das ist natürlich dem allgemeinen Satz, »daß Gott Liebe sei« oder »daß Gott sich zwischen Menschen ereigne« so nicht zu entnehmen. Das ist jetzt in unserem Gespräch herausgekommen. Und es wäre schön, wenn nun tatsächlich auch das, was Sie vom Richter sagten, diese »Front« auflockern würde, die bloß in dem Entweder/Oder vom Jagdherrn und Gejagten entstünde. Was wir vor allen Dingen auch beachten müssen, ist folgendes: Wir sind bei dieser neuen Redeweise von Gott natürlich auch immer wieder in Gefahr, daß wir bestimmte, für uns unlösbare Probleme, wie etwa das Leid der Kinder, nun durch bestimmte Negationen in bezug auf frühere Gottesaussagen dann aus der Welt schaffen. Nicht wahr, das wird mir so deutlich mit der Berufung auf Auschwitz oder was nach Auschwitz ist. – Adorno sagt, man kann nach Auschwitz kein Gedicht mehr schreiben. Andere sagen, nach Auschwitz ist Gott nun wirklich tot. Es besteht da wiederum die Gefahr, daß wir uns mit solchen Formulierungen darüber beruhigen, daß nun eben tatsächlich Menschen unserer Generation dort an der Rampe gestanden haben und selektiert haben. Es ist also auch das ins Auge zu fassen, daß bestimmte Verweise auf ein vielleicht vergangenes Gottesverständnis *uns* nicht entlasten dürfen. Es gibt einen merkwürdigen *Vorgang* – etwa bei C. G. Jung oder Bloch –: diese Umkehrung von der Menschenschuld auf die Gottesschuld und jene Theorie, daß Gott seinen Sohn in die Welt senden mußte, weil er diese Welt so schlecht gestaltet habe. Es gibt also auch und gerade bei einer neuen Rede von Gott die Gefahr, daß uns nun wieder die Kritik der alten Rede von Gott – mit Ihren Worten gesprochen – zum Alibi wird für irgendwelche Zusammenhänge, die wir dann doch wieder weggeschoben haben, indem wir sie in das andere integrieren.

SÖLLE: Wenn ich vielleicht darauf noch etwas antworten darf. Es ist tatsächlich für mich der Punkt, mit dem ich am wenigsten fertig bin und für den ich keine Lösung sehe innerhalb eines solchen theologischen Ansatzes. Das ist das Leiden der Unschuldigen. Das kann in einem solchen theologischen Ansatz zwar verstanden werden von uns aus, die daran schuld sind, und zwar auch dann, wenn wir das nicht direkt getan haben. Wenn wir an einer Welt bauen, in der so etwas möglich ist, in der Aggressionen so gezüchtet oder hergestellt werden oder in der die Vorbereitungen für Auschwitz ja auch heute nicht abgeschlossen sind ... Vom Schuldgedanken aus also kann ich das noch verifizieren. Aber wenn ich von diesen dort vergasten Kindern selber ausgehen und deren Schicksal zu bedenken versuche, dann würde ich sagen, hat die alte Metaphysik, die ja Christus sogar in die Hölle schickte, um da den Leuten die Chance zu geben, eine größere Gerechtigkeit gehabt in diesem mythischen Bild. Es ist für mich nicht erschwinglich. Ich kann mir darunter nichts vorstellen. Diese Kinder sind vergast. Punkt. Aber die *Frage*, die die alte Metaphysik da hinterlassen hat ... Oder wenn ich von dem christlich-anthropologischen Grundsatz ausgehe, daß jeder Mensch die Chance des ewigen Lebens hat – das würde ich für einen für mich verbindlichen Satz halten –, dann gerät er an dieser Stelle einfach in eine Schwierigkeit, die in einem innerweltlichen Ansatz nicht überwunden werden kann. Das kann mich nicht dazu überreden, nun einen Salto ins Jenseits zu machen, aber ich sehe das Problem. Mehr kann ich dazu eigentlich nicht sagen. – Ich weiß auch kaum, wo in unserer Generation jemand dazu etwas nicht Metaphysisches, nicht Unglaubwürdiges sagen kann, das zugleich das Problem aufarbeitet und aufnimmt. Die innerweltliche Antwort ist, daß wir für diese Toten wie für alle Toten Verantwortung tragen, daß wir machen können, daß die Toten (etwa der beiden Weltkriege) umsonst gestorben sind – das ist ein Stück Verantwortung, die wir haben. Ich meine, daß wir über die Toten so denken und reden lernen sollten, daß das deutlich wird, daß wir die Toten »noch töter« machen können, also daß in unserer Hand das weitere Schicksal der Toten liegt. Aber das ist ein sehr geringer Trost, vor allem für die, die eben die Chance, ein Mensch zu werden, nicht gehabt haben.

GESPRÄCHSPARTNER: Sie sagen, es gibt nur metaphysische Antworten auf solche Fragen wie das Leiden der Unschuldigen. Bei den Kindern wird es besonders exemplarisch, aber es ist doch offenbar so, daß überhaupt in der Welt mehr Unschuldige als Schuldige leiden. Das ist jetzt wiederum keine Antwort, aber liegt es nicht einfach – wenn wir jetzt den Erfahrungshorizont ausweiten – eben in der Möglichkeit des Menschen, daß er schuld sein kann am Leiden des anderen, der das nicht verdient? Und ist es deswegen nicht notwendig, daß man den Menschen konfrontiert mit dem Aufruf zur Sündenerkenntnis, zum Umdenken, zur Buße? Auch hier würde ich wieder fragen: Bringen Sie das alles noch in diesen einen Horizont, den Sie überhaupt für denkbar halten, die Liebe? Natürlich kann man das – und die Theologen haben das oft gemacht, daß sie diese Dinge alle auf unglaublich geschickte Weise miteinander verbunden haben, aber ich bin eigentlich wegen dieser theologischen Kunststücke dann etwas bedenklich, wenn wir jetzt nun auch noch das ganze Schuldproblem einfach so verarbeiten (vorhin kam bereits der Richter in die Liebe hinein). Ist es nicht notwendig, daß das Schuldproblem, das nicht lieblos gelöst werden darf – das ist ganz selbstverständlich – und das letztlich auf die Vollendung in Liebe und auf Vergebung zielt, eben doch schrittweise so durchgehandelt und so durchgedacht und so praktiziert wird, daß Buße oder Reue oder Schulderkenntnis relativ selbständig erscheint und erst in einem weiteren Zusammenhang dann auch als Stufe der Liebe erkennbar wird? Warum müssen wir eigentlich so summarisch die Sache anfassen, nur aus Angst, daß Nichtliebe doch irgendwie übrigbliebe? Oder warum?

SÖLLE: Ich möchte Ihnen eine Gegenfrage stellen: Brauchen Sie zur Schulderkenntnis eine Autorität, vor der Sie überhaupt erst Ihre Sünde erkennen können? Oder genügt Ihnen die Liebe? Vor welcher Instanz denken Sie das?

GESPRÄCHSPARTNER: Die Liebe, wenn ich sie falsch verstünde, könnte mich dazu verführen, daß ich dächte, es wäre alles gar nicht so schlimm. Ich würde also tatsächlich – Luther hat gesagt, im Spiegel der Gebote erkennen wir unsere Not – doch ein gewisses Maß, eine gewisse Norm, und zwar die der biblischen Überlieferung, als Spiegel brauchen.

SÖLLE: Sie sind mir jetzt natürlich ausgewichen – ich hatte Sie eigentlich nach Gott gefragt.

GESPRÄCHSPARTNER: Ja eben. Und ich würde freilich meinen, daß das mit Gott zusammenhängt. Das hatte ich vorhin gesagt. Wir haben ihn nicht anders als in Gesetz und Evangelium. Wir haben ihn nicht anders als in seinem Wort. Und deswegen meine ich schon, daß ich selber – und ich will das jetzt gar nicht doktrinär-dogmatisch, sondern existentiell beantworten – auch diesen Spiegel meiner Not brauche. Und mir ist es die Frage, ob ich nicht ein totales Liebesangebot mißverstehen könnte, wenn wir uns schon einmal auf diese psychologischen Zusammenhänge einlassen. Natürlich könnten wir jetzt sagen: Im Kreuz ist alles zusammen. Und angesichts des Kreuzes kann ich eigentlich auch Liebe nicht mehr mißverstehen. Dann müßte ich aber – und Sie haben das ja an vielen Stellen auch gemacht – tatsächlich das Kreuzesgeschehen nicht bloß unter dem Gesichtspunkt von Liebe, sondern in dieser Verflochtenheit von Schuld und Leid in der Frage des Sinnes und des Geschickes Jesu sehen. Und da hätte ich tatsächlich einen Ort, wo ich meinte, daß mir angesichts dieses Kreuzes der Maßstab gegeben wird.

SÖLLE: Aber wo ist denn das Kreuz – heute? Oder ist es nur damals? Ich meine, daß man das Kreuz überhaupt nur verstehen kann, wenn man es in die Gegenwart denkt. Wir haben in Köln im Zusammenhang mit dem Politischen Nachtgebet am Karfreitag so ein Zwischending zwischen einer Prozession, einer Demonstration und einem Go-in gemacht durch die Stadt unter dem Thema: Wo kreuzigen wir Christus heute? Und dann haben viele Plakate gemalt – wir hatten drei Bereiche angegeben: in unserer Stadt, in unserer Gesellschaft, in unseren Kirchen. Und dann sind dort weltliche Dinge benannt worden: keine Kindergärten, viel Geld für zuviel Arzneimittel, aber keine billigen – und alle möglichen gesellschaftlichen und weltlichen Probleme, die Menschen daran hindern, Menschen zu werden. Und wir meinen eigentlich, daß das mit dem Ausdruck »Christus kreuzigen« genau beschrieben ist, daß wir jetzt nicht irgendwie eine Stufe kleiner reden. Bert Brecht hat es mal so gesagt: Es gibt verschiedene Arten, einen Menschen zu töten. Man kann ihm ein Messer in den Bauch stoßen, aber man kann ihm auch eine schlechte Wohnung geben, man kann ihm einen Beruf geben, der unerträglich ist. Es gibt also verschiedene Arten, einen Menschen zu töten. Christlich wird eigentlich dieser Gedankengang erst, wenn wir das zu unserer eigenen Sache machen, das heißt fragen: Wo kreuzigen *wir* Christus heute? Das Kreuz erfahre ich an den gekreuzigten Nächsten. Und nur in diesem Spiegel sehe ich jenes Kreuz auf Golgatha.

GESPRÄCHSPARTNER: Umgekehrt ist es aber eben doch auch so, daß vielleicht ein Außenstehender gar nicht einsehen könnte und müßte, warum wir das unter dem Bilde des Gekreuzigtwerdens beschreiben. Sie sprachen vorhin von den Traditionen, die man wieder neu interpretieren muß, und jedenfalls hängt mit dem Glauben und dem Versuch des Glaubens zusammen, daß wir die Nöte in der Welt für Außenstehende merkwürdigerweise (nicht wahr, Brecht brauchte das nicht unbedingt) verkleiden in die Sprache, in der es um das Kreuz Jesu Christi geht. Und das ist nun eben das traditionelle Element, das neu interpretiert wird; aber ohne dieses traditionelle Element gäbe es auch nicht die Möglichkeit seiner Neuinterpretation. Ich habe versucht, mir die Sache mit dem Kreuz immer noch anders deutlich zu machen: Es war eigentlich gemeint, von Gott gemeint, von Jesus gemeint, als das letzte Kreuz überhaupt. Und das Furchtbare ist, daß es nicht das letzte Kreuz geblieben ist. Das ist also auch eine Interpretationsmöglichkeit, die nicht unbedingt mit einer Versöhnungstheorie verbunden ist, sondern die sehr stark – für manche viel zu stark sicherlich – die Dinge ethisch zu interpretieren versucht und dabei einen Sinnbezug hat, der mindestens verständlicher ist als eine juridische Sühnetheorie oder ähnliches. Das Kreuz Jesu gemeint als das letzte Kreuz! Und jedes Kreuz nach dem Kreuz Jesu Christi (und das heißt also jedes vergleichbare Leiden) ist insofern von diesem Kreuz her gesehen anachronistisch. – Die Hauptsache ist – wie Sie es auch deutlich machten –, daß wir eine Verbindung herstellen zwischen dem Kreuz Jesu Christi und heutiger Welt und heutiger Not. Denn sonst bleibt – das ist ganz klar – der Satz, daß Christus für alle Menschen gekreuzigt ist, tatsächlich sinnlos. Er muß diese neue Möglichkeit gewinnen. Genau wie die Frage mich heute betrifft, was es mit der Gottesverkündigung Jesu auf sich habe, und ob es also eine Berufung auf Jesus an seiner Gottesanschauung vorbei so leicht geben kann, wie man das manchmal beschrieben findet.

SÖLLE: Ja, aber ich brauche vielleicht hier nicht die Kernstellen zu zitieren, die von dieser Theologie immer wieder herangezogen werden, Matthäus 25 vor allem, dann aber auch die Geschichte vom barmherzigen Samariter. Aber es ist ja tatsächlich so, daß das Geschichten sind, in denen die Vokabel »Gott« nicht nur zufällig fehlt, sondern in denen sie notwendig nicht erscheint, weil sie wahrscheinlich diese Geschichten verunklaren würde. Die Geschichte vom barmherzigen Samariter ist gerade besser dadurch, daß Gott hier nicht erwähnt wird. Dadurch wird nämlich deutlich, wie Gott, ohne daß die Vokabel »Gott« fällt, dasein kann in dem, was da geschieht. Die Geschichte von dem Richter, der sagt: »Das habt ihr mir getan«, ist gerade deswegen gut, weil die Leute, die dann hinterher zurückfragen und sagen: Ja, dich kennen wir doch gar nicht, mit dir haben wir doch gar nichts zu schaffen, von dir haben wir doch gar nichts gewußt – weil die also nicht sich auf die Frage eines theistischen Gottesglaubens einlassen, sondern weil sie unmittelbar sich auf die Wahrheit Jesu einlassen müssen. Diese Wahrheit Jesu ist die Frage an sie und nicht der Gottglauben. Und die Wahrheit Jesu ist die Frage der Liebe an diese Leute, und das ist das Entscheidende.

GESPRÄCHSPARTNER: Für Jesus selbst ist freilich die Wahrheit, um die es ihm geht, untrennbar verbunden, zwar nicht unbedingt mit der Vokabel »Gott«, aber mit dem, daß er sich selber als von

Gott gesandt und geführt ansieht. Und man muß sehen, wie man dann mit diesen Zusammenhängen fertig wird. Den genannten Beispielen lassen sich andere gegenüberstellen, wo es doch – wie in dem Gleichnis von den beiden Söhnen – offenbar um eine Auslegung des väterlichen Handelns in Richtung auf das Handeln Gottes des Vaters geht, ich kann also nicht Barths christologische Interpretation mitmachen. Auch das Vaterunser kann nicht auf die Vokabel Gott verzichten.

SÖLLE: Es ist mir immer etwas unwohl, wenn man unter Theologen so sich gegenseitig mit Bibelstellen bewirft. Den Tendenzen der nicht verbalisierten Gottesvorstellung (wie in den beiden Stellen, die ich genannt habe) werden sicher andere sehr viel unbefangener Gott verbalisierende Vorstellungen gegenüberstehen. Es scheint mir etwas schwierig, wenn man das gegeneinander aufrechnen will. Ich würde die Frage so formulieren: Was fügt die Berufung auf den Vater der Sache Jesu hinzu? Wird die Sache Jesu evidenter oder wahrer dadurch, daß sie von einem Vater getragen ist? Was ändert das denn an der Sache Jesu?

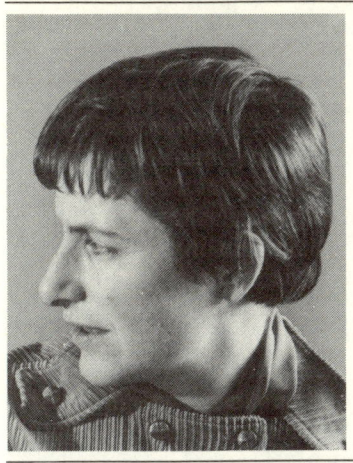

»Ich habe oft das Gefühl, hier in einer altmodischeren Kultur zu leben als in der blitzblanken Technologie von Westdeutschland«

Gespräch mit Ulrich Gembardt über amerikanische Erfahrungen, Konversion und Radikalisierung – und über New York

GEMBARDT: Frau Sölle, unser Thema sind die Erfahrungen und vielleicht die Schlußfolgerungen, die Sie aus dem ziehen, was Sie in Amerika erlebt haben. Sie waren zwei Jahre an dem berühmten *Union Theological Seminary* in New York als Lehrkraft tätig. Meine Fragen werden sich auf zwei Gebiete beziehen: auf Ihre Arbeit und was diese Erfahrungen aus Ihrer Sicht von heute für Ihre spätere Arbeit in Deutschland oder wo immer bedeuten könnten. Aber zunächst eine Vorfrage: Wie war das eigentlich, als Sie die Mitteilung erreichte, jetzt geht es nach Amerika, zunächst mal für ein Jahr, woraus dann, wie sich herausgestellt hat, zwei wurden?

SÖLLE: Es war eine große Mischung von Neugier und Kritik. Ich war nur sehr kurz mal in den Staaten gewesen. Mit einer ganzen Menge Vorurteile, wie die meisten intellektuellen Europäer. Ich kam in vielen Dingen äußerst kritisch, geradezu snobistisch in kultureller Hinsicht. Ich war erstaunt, daß die »Matthäus-Passion« vielleicht dreißigmal aufgeführt wird in dieser Stadt, der »Messias« von Händel vielleicht hundertmal. Ich hatte gar keine Ahnung, daß ich mich auf die Hauptstadt der Kultur zubewegte. Das war für mich überraschend. Es gibt eine Art von europäischem Kulturimperialismus (wie man diesen Snobismus vielleicht nennen kann), der auch in den deutschen Universitäten

Das Gespräch wurde vom Westdeutschen Rundfunk 1977 gesendet; veröffentlicht in: *Dorothee Sölle*, Sympathie. Theologisch-politische Traktate, Stuttgart 1978.

37

sehr zu Hause ist, gerade in den älteren Fächern wie Geisteswissenschaften und Theologie, die auf ihren Traditionen ruhend annehmen, daß andere Methoden und Fragestellungen eigentlich nichts bringen könnten.

Ebenso im alltäglichen Leben. Ich habe die ersten Wochen hier mit zwei jungen Mädchen verbracht, die in meinem Haus lebten und beide mit einem gesunden Antiamerikanismus erklärten: Es gibt hier eben kein anständiges Essen zu kaufen; es ist alles chemisch und überall Zucker drin, und es ist alles vorbereitet. Man findet kein vernünftiges Fleisch oder sonst irgend etwas. Diskussionen, bei denen ich dann plötzlich die Amerikaner verteidigte und sagte: Guckt doch mal erst ein bißchen genauer hin und wartet doch mal ab, was hier an Möglichkeiten ist. Die beiden, aber ich auch, haben unsere Vorurteile sehr gründlich korrigiert. Es gibt natürlich unendlich viel Schund in jeder Hinsicht. Aber es ist in diesem Land ungeheuer viel groß. Das ist vielleicht mein stärkster erster Allgemeineindruck: die Weite des Landes im Sinn von Weite an Möglichkeiten und dem Versuch, sie auszuprobieren. Dem Neuen eine Chance geben. Das sind alles so amerikanische Sprüche. Als ich kam, sagten mir meine Kollegen und Bekannten, ich sollte doch mit meiner *fresh new insight* kommen. Ich war ganz verblüfft, das Wort »fresh« schien mir völlig unangemessen. Es wird aber sehr häufig in einem tieferen Sinn gebraucht, einfach im Sinn von: Du hast dich hier noch nicht ausprobiert. Mal sehen, wieweit das trägt, was du zu bieten hast.

GEMBARDT: Eine Zwischenfrage: Jeder von uns hat sich ja verboten, Vorurteile zu haben, aber jeder von uns stellt auch fest, daß es hinter der Aufgeklärtheit, die man sich selber gern beimißt, natürlich auch Vorurteile gibt. Und Sie sind in ein Amerika gekommen, das gerade den Vietnam-Krieg beendet hatte, gerade den Präsidenten Nixon losgeworden war. Stellten Sie nun plötzlich fest, daß es auch noch ganz unbewußte Vorurteile gegeben hat, von denen Sie meinten, daß Sie sie so gar nicht gehabt hätten?

SÖLLE: Ich glaube, ich würde jeden Mann der mittleren Generation unbewußt unter der Frage ansehen: Bist du in Vietnam gewesen? Was hast du da gemacht? Weil das für mich ein so elementares Ereignis meiner eigenen politischen und menschlichen Biographie ist, daß ich davon nicht absehen kann und tatsächlich auch andere Menschen eigentlich nach der Frage (auch wenn ich sie nicht ausspreche) beurteile: Wie standest du zum Vietnam-Krieg?

GEMBARDT: Wäre das so ähnlich, wie es uns gegangen ist, als wir uns nach 45 fragten: Was hast du im Dritten Reich als junger Mensch gemacht und wie hast du dich verhalten?

SÖLLE: Ich empfinde das stark parallel, wie auch viele meiner amerikanischen Freunde, die im Widerstand gearbeitet haben und ihrerseits dieses Parallele zuerst aufbrachten. Vielleicht hätte ich das als Deutscher kaum gewagt. Aber in der Sache ist es außerordentlich ähnlich: daß es eigentlich den Block der Neutralität nicht mehr gibt, von dem viele Amerikaner sozusagen lange geträumt haben – die Idee, daß sie eigentlich nichts damit zu tun hätten. Das ist ja eine Idee, die auch sehr viele Deutsche gehabt haben: daß sie sich eigentlich immer anständig verhalten hätten. Und diese Art von vorpolitischer Unschuld, die ist, glaube ich, in diesem Krieg den Amerikanern abhanden gekommen.

GEMBARDT: Mit dieser Annahme sind Sie also gekommen, und diese Annahme haben Sie auch durch amerikanische Freunde bestätigt gefunden: daß dieses Sich-heraus-halten-Wollen auch für diese Nation nicht mehr möglich ist?

SÖLLE: Vielleicht habe ich die breite Mittelmäßigkeit etwas unterschätzt, von Europa aus. Einerseits kannte man Nixon und was er sagte und General Westmoreland oder andere doch dem Faschismus sehr nahestehende Figuren. Und auf der anderen Seite kannte man Leute dagegen. Daß es dazwischen natürlich Millionen von Menschen gibt, die es ablehnen, das als ihr Problem anzusehen, das ist mir erst langsam klargeworden. Ich habe meine Vorstellungen in diesem Punkt etwas korrigiert, aber nicht wesentlich, würde ich sagen.

GEMBARDT: Wir kommen auf diese Frage vielleicht am Schluß unseres Gespräches noch mal zurück: Wie ist das eigentlich mit der Mehrheit derer, die glauben, an solchen Dingen vorbeileben zu können? Nun zum größeren Kapitel unserer Überlegung, das heißt eigentlich Ihrer Überlegung: Sie arbeiten hier in Amerika als eine Hochschullehrerin. Was sind da Ihre ersten und, wenn man so sagen darf, auch zweiten Eindrücke gewesen? Das, was Sie besonders erstaunt, bewegt, ermutigt oder meinethalben auch verstört hat?

SÖLLE: Vielleicht beginne ich mit meinen Erfahrungen als ein Lehrer, der vorträgt. Ich habe mehrfach denselben Vortrag in Amerika gehalten, den ich in Deutschland auch gehalten habe, wie das in unserer Branche üblich ist. Und ich fand die Reaktion bemerkenswert anders. In Deutschland, innerhalb des akademischen Raumes, versuchen die Leute eigentlich doch, die schwache Stelle zu finden und sie aufzuknacken. Das ist das wesentliche Interesse: ein destruktives Interesse. Hier gibt es eine pragmatische Haltung, die fragt: Du hast uns also einen Schlüssel mitgebracht. Welche Türen können wir denn damit aufschließen? Wollen wir doch mal probieren, wie produktiv das ist. Und dann fangen sie an. Die Kritik, die dann kommt, kann durchaus auch sehr scharf sein. Es klingt alles immer etwas höflicher, doch das besagt nicht viel. Aber diese pragmatische Haltung einem Neuen gegenüber – versuch mal, was kommt dabei heraus –, die fand ich außerordentlich angenehm und produktiv. Weniger Konkurrenz als in Europa, obwohl man sagt, daß der Konkurrenzdruck hier in vielen Dingen sehr viel schärfer ist.

Sehr anders auch die Studenten. Einmal ist das Verhältnis zwischen Lehrenden und Lernenden ein ganz anderes. Da es eben keine oder sehr viel weniger althergebrachte Autorität gibt, muß man die Autorität auch nicht töten. Nicht nötig, den Vater immer umzubringen, wenn man ihn sowieso nach der zweiten Stunde mit dem Vornamen anredet, »duzt« würden wir sagen; wenn man also in ein Verhältnis kommt, in dem man auch gegenseitig Kritik übt, dann ist das ein sehr viel unmittelbareres. Man wird in unserem Seminar ständig von den Studenten angerufen: Kann ich dich mal sehen, eine halbe Stunde mit dir sprechen? Das ist absolut üblich. Dann fand ich sehr schön: In der ersten Zeit, als ich die englischsprachige Literatur noch relativ wenig kannte und die Studenten das merkten, kamen sie und halfen mir. Brachten mir ununterbrochen Bücher, ganze Leselisten. Ein gewisses Kollegialitätsverhältnis stellte sich dann her.

Dann noch etwas, was sehr anders ist. Es mag sein, daß sich das auf die Theologie im besonderen bezieht. Die Studenten, die an unserer Schule studieren, sind zum größten Teil ältere. Sie haben die verschiedensten Erfahrungen hinter sich: im Vietnamkrieg und im Widerstand, in der Bürgerrechtsbewegung und im Business. Sie haben in den verschiedensten Berufen gearbeitet: Taxifahrer, Friseuse, Arbeiter in der Autoindustrie, Mathematiklehrer, um nur einige Beispiele aus diesem Semester zu geben. Und dann eine ganze Gruppe von Frauen in einer Art dritter Lebensphase, wenn man die erste das College, die zweite die Ehe und die Kinderaufzucht nennt; dann ist ein Drittes: zurück zur Schule und ein Stück der Frauenbefreiungsbewegung und der Versuch, sich ein erfülltes Leben wieder aufzubauen. Sehr viele haben die Ehe- und Familienzeit als negativ empfunden oder beschreiben sie als negativ: daß sie nicht mehr wachsen durften, daß sie auf einem bestimmten geistigen und emotionalen Zustand festgehalten oder festgeschrieben worden seien durch die Ehe. Diese Erfahrung ist sehr lebendig, übrigens auch die von Krisen bei jungen Ehepaaren, wenn die Frauen stärker in das Studium hineinwachsen und entsprechend erwarten, daß die Männer einen Teil der Kinder- und Hauspflichten übernehmen. Ich habe in meinem Umkreis zwei Krisen und eine zerstörte Ehe erlebt; ohne Frauenbewegung hätte das alles wahrscheinlich noch 15 Jahre länger gehalten. Das beschleunigt Prozesse, die schon da sind.

Die Studenten sind so verschieden, daß man kaum Voraussetzungen machen kann. Man kann zum Beispiel nicht sagen: Wie Kant schon sagte ... Das ist zwar auch in Deutschland dummes Zeug, aber immer noch Sitte in unseren Universitäten. Hier kann man fast nichts voraussetzen im Sinne eines allgemeinen Kanons. Denn da sitzt ein Koreaner, und der sagt: Ja, weißt du auch, was Sung sagt? Und ich weiß überhaupt nicht, wer Sung ist. Da sind Japaner, da Australier, da vielleicht zwei oder drei Schwarze, die alle völlig andere Traditionen haben. Es wäre geradezu grotesk, ihnen mit Kant und Hegel so ohne weiteres zu kommen. Sie haben andere Traditionen, andere Erfahrungen, aber eben auch andere Kulturen.

Ein anderer Punkt: Es ist mir im Vergleich mit den Theologiestudenten, die ich in Deutschland kannte, aufgefallen, daß die Entfremdung, die das Studium den Menschen antut, hier weniger scharf ist, weniger zwingend. Das heißt, daß sie ihre persönlichen Fragestellungen und Ängste und Hoffnungen sehr viel mehr einbringen können. Ich hatte zum Beispiel im vorigen Semester einen Studenten, der mit rosigen Backen und braunen Locken zu mir kam und sagte, es sei doch so schrecklich, wenn man aus dem Paradies der Kindheit vertrieben würde, und diese Erfahrung zu machen, daß man plötzlich kein Kind mehr sei, das sei doch ein ungeheurer Schock. Und darüber wolle er jetzt seine Arbeit schreiben, eine Theologie der Kindheit entwickeln und was in der Bibel dazu gesagt sei, aber auch, was die Psychologie heutzutage darüber lehre. Und er wollte das mit seinen eigenen Erfahrungen verbinden. In dieser Art habe ich eine ganze Reihe von Abschlußarbeiten, sogenannte *master of divinity*, die alle eine subjektive Ausgangsfrage haben.

Ein weiteres Beispiel: Ein junges Mädchen hat einen katholischen background, und ihre Großmutter liebte die Jungfrau Maria. Nun war sie in dieser sehr protestantischen Schule. Und da

41

lachte jeder Mensch nur darüber oder wußte nichts damit anzufangen. Daraufhin war sie an der Frage interessiert, ob das Marienbild, in dem uns Maria immer als sanftmütig, ergebungsvoll, hinnehmend, duldend geschildert wird, ob das das einzige ist, oder ob die Tradition nicht noch andere Bildelemente von einer kämpferischen oder einer zornigen oder einer revolutionären Maria enthalte. Dann haben wir gemeinsam überlegt: Wo könnte so etwas vorkommen? In welchen Aufständen haben Bauern die Maria auf ihre Fahne geschrieben und warum? Insofern war die Art, wie die Studenten an ein Problem herangehen, sehr produktiv durch die Subjektivität der Fragestellung; mit einem etwas romantischen Ausdruck gesagt: durch die Suche nach Ahnen, nach einer Tradition, mit der man sich identifizieren, aus der man Kraft schöpfen kann. Das ist ein ganz allgemeiner Versuch hier, ganz stark in der Schwarzen-Bewegung. Das Gefühl, daß die Geschichte von den Siegern geschrieben ist und daß die Besiegten auch lernen müssen zu schreiben, ist sehr stark – dieses »Wir müssen die Geschichte neu schreiben«, das heißt die schwarze Bewegung entdecken, schwarze Frauen entdecken. Immer wieder geht das unter der Frage: War da nur Sklaverei, war da nicht auch ein Aufstand dagegen? Warum haben wir darüber keine Quellen? Wo sind diese Helden hingekommen? Dasselbe mit der Frauenbewegung. Was taten die Frauen früher, wenn sie in eine sinnlose Ehe gezwungen oder sonstwie verheizt wurden? Wo war Widerstand? So verbinden sehr viele ihre Studien mit ihren eigensten Interessen.

Oder ein anderer: Der wollte seine Arbeit über christlichen Anarchismus schreiben. Ich sagte: Ich weiß nicht, was du meinst, aber wenn es das gibt, wäre es ja eigentlich ganz schön. Hat er also angefangen, den Anarchismus zu beschreiben, wie er sich in Böhmen im 15./16. Jahrhundert entwickelt hat. Er hat das dann in amerikanische Gruppen, die kommunitäre Bewegung zurückverfolgt und dann verbunden mit seiner Kommune in der *lower-east-side*. Das ist ein Slum im Süden dieser Stadt, wo er zusammen mit zehn Leuten lebt, alle gewaltfreie Anarchisten, die aber doch – wenn die Metro mal wieder ihre Preise erhöht hat, haben sie vierzehn Tage lang eine Metro-Station besetzt und das Tor offengehalten und die Leute ohne Geld hineingehen lassen. So illegal und anarchistisch handeln sie auch. Im übrigen organisieren sie die Nachbarschaft und versuchen, gegen die *landlords*, gegen die Hausbesitzer und deren Tendenz, die Häuser verfallen zu lassen, anzugehen. Das sind Motivationen von Studenten, die natürlich ganz anders tragen, als wenn man sozusagen nur noch objektivistische, von Subjektivität gereinigte Fragestellungen hat.

GEMBARDT: Sie haben vorhin davon gesprochen, daß der Vortrag, den Sie mehrmals gehalten haben, ganz anders beantwortet worden ist, nämlich mit der Frage: Schlüssel wozu? Ist man auch inhaltlich darauf eingegangen? Das heißt, hat man den Versuch unternommen, die Theologie, die Sie vorgetragen haben, für die Nutzung sehr privater Probleme etwas weiter zu entwickeln, also einen erneuten theologischen Ansatz zu finden? Fanden Sie eine Bereitschaft nach Theologie heute, wenn man so sagen darf, oder nach Christentum heute, in diesem Leben und nicht mit der Verschiebung auf irgend etwas, was traditionales Christentum immer noch überall gern tut: sich arrangieren mit dem, wie es ist, und es dann verschieben auf etwas, wo es alles besser ist.

SÖLLE: Ich glaube ja, im positiven und im negativen Sinn. Auch die, die mich ablehnten, verstanden sehr wohl, worum es ging und warum sie das kritisierten. Ich glaube, die Jenseits-Tendenz ist vielleicht hier nicht so stark. Es gibt ein traditionelles Gefühl des Jetzt in den Kirchen oder in der christlichen Sprache. Es gibt ganze Gebete, die immer wieder enden: Komm zu uns, Gott, *right now*. Erbarme dich, du hast uns gerade heute Sonnenschein geschickt. Also auch ganz banale Dinge. Aber gerade *jetzt* brauchen wir dich. Gerade *jetzt* erwarten wir etwas. Da ist eine sehr starke Emphase auf dem unverschiebbaren Leben. Die theologischen Differenzen, die natürlich hier genauso da sind, lassen sich nicht mehr beschreiben in Vertröstungen, sondern die müssen inhaltlich gefaßt werden in dem, was dieses »gerade jetzt« denn bedeutet. Und da gibt es viel strenger als in dem eigentlich schon fast unsicher gewordenen Christentum in Deutschland etwas, was man *civil religion* nennt: fast eine Identität von gesellschaftlicher Lebensweise und Religion. Beides ergänzt sich. Es gehört dazu, in die Kirche zu gehen; es gehört dazu, an *Thanksgiving Day* Truthahn zu essen usw. – all die Bräuche, die Sitten, die von der Religion verklärt, etwas erhoben werden; aber sie selbst ist nur ein Teil dieser Kultur. Etwas theologischer ausgedrückt: Es ist Christus innerhalb der Kultur und nicht Christus gegen die Kultur. Und das ist sicher sehr stark in den traditionellen Gemeinden.

Unter den Theologen ist das umstritten und bekämpft. Die Versuche, Christus gegen diese Kultur zu mobilisieren, sind außerordentlich stark. Da kommen, glaube ich, wieder die Erfahrungen des Vietnam-Kriegs herein. Die Widerstandsbewegung ist ja sehr stark von den Kirchen getragen worden: einmal von den historisch-pazifistischen Kirchen, also Menschen, deren Ahnen vor 200, 300 Jahren Europa verlassen haben, weil sie nicht Soldat werden wollten, weil sie meinten, das ginge nicht als Christ. Das ist eine Form von Christentum, die es bei uns ja kaum gibt, hier aber durchaus lebendig ist in sehr vielen Gruppen. Auch wenn sie zahlenmäßig nicht so groß sind, haben sie einen Einfluß auf die größeren Kirchen, die zumindest in der letzten Phase des Vietnam-Krieges sehr viel stärker und klarer gesprochen haben.

GEMBARDT: Das *Seminary*, an dem Sie dort lehren, steht nun ja bei denen in dem Ruch, eine Schule der Aufsässigkeit zu sein, die das traditionalistischer ansehen. Würden Sie sagen, daß tatsächlich aus einem solchen Seminar – so wie dort gearbeitet wird, mit der Möglichkeit, von privaten Problemen her theologische Antworten zu finden – daß da auch Menschen herauskommen, die nun ihrerseits damit aktiv in eine Öffentlichkeit hineingehen? Also mit einem viel entschiedeneren Engagement, wenn ich den Ansatz recht verstehe, als das in Europa oder zumindest in der Bundesrepublik möglich ist? Und wie sieht das aus dort, wo solche Leute hingehen; in den Organisationen, die möglicherweise nicht unbedingt in einer so direkten Weise Christus auch gegen die Kultur mobilisieren wollen, sondern für eine bessere Kultur oder für ein besseres Leben hier und heute und jetzt? Haben Sie von Freunden, Kollegen oder dergleichen mehr gehört, welche Möglichkeit solche Seminaristen haben, dann später zu wirken?

SÖLLE: Ich glaube, da darf man sich nicht zu großen Hoffnungen hingeben. Das *Union Theological* gilt innerhalb des Landes bei einigen Evangelikalen als liberal oder – das ist hier die Steigerung von liberal – als kommunistisch. Sie meinen, wenn man die Bibel kritisch liest, dann ist man Kommunist. Das ist natürlich übertrieben. Die Leute in dieser Schule werden freilich, glaube ich, radikalisiert. Ich habe dieses Semester einen Studenten, der eine Arbeit schreibt über »Konversion als Radikalisierung«. Konversion ist ein zentrales Thema amerikanischer Frömmigkeit: ein an einem bestimmten Datum festmachbarer Akt der Gnade Gottes, die mich ergreift. Das ist sozusagen die Tradition, die theologische. Aber heute fragen die Menschen: Ich habe das Gefühl, daß ich durch meine politische Bewußtwerdung mich so verändert habe wie durch nichts anderes in meinem Leben. Das ist, was man eine Bekehrung nennt – eine theologisch-politische Bekehrung, ein Ereignis, das, glaube ich, hier viele Menschen erlebt haben.

Eine im Grunde ganz ähnliche Sache ist es, wenn ein Student

aus dieser Erfahrung kommt, darüber nachdenkt, dann andere Bücher liest oder mit Leuten spricht und nun herauszubekommen versucht: Was hat dich radikalisiert? Dann wird man gezwungen – ich bin auch öfter danach gefragt worden – zu erzählen: Was hat mich eigentlich auf diesen Weg gebracht? Warum nicht früher? Ich finde das eine sehr, sehr produktive Frage. Wie überhaupt die Frage: Was hat dich verändert? Wenn einem hier einer etwas erzählt, meinetwegen ein Psychologe, eine psychoanalytische oder sonst eine Gesprächsgruppe, dann ist die erste Frage: Hat dich das verändert? Oder: Inwieweit hat dich das verändert? Wer bist du jetzt? Und man versucht, das festzumachen. Das kann natürlich auch zu einer Mode werden, indem man nur noch nach Veränderungen sucht, ohne sie überhaupt auszuleben. Der Ansatz selbst ist, glaube ich, sehr *open-minded*, wie ein schönes englisches Wort heißt.

Um zurückzukommen auf Ihre Frage nach den Möglichkeiten der Leute, die etwa aus unserem Seminar oder anderen theologischen Schulen kommen, kritisch zu arbeiten im Sinne einer sozialen Veränderung dieser Gesellschaft: Ich glaube, es gibt eine breite Opposition in diesem Land gegen die bestehende Kultur. Und das, was man vor einigen Jahren die *counter-culture* genannt hat, ist keineswegs tot, auch wenn es in den Massenmedien nicht mehr im gleichen Sinn erscheint. Es gibt so viele Leute, die in einer Verzweiflung über die gegenwärtigen kulturellen Werte Kritik nicht nur denken, sondern auch leben. Das heißt, sie negieren eben die wesentlichen Faktoren: die Karriere, das Geld. Und vielleicht noch den sexuellen Erfolg oder den zur Ware gewordenen Sex. Sie versuchen, ein Counter-Leben zu führen, zu dem Brüderlichkeit, aber auch eine ganze Reihe von Verzichtmomenten gehören: Verzicht auf bestimmte Konsumgüter, auf bestimmte Formen des Umgangs. Ich meine, daß dies in der gesamten Gegenkultur sehr lebendig ist und eigentlich auch eine traditionelle Rolle der Kirchen wieder erfüllt: nämlich Freiräume zu schaffen für die *outsider* einer Gesellschaft. So wie Bettler oder Mörder im Mittelalter Unterschlupf fanden in den Kirchen, so finden heute dort vielfach *drop-outs* oder Leute, die mit der traditionellen Form von Lebensstil gebrochen haben, ein Stück Heimat. Zum Beispiel aus der Homosexuellenbewegung. Es gibt eine ganze Reihe von Kirchen, die versuchen, Homosexualität psychisch aufzuarbeiten, und den Menschen dabei helfen, ihre Schuldgefühle zu überwinden.

GEMBARDT: Sie würden also sagen, daß diese Menschen, häufig

auch Ältere und solche, die gar nicht notwendigerweise Theologen im engeren Sinne des Wortes werden, also sich ordinieren lassen wollen, daß diese Leute die Möglichkeit haben, Freiräume zu schaffen für andere, die, obgleich Nichtchristen, doch in einer vergleichbaren ähnlichen Situation leben?

SÖLLE: Ich bin etwas zögernd dem Ausdruck Nichtchristen gegenüber und fast zögernder als in Europa. Es gibt, glaube ich, hier sehr viele Menschen, die man am besten als Nachchristen, als *postchristians* bezeichnet, sie haben das Christentum als eine historisch gewordene Gestalt von Glaubensinhalten und Dogmen und Riten hinter sich gelassen, verstehen sich aber selbst keineswegs antichristlich oder auch nur außerhalb alles dessen. Ich zögere zu sagen, daß die Amerikaner ein religiöses Volk seien, aber man hat wirklich den Eindruck, es habe die These, daß Menschen ohne Religion etwas unvollständig sind, hier mehr Verifikation als in Europa. Ich meine das Interesse an Religion in einem ganz weiten Sinn. Das findet zum Beispiel Ausdruck in den Universitäten, wo es überall religionswissenschaftliche Abteilungen gibt, zum Beispiel eine Abteilung für Religion und Literatur. Da ich auf diesem Felde gearbeitet habe, weiß ich, daß es das in Deutschland nicht nur nicht gibt, es ist geradezu verboten, das zu bedenken. Es gibt keine Beziehung dazwischen. Vielleicht weil die Theologie bei uns so klerikalisiert ist, daß Religion als ein Menschheitswort sozusagen gar nicht mehr auftaucht.

Hier hat es eine viel breitere Wirklichkeit der verschiedensten Religionen und Texte. Als Sie von den Nichtchristen sprachen, fiel mir gerade ein: Es gibt ein Befreiungsgebetbuch, das heißt *liberation prayer book*. Das ist ein Versuch neuer Formulierungen von Texten. Es stammt aus Berkeley, aus der dortigen Bewegung in den sechziger Jahren erschienen. Da gibt es lange Heiligenlitaneien, wo Einstein, Theresa von Avila, Mahatma Gandhi und ich weiß nicht wer gebeten werden: Steh uns bei. Wenn man es negativ sagt, könnte man sagen: ein großer religiöser Supermarkt, in dem man alles kaufen kann. Aber das halte ich für oberflächlich. Ich glaube, es ist ein Versuch, mit dem Bewußtsein eines heutigen Menschen zu leben, für den Einstein ja manchmal wichtiger ist als Moses. Und das zu artikulieren in einer Sprache, die die Fähigkeit zur Transzendenz offenhält. In dieser Richtung gibt es eine ganze Menge von »Synkretismus« – so nennt man das in Deutschland und meint ein Schimpfwort. Ich halte es für ein Befreiungswort. Überhaupt diese Wirklichkeiten neuer Religiosität, auch der Überschneidung von Zen-Buddhismus und Christentum und Mystik und wie das in exemplarischen Gestalten gelebt wird – Christus ist da ein älterer Bruder unter anderen.

GEMBARDT: Ich habe noch einmal eine Frage, mit der ich ein Stück zurückgehen möchte: Christus nicht nur gegen die Kultur, die man als in irgendeiner Weise herabgekommen, moralisch herabgekommen empfindet, auch Christus innerhalb der Kultur. Sie haben vorhin gesagt, daß in einer Weise, die man eigentlich in Europa oder zumindest in Deutschland nicht mehr kennt, Amerika ein religiöses Volk sei. Und das hat ja mit allerlei erstaunlichen Dingen zu tun, auch mit Nöten und Ängsten der Menschen. Denn für eine sehr mobile Gesellschaft wie diese, in Teilen jedenfalls, sind ja diese christlichen Kirchen und Sekten und Kleingemeinden zum großen Teil die einzige Möglichkeit, wenn man an einen neuen Ort kommt, überhaupt aus der Vereinzelung herauszukommen. Das ist, wenn Sie so wollen, eine zwar im Grunde fast auf die Basis eines Kaffeekränzchens herabgekommene Form des Sichtreffens, aber es ist doch so: Wenn nicht Christus unter ihnen ist, so hat man doch den Eindruck, unter ihnen ist jemand, der ihnen das Gefühl gibt, mehr als nur der zu sein, der man so im täglichen Leben ist. Ich habe viel versucht, in solchen Gemeinden mal mitzugehen. Ist das etwas, was Theologen hier auch interessiert? Die Pfarrer spielen da eher eine Mediatorrolle, aber wenn sie überstimmt werden von der Gemeinde, dann werden sie überstimmt. Sie haben gar keine autoritäre Funktion mehr. Sind solche Probleme, nämlich Funktionen dieser Kirchen in einem etwas altmodischen, fast gesellschaftsbefestigenden Sinne etwas, was sozusagen im Umkreis derer irgendeine Rolle spielt, mit denen sie zu tun haben?

SÖLLE: Ich glaube, von den jüngeren Leuten wird diese Form des sozialen Lebens und des Kaffeeklatsches, der zur Kirche gehört, sehr scharf kritisiert. Sie versuchen, das zu verändern, aber sie benutzen es natürlich als ein wertvolles Instrument. Das ist es in der Tat. Man kann eigentlich soziologisch nur sagen: Die Gesellschaft hat sich in diesen Kirchen Instrumente gegen die Vereinsamung und gegen die Nivellierung der Alltäglichkeit geschaffen, die immer noch funktionieren. Das Gefühl, daß das Leben wert ist, gelebt zu werden, daß man es auch loben, ja preisen soll, das ist außerordentlich stark. »Feiern« ist ein Wort, das hier eine große Rolle spielt, auch innerhalb des religiösen Bereiches: *to celebrate*. Man kann schon sagen: *to celebrate our sexuality*, was im Deutschen fas unmöglich ist. Das heißt, wir bejahen, wir danken, wir wissen, daß wir damit zu Menschen werden, indem wir darüber sprechen, in einen Zusammenhang einordnen, den man vielleicht nur noch religiös formulieren kann.

Das ist ein zweischneidiges Problem: einerseits ein Kitt der Gesellschaft, die Menschen gehen da zur Kirche, und damit ist es gut; andererseits enthält das eben doch erstaunliche Möglichkeiten des Umdenkens. Die sogenannten Radikalen wachsen eben sehr auf diesem gemeinsamen Grund von Religion und Kirche. Da gibt es wirklich Konversion als Radikalisierung – vielleicht *das* christliche Thema dieser Jahre. Nelson Rockefeller, der ehemalige Vizepräsident, sagte kürzlich, der Unterschied zwischen dem christlichen Erbe und dem amerikanischen *way of life* sei doch beträchtlich – wenn Rockefeller das schon merkt!

Sie haben vorhin gefragt, wann und wie Menschen etwa auf einen Vortrag inhaltlich reagieren – ich würde sagen, weit schärfer als innerhalb der europäischen Linken, die hier gern mit dem Schimpfwort »rhetorisch« bedacht wird. Hier fragen die Menschen in einem gewissen Sinn weit existentieller, nämlich: Was ist jetzt deine Konsequenz, wenn du sagst, es gibt Unterdrückte und Unterdrücker, und Gott ist mit den Unterdrückten, Gott ist für die Armen? Das ist sehr schön, sagen sie, aber was nun? Und dann wird eine andere Frage gestellt, die mir immer wieder begegnet ist und die ich sehr produktiv finde. Das ist die Frage nach dem Lebensstil. In Europa wird man gefragt: Wo stehst du politisch?, und: Bist du organisiert? Wenn, wo? Hier wird man auch gefragt: Wo stehst du? Aber dann ist die nächste Frage gleich: Wie lebst du? Was ist mit deinem Lebensstil? Die Empfindlichkeit gegenüber Privilegien ist in der jüngeren Generation extrem und dies in einem außerordentlich positiven Sinn.

GEMBARDT: Sind das nicht auch all diejenigen, die einen festen Beruf, also ein festes Gehalt aufgeben und zusehen, daß sie Zeit gewinnen für Dinge, die sie für wichtiger halten? (Antwort: Ja.) Oder sind das solche, die sich zurückziehen aufs Land und den Versuch unternehmen, ganz bestimmte – wenn man so will – altertümliche Verhaltensweisen der Lebensführung wieder aufzunehmen? Würden Sie diesen Umkreis, den man ja, wenn man von außen kommt, mit gemischten Gefühlen ansieht, weil man sich fragt: Ist das nun eigentlich Flucht aus dem Leben? – wie würden Sie das aus Ihrer Erfahrung heraus sehen in Ihrer Hoffnung, aber auch in Ihrer Skepsis?

SÖLLE: Das war eines meiner großen Vorurteile gegen diese Art von »*life stylern*«, ehe ich das kannte. Ich dachte, na ja, das sind so Rousseauisten: zurück aufs Land – was soll das? Aber nachdem ich einige von ihnen kennengelernt hatte, habe ich mein Urteil revidiert. Beispiel: Ein junger Mann, der neben dem Farmhaus eines Bekannten wohnt und dort so eine Art Pächterstelle hat – praktisch lebt er dort, ohne Miete zu bezahlen, und guckt mal nach den Schafen – so ein *college drop out*, war sehr aktiv in der Widerstandsbewegung gegen den Krieg, hat selber Einberufungsbefehle mit Napalm begossen und verbrannt, und in diesem Zusammenhang Familie, Karriere, Erziehung, Berufsaussichten, all diese Dinge verlassen. Zunächst lebte er da auf dem Land, las für sich, schränkte seine Bedürfnisse mehr und mehr ein, zur Zeit arbeitet er bei der Eisenbahn, organisiert gewerkschaftlich. Das ist sicher auch keine Lebensstellung, aber für eine Zeit wahrscheinlich sehr konkret und nützlich.

So kenne ich eine ganze Reihe von anderen Leuten in Maine, einem nördlichen Staat der USA, wo das Klima sehr rauh ist; die haben sich da angesiedelt in den letzten fünf, sechs Jahren. Eine ganze Kolonie von Menschen in Farmhäusern, die sie zum Teil wiederaufgebaut, zum Teil neu gebaut haben. Meine Bekannten haben lange an der Universität gelehrt und waren Assistenten, bis sie das einfach nicht mehr aushielten mit dem Konkurrenzdruck, der Hetze, und Harvard hinter sich ließen, nach Maine zogen, ein Schaf kauften, ein Baby bekamen und morgens Holz hackten oder, wie Marx sagt, morgens Fischer oder Hirte und am Abend kritischer Kritiker. Abends übersetzen sie und bestreiten damit einen Teil ihres Lebensunterhalts. Sie sind nicht romantisch in ihrem Umweltbewußtsein, wissen ganz genau, wo man technologisch, also mit Hilfe neuer kleinerer Technologien, Energie sparen kann, welche Ernährungsweisen schädlich sind, wie man dem Körper Protein zuführen kann, ohne diese wahnsinnigen Steaks zu essen, für die all das Korn, das da ist, verfüttert wird usw. Die ganze Diskussion der Umweltfragen ist sehr stark ausgebildet. Ein Hauptbuch dieser Menschen, das ein Bestseller hier ist: »*small is beautiful*« von Schumacher.

GEMBARDT: Nun hat das ja eine Tradition in diesem Lande: Thoureau, Walden. Das hat es vor 150 Jahren auch gegeben, das heißt eine gewisse Art von großer Skepsis der Stadt und ihrer Sündhaftigkeit gegenüber – Sündhaftigkeit in einem jetzt säkularisierten Sinne gewissermaßen.

SÖLLE: Ja, unter dem Aspekt der Simplifikation: Mach dein Leben einfacher, reduziere deine Bedürfnisse, der größte Teil ist falsch, du brauchst das gar nicht. Und dann hast du mehr Zeit für dich selbst. Und tatsächlich, diese Kolonie, die ich da besucht ha-

49

be – ich habe lange nicht so viel Hausmusik gehört mit Blockflö-
ten und Geigen. Es hat für mich sehr viel Jugendbewegtes an sich,
wie sie miteinander umgingen. Dann haben sie eine freie Schule,
sind skeptisch gegen die öffentlichen Schulen, mit Recht in diesem Gebiet. Die Eltern sind dann selbst initiativ, teils indem sie
mit unterrichten oder Holz fällen für die Schule. Es gibt überhaupt sehr viel Naturalwirtschaft in diesem Kreis. Was mich beeindruckt hat: wie stark sie das ganze Leben reflektieren unter
dem Gesichtspunkt der Einfachheit und der Ursprünglichkeit:
Nichts delegieren, nichts abgeben.

Ein Freund erzählte mir eine Geschichte von einer jungen Frau
in diesem Kreis, sie hatte Krebs. Sehr lange haben sie gesucht, bis
sie einen vernünftigen Doktor fanden, und mit dem haben sie
ausgemacht, daß sie nicht ins Krankenhaus muß, sondern zu
Hause sterben darf. Und auch nicht Morphium nehmen und den
ganzen Irrsinn mit sich machen lassen mußte. Drei Erwachsene
der Gruppe haben dann diese Frau »zu Tode gepflegt«: Sie haben mit ihr über das Sterben gesprochen. Als sie dann starb, kam
die ganze Gruppe und richtete das Begräbnis zu. Der Freund, der
mir das erzählte, sagte: Hast du schon mal ein Grab ausgeschau-
felt? Dann sagte er, das sei für ihn – er wisse gar nicht, wie er das
ausdrücken sollte – der schönste Tod gewesen, den er je erlebt
habe. Sie hätten gemeinsam das Grab geschaufelt, also kein Beer-
digungsinstitut bemüht, das wäre entgegen ihren Vorstellungen
von Einfachheit und »das ganze Leben leben«, also die Arbeits-
teilung eigentlich bekämpfen. Dann haben sie gemeinsam alle etwas beigetragen aus dem Leben ihrer Freundin, haben darüber
gesprochen, sie dann beerdigt und versucht, ein Stück Tod wieder
nach Hause zu holen in das Leben.

In ganz ähnlichem Sinn ist es mit der Geburt. Man versucht
auch, die Geburt den Händen der Spezialisten zu entreißen und
sie wieder zurück nach Hause zu bringen in unsere eigenen Hände – gerade die Frauenbewegung ist darin sehr stark. Daß wir
nicht vollständig abhängig sind, die Frauen nicht wie Maschinen
in irgendeinen Gebärsaal transportiert werden, sondern bewußt
erleben. Ich glaube, daß viele Ansätze der Kulturkritik (wenn
man an Rilke denkt oder an andere Dichter, die von dem eigenen
Tod gesprochen haben) eben hier sehr viel pragmatischer verwirklicht werden. Es ist nicht die bloße Sehnsucht von unglückli-
chen Menschen, die mit dem Industriezeitalter nicht fertig werden, sondern das sind konkrete Alternativen. Ein Lieblingswort
dieser Generation übrigens: alternative Schule, alternatives Es-

50

sen, alternative KOOP, anderes Einkaufen, anderes Organisieren. Das meinte ich vielleicht, wenn ich sagte, daß meiner Ansicht
nach das *movement* oder die *counter-culture* nicht tot ist. Sie lebt
in diesen Alternativversuchen.

GEMBARDT: Ich könnte zum Schluß eine böse Frage stellen und
stelle sie mal: Kommt es nicht, so wie es ist, faktisch darauf hinaus, daß, sehr böse formuliert, dort gewissermaßen Seelen sich
selber retten? Daß gerade bei diesem Versuch, es am einzelnen zu
versuchen, und bei der gewissen Zurückhaltung gegenüber jeder
Art Verflechtung innerhalb der Gesellschaft die großen Prozesse
im Endeffekt über diese Gruppen hinweggehen?

SÖLLE: Ich habe dieselbe Frage auch gestellt, immer wieder. Und
immer wieder haben sie mir gesagt: Mag sein, daß du recht hast,
aber was tust du denn? Dann habe ich gesagt: Ich schreibe
manchmal ein Buch oder halte einen Vortrag oder rede im Radio,
Dinge, von denen ich hoffe, daß sie irgend etwas verändern.
Dann haben sie gesagt: Ja, reicht dir das? Was ihnen antworten?
Zumal es hier kein Vertrauen in eine irgendwie geartete Arbeiter-
bewegung gibt, die eine Veränderung hervorbringen könnte. Diejenigen, die heute versuchen, den Sozialismus auf amerikanisch
zu denken, können kaum an gewerkschaftliche Traditionen anknüpfen, weil die einfach zu korrupt sind. So knüpfen sie eben an
die ausgeflippten Söhne und Töchter der Mittelklasse an. Herbert Marcuse war eigentlich auch nur hier möglich, in einem
Land, wo zunehmend mehr Kinder der Mittelklasse diese Negation des Hergebrachten versuchen. Aber es ist ja tatsächlich eine
Frage, ob sie nicht wirklich etwas verändern und mehr Hoffnung
verbreiten als die deutschen Linksintellektuellen und die Weisen
der Frankfurter Schule.

GEMBARDT: Sie haben bei einer anderen Gelegenheit gesagt, daß
Sie sich auf eine für Sie plötzlich erstaunliche Weise hier zu Hause gefühlt haben, so ganz anders. Was gibt es insgesamt für Gründe? Waren es die Theologen dort in diesem Seminar, die Theologie lernen, um praktisch im Leben etwas damit zu machen? Waren es die Menschen, denen Sie begegnet sind?

SÖLLE: Da ist auch die Stadt New York, die mich ungeheuer fas-
ziniert in ihrer Verzweiflung oder in ihrem Todeskampf, ihrem
langsamen Sterben von Institutionen. Ich wohne zwei Blocks von
Harlem entfernt; da wird jede Woche eine Klinik, eine Schule,
ein Kindergarten geschlossen, weil die Stadt ihre Schulden nicht
bezahlen kann. Der Abfall türmt sich usw. Aber dagegen gibt es
auch ganz erstaunlich viel Hoffnung oder Kampf gegen diese Zu-

stände: Liebe zu dieser Stadt, eine starke kulturelle Tradition, eine Gesprächsoffenheit; wenn man in ein Konzert oder Theater geht, ist man in fünf Minuten mit allen möglichen Leuten im Gespräch. Das ist völlig anders als in Deutschland. Sicher gibt es sehr viele Ursachen, aber eine, die mir wichtig ist: Es ist schön, in einer Stadt zu leben, in der der jüdische Geist einen wesentlichen Bestandteil des Geistes ausmacht. Es ist schön, in Kreisen sich zu bewegen, wo Leute eine vielleicht etwas schärfere Intelligenz und Sensibilität haben als der normale Nordgermane und vom Bewußtsein einer Leidensgeschichte so gezeichnet sind, daß sie einfach etwas vermitteln können von ihrer eigenen Sensibilität. Ich empfinde das fast bei allen jüdischen Menschen, die ich kennengelernt habe. Und es ist eine Bereicherung – vielleicht – für alle, die an verschiedenen Formen der Veränderung interessiert sind. Vielleicht hängt auch die gewisse Kälte oder Unsensibilität oder Seelenlosigkeit, die man manchmal in Deutschland empfindet, damit zusammen, daß wir unsere Juden umgebracht haben, daß ein Gegenüber – und das heißt ein Gewissensgegenüber – weg ist.

GEMBARDT: Ist das aber nicht von tiefer Trauer, sich zu überlegen, wenn Sie einmal zurückkehren: kein Gespräch mehr im eigentlichen Sinne, so wie Sie es geschildert haben, zwischen Juden, Christen oder Nach-Christen?

SÖLLE: Es ist eine Verarmung. Die Schule, in die meine kleine Tochter geht, ist eine sehr stark von jüdischen Denkern, Pädagogen und Lehrern geprägte Schule, die mit einer ungeheuren humanistischen Sensibilität für Kinder da ist, gegen alle technokratische Verschulung, gegen die gesamte Schulreform, wie wir sie in Deutschland kennen. Das spielt überhaupt keine Rolle. Sie versuchen tatsächlich, das Kind zu einer Entfaltung zu bringen, nicht zu einer Maschine abzurichten, die irgend etwas produziert. Ich kann mir nicht vorstellen, daß Vorstellungen, wie sie bei uns immer stärker herrschend werden, hier durchkämen. Der Widerstand etwa von seiten der Juden ist viel zu stark. Ich habe oft das Gefühl, hier in einer altmodischeren Kultur zu leben als in der blitzblanken Technologie von Westdeutschland. Das hängt sicher mit dem Dreck und den alten Häusern usw. zusammen, aber nicht allein. Es ist tatsächlich, als wenn die Menschen der chromblitzenden Technologie mehr Widerstand entgegensetzten: durch die stärkeren sozialen Spannungen, durch größere Armut, größere Verzweiflung, aber auch durch einen heftigeren Kampf. Vielleicht ist der Ruf nach den Alternativen, nach neuen Versuchen deswegen so wichtig. Ich bin gern in New York.

»Um eins zu sein mit dem Großen Geist, müssen wir ihn mit unserer Haut spüren«

Gespräch mit Rudolf zur Lippe über Arbeit, Spiritualität der Schöpfung und die sinnliche Dimension der Religion

SÖLLE: Ich glaube, die schlimmste Beschädigung, die der Mehrheit der Menschen angetan wird, ist die Zerstörung sinnvoller Arbeit. Ich kann das auch anders ausdrücken: Der tiefste Klassenunterschied, den ich empfinde, der hat fast nichts mit Geld zu tun, wenig mit Wohnsituation oder Lebensgewohnheiten, aber fast alles damit, daß ich das, was ich tue, gern tue und daraus Befriedigung oder Glück erhalte. Und das, was die Mehrheit meiner Schwestern tut, ist eine wahnsinnig stumpfsinnige, gleichgültige und eben nur durch Entgelt überhaupt erträglich gemachte Beschäftigung. Die ist eben darin eintönig, daß in ihr eine ebenso teilhaft entwickelte, bestimmte Bewegung gemacht wurde: hochgradig perfektionierte Fingerfertigkeit oder sonst irgend etwas. Und diese Art von Nichterfüllung in einem zentralen Lebensbereich, in der Zeit, die die meisten von neun bis fünf irgendwo verbringen, die muß sich zerstörerisch auswirken – auch auf den Rest der Zeit. Das sind alte Thesen. Aber ich finde, daran hat sich überhaupt nichts geändert, an dem, was man Selbstentfremdung im Bereich der Arbeitswelt nennt.

ZUR LIPPE: Diese Beobachtungen sind ja tatsächlich keine neuen. Warum sprechen wir nochmals darüber – und auch *wir* vielleicht gerade? Weil wir doch anfangen, auch diese alten Probleme noch einmal neu zu sehen. Und das hängt – glaube ich – mit

Das Gespräch wurde am 13. September 1981 vom Westdeutschen Rundfunk (Hörfunk) ausgestrahlt; in schriftlicher Form unveröffentlicht.

53

zwei Dingen zusammen: Einmal haben sich tatsächlich diese Probleme verschärft. Sie gehen inzwischen bis in die Kindheit. Ich sehe es so in meiner Hauptpraxiserfahrung mit Schülern, Schulen und Lehrern, was dort – das, was ich auch einen Entzug an Gegenwart nenne, also an wirklich gelebter Zeit – unter den unsinnigsten Vorwänden und systematischen Ausreden vor sich geht. Die andere Seite ist, daß wir natürlich solche subtilen Entzugserscheinungen sich auch im ganzen Alltag und in der Arbeitswelt immer dichter zu einer mechanischen Auslaugung unserer Lebenskräfte zusammenziehen sehen. Und zugleich bekommen wir auch das, was es zu stärken gilt, an einem anderen Ende neu zu sehen und vielleicht sogar zu spüren und ein bißchen zu greifen. Ich will um Gottes willen nicht sagen »in den Griff zu bekommen«. Die Lehre dessen, was wir in der äußeren Natur mit der Ökologieproblematik angerichtet haben, hat uns dazu gebracht, neu zu überlegen, was wir mit der inneren Ökologie der Menschen – auch der seelischen – anstellen. Ich habe vor einiger Zeit von Ihnen einen Text gelesen, den Sie eine Reflexion über den Satz »Ich bin aus Erde gemacht« nennen. Ja, wir entdecken diese Natur, die wir selber sind, wieder. Und dann sehe ich auf der anderen Seite, daß inzwischen zwar Befriedigung durch Arbeit in einem abstrakteren Sinne als einer körperlichen Arbeit durchaus die einen von den anderen in unseren Gesellschaften wesentlich unterscheidet. Daß aber alle gemeinsam unter diesem Entzug an Lebenstätigkeit reagieren, auch in einem ganz leiblichen Sinn mit ganz einfachen leiblichen Sicherheiten, die daraus entstehen, mit anderen leben zu können, Dinge aufnehmen zu können und Dinge bewirken zu können. Und sei es nur, daß man ein Stück Holz spaltet oder eine Blume vernünftig einpflanzen kann, sei es aber auch, daß man einem Menschen in der U-Bahn, der in der Kurve ins Schwanken gerät, mit dem richtigen Griff Halt gibt und sich traut, ihm körperlich zu begegnen – was die meisten heute nicht tun –, daß all diese Probleme allen Menschen in dieser Gesellschaft gemeinsam werden, ja sogar entsetzlicherweise um die Welt herum. Von daher ist für mich der sehr wichtige Beitrag, den die Marxsche Analyse der Klassengesellschaft erst mal zum Verständnis dessen leistet, was da eigentlich an Mechanismen vorliegt und in welcher Richtung sie arbeiten, an Bedeutung zurückgetreten. Ich bin nicht mehr bereit, alles, was mal ein Stück weitergehen soll an systematischem Denken über gesellschaftliche Lebensformen, sozialistisch zu nennen. Wenn man wirklich Ökologie, ökologisches Denken für Menschen und Natur einbezieht in eine neue Gesellschaftsform, dann ist die etwas so anderes, daß der Begriff Sozialismus nur ganz kurz gegriffen ist und eine wesentliche Dimension gar nicht mit zu vermitteln vermag.

SÖLLE: Ich frage mich, ob ich dem Sozialismus nicht auch zutrauen darf, daß eine so tiefe und so lebens- und menschennotwendige Bewegung die Fähigkeit hat, sich zu öffnen zur Frage der Natur hin, daß ich also Sozialismus nicht eng verstehen kann und will – das will ja wohl kaum jemand – also im dogmatischen Sinn, aber wohl ihn verstehen als bestimmte Grundeinsichten über die Zwänge, die ökonomisch über uns kommen und uns zerstören, und wie man denen begegnen kann. Ich kann mir einen »Grünen Sozialismus« durchaus vorstellen. Ich würde sogar beinahe dazu neigen zu fragen: Ist denn überhaupt eine Lösung der ökologischen Krise denkbar in einem System, das auf den Interessen des privaten Kapitals beruht?

ZUR LIPPE: Das würde ich auch gerade nicht als *den* Gegensatz verstehen. Ich denke nur, daß wir gerade über die Frage des Privateigentums gar nicht hinauskommen mit dem Sozialismus, so wie er ökonomisch formuliert ist, denn wir sehen ja an den real existierenden sozialistischen Systemen, daß das Umdefinieren von Eigentum in Staats- oder Gemeineigentum die Verlaufsform überhaupt nicht beeinflußt, sondern nur noch absoluter gemacht hat, daß also die Schädigungen, von denen wir gerade sprechen, gerade in diesen Ländern fast extrem sind. Also wir wissen, daß russische Kernkraftwerke noch gefährlicher sind als die, die wir hier bauen. Wir sehen, daß ungarische Rekordlohnarbeit noch stärker den Menschen erniedrigt und auspowert und sich über ihn mokiert, indem es gleichzeitig sein besseres Arbeitswissen ausnutzt. Aber das Prinzip ist das gleiche. Also müssen wir hier eine Dimension weiterkommen. Ist diese Dimension die Frömmigkeit, die der Grüne Sozialismus dann aus der Kirche gewinnt? Da bin ich mir nicht sicher. Es interessiert mich, wie das gehen könnte.

SÖLLE: Das sind – glaube ich – zwei verschiedene Dimensionen, die zweifellos zu diesem Staatssozialismus oder Staatskapitalismus, der niemanden befriedigt, dazukommen müssen. Das eine ist das demokratisch-partizipatorische Element, das absolut fehlt. Ich finde das so großartig in Polen: Die fangen einen Streik an wegen der Fleischpreise – aus materialistischen Gründen, handfeste Gründe, die zum Beispiel in der DDR nicht vorliegen, und deswegen passiert da auch nichts. Es geht dann aber sofort einen

Schritt weiter, nämlich nach mehr gewerkschaftlicher Selbstbestimmung, Solidarität. Also es ist »Brot und Rosen«, wie wir Frauen das nennen. Man muß immer Brot und Rosen haben. Ein Streik fängt oft an um Brot. Was charakteristisch ist für die neue Bewegung, ist diese zentralisierte Form der Selbstbestimmung, ist die Religiosität. Ich weiß nicht, wie weit das Umweltbewußtsein da schon ist – aber das ist eine andere Frage. Doch ich finde, das ist ein Punkt, an dem sehr deutlich wird, wie Religiosität in einen neuen Lebensentwurf gegen diesen Staatskapitalismus mit hereinkommt, der eben gar kein Sozialismus ist.

ZUR LIPPE: Kann man mal fragen, wie weit eine solche Religiosität die innere Antwort auf gerade solche äußeren Zwangssituationen sein dürfte, oder wie weit eben diese Religiosität etwas ist, das ständig geblieben ist und als eine gewisse Grundgegebenheit angenommen werden könnte und halt nur über diese Zeitläufte hingetragen hat? Ich denke doch, daß es nicht nur so wäre, zumal die Religion, im Hinblick auf das, worauf wir doch eigentlich auch hin wollen, das Leben in und mit der Natur, die wir selber sind, in Mann und Frau, Frau und Mann – Menschen und äußerer Natur, ja gerade von dem geschwisterlichen Zusammenleben mit der Schöpfung so furchtbar wenig weiß und sagt.

SÖLLE: Ich weiß nicht, ich glaube, daß gerade innerhalb der polnischen Wirklichkeit der Katholizismus eine Art materialistische Spiritualität entwickelt hat – also: Gesegnet wird das Brot, ehe man das anschneidet, die Kerze wird angesteckt. Es gibt eine ganze Reihe von Symbolen des Alltags und des realen materiellen Zusammenlebens. Ein Sakrament ist zum Beispiel eine Sache, die zwei Menschen miteinander tun, wenn sie heiraten. Ehe machen ist ein Sakrament. Es ist nicht irgendeine Priesterreligion, der Priester hat überhaupt nichts damit zu tun, sondern die Menschen spenden einander das Zeichen Gottes, das Sakrament. Das heißt, die Religion ist ganz tief verwurzelt in den realen Lebensvollzügen. Und ich glaube, sie hat auch so auch heute genau die Funktion, den Menschen ein Bewußtsein davon zu geben, wie das Leben sein könnte – oder eine Erinnerung von Befreiung oder Glück.

ZUR LIPPE: Aber dann ist es eigentlich mehr das Leben, das fromme Leben der Gläubigen, als die Religiosität im Sinne von Dogma, Religion, Welt-Lebensinterpretation, Handlungsanweisung auf dieser systematischen Ebene, also eigentlich mehr etwas, was überhaupt noch aus traditionellen Lebensformen übriggeblieben ist. Ich habe ein relativ entzerrtes Verhältnis zu den Kirchen dadurch, daß ich keiner angehöre und nie einer angehört habe, mich auch mit den meisten Pfarrern deshalb wahrscheinlich, weil ich ihnen nie habe etwas übelnehmen müssen, zunächst einmal sehr gut verstehe. Ich beobachte aber auch, daß mich sehr oft in einem der Gottesdienste, an denen ich aus irgendwelchen Gründen teilnehme, mit der Gemeinde dort und mit dem ganzen Geschehen verbindet, daß ich sehr gerne singe. Und daß ich dann auch offenbar mit leichterer und vielleicht auch unreflektierterer Freude einfach singe als viele andere in dieser Gemeinde, die vielleicht viel mehr Probleme mit dem Text haben, wo ich mir dann sage: Was für einen Text die singen, ist augenblicklich nicht mein Problem. Darf ich dieses Bild als eine Erfahrung des Alltags benutzen, um doch mal die beiden Ebenen, die immer durcheinandergebracht werden und auch zusammengehören, zu trennen und zu sehen: Wo ist denn eigentlich die Religiosität? Ich würde sagen: die Frömmigkeit oder vielleicht auch Gläubigkeit, die uns weiterführen kann? Denn ich muß mir natürlich immer wieder die Frage stellen lassen: Sagen Sie mal, wieso sprechen Sie eigentlich mit allem, was Sie denken, wie Sie denken, wie Sie leben und was Sie darstellen, nicht viel mehr von Religion und Glauben? Und das wäre natürlich eine sehr berechtigte Frage.

SÖLLE: Das dachte ich auch gerade – das ging mir eben auch durch den Sinn. Vermissen Sie nichts? Wie Sie das eben beschrieben haben, das klang für mich so, wie wenn ein Mensch sagt: Ich bin leider völlig unmusikalisch. – Das gibt es ja: Ich singe nicht, ich höre nicht gern Musik. Sie sind also religiös unmusikalisch, wenn ich das richtig verstehe. Und ich wundere mich darüber, weil – wie kann denn jemand das nicht mögen?

ZUR LIPPE: Also, wenn hier der amtlich exerzierte Konzertbetrieb als Musikalität gilt, dann ist Ihre Vermutung richtig! Genau da liegt das Problem.

SÖLLE: Ja. Aber das weiß doch nun jedermann, daß es eigentlich so ist, daß der amtliche Konzertbetrieb eine institutionalisierte Form von Schichten und von Verhaltensweisen von Menschen ist, die viel tiefer und viel breiter sind. Also viel mehr Menschen sind musikalisch, auch wenn sie nicht ins Konzert gehen. Und viel mehr Menschen sind tatsächlich fromm, auch wenn sie mit der organisierten Religion nichts zu tun haben.

ZUR LIPPE: Meine Frage ist ja nur: Was tragen – aus der Geschichte her und mit den aus dieser Geschichte her noch vorhandenen Möglichkeiten oder vielleicht neu zu entdeckenden Möglichkeiten – unsere Religionen bei zu der Frage des Zusammenlebens miteinander und mit der Natur? Das wäre meine genaue Frage. Und da finde ich erst einmal in dem Lehrgebäude doch relativ wenig Anhaltspunkte. Ich bekenne gern immer wieder, daß ich an der einen Stelle, die ich vermute und die keine sehr typisch protestantische ist, auch Lutheraner bin: Ich würde nämlich auch Bäume pflanzen. Warum, weiß ich nicht. Wahrscheinlich, weil ich gerne Bäume pflanze. Aber dann werden andere Leute fragen: Warum pflanzen Sie gerne Bäume? Und warum tun andere Leute etwas anderes, wenn sie nur noch ein paar Tage eines Lebens vor sich haben? Für mich geht es nicht um das Ergebnis »Baum«, sondern um an dem Wachsen teilzuhaben.

SÖLLE: Aber das heißt doch, wenn ich das mal dogmatisch formulieren darf: Das Christentum hat ein Verhältnis zur Natur entwickelt unter dem Wort »Schöpfung«. Das heißt, das ist nicht ein Haufen von Kram, den du benutzen darfst, wie immer es dir paßt, nicht ein Haufen von Materie, sondern das ist etwas wie du auch, der du ein Geschwister dieser Schöpfungswirklichkeit bist, von Gott gewollt und geschaffen, und das heißt, daß es – wie die Bibel sagt – sehr schön ist. Das heißt, daß wir es leben können, daß es eine Qualität hat, die über diese Nutzbarkeit hinausgeht, wie im Alten Testament die »Walfische spielen zur Ehre Gottes«. Das hat überhaupt keinen rationalistischen Sinn – da ist nicht an die Walfischfänger gedacht oder an das Öl oder sonst irgendwelche Nutzbarkeit, sondern das hat eine Qualität in sich selber, die in der religiösen Sprache mit dem Bezug auf Gott ausgedrückt ist. Das wäre so eine Theologie der Schöpfung. Es ist eben nicht nur Natur, es *ist* geschaffen.

ZUR LIPPE: Aber wenn man sich nun den Satz ». . . daß wir uns die Schöpfung untertan machen« sollen, und das ist das Wort, das hier steht, und wir wissen alle, was gerade dieses Wort heißt, in seiner ganzen historischen Tragweite ansieht – warum sind wir denn mit der Dritten Welt, an die wir heute in doppelter Weise, nämlich hoffend und mit der grauenhaften Aufgabe, dort ein entsetzliches Geschehen aufhalten zu müssen, gebunden sind, wodurch ist denn diese Situation entstanden? Wir sind immerhin unter allen Fahnen dieser Religionen in die gesamte Welt hinausgezogen und haben geglaubt, Indianer töten zu dürfen, weil sie keine Seele haben, wie Tiere. Wenn man als Indianer sagt: An einem getöteten Tier muß ich mir wenigstens die Zeit nehmen, ein Dankgebet zu verrichten, um auch zu wissen, daß ich tatsächlich dessen, was ich töte, bedarf. Es gibt ja in diesem Schöpfungsmythos diesen Vertragsgedanken, daß die Natur dem Menschen gestattet, sich so viel, wie er braucht, zu nehmen.

SÖLLE: Ja, das Gebet an die Lachse. Es gibt in den kanadischen Indianersagen ein Gebet, wo sie um Verzeihung bitten, daß sie Lachse fischen, und zugleich betonen, sie nehmen nur so viel, wie sie brauchen. Das ist eine der ältesten Kritiken an dem Vorgehen des weißen Mannes, daß er eben blind rafft, was immer da ist, und mehr davon haben will.

ZUR LIPPE: Darf ich an der Stelle noch mal unsere Übereinstimmung stören? Ich habe die marxistischen Positionen mit sehr großer Zurückhaltung in ihre Relativität einzuordnen gelernt, oder jedenfalls meine ich, das für notwendig zu halten, während Sie Begriffe wie »materialistisch«, die ja dorther kommen, Begriffe wie »sozialistisch« so ungebrochen benutzen. Ich finde, daß die Entdeckung von Marx, daß es so etwas wie einen Stoffwechsel des Menschen mit der Natur gibt und ein ökologisches Zusammenwirken, wirklich sehr weit hinter all dem zurückbleibt. Und Marx hätte, fürchte ich, nicht nur wie er seine Genossen ausgelacht hat, die Indianer sicherlich auch mit ihrem Gebet an die Lachse ausgelacht. Die marxistische Pointierung gerade des Ökonomischen hat im Gegenteil praktisch sogar dazu geführt, daß man alles, was man in diesen Begriffen und in diesem Modell des Wechsels mit der Natur finden kann, doch nur als ein sehr utilitaristisches Gegenüber zur Natur praktisch gesehen hat. Da ist der andere Punkt, wo ich noch mal sagen muß: Ist es sinnvoll, das Segnen des Brotes eine materialistische Religiosität zu nennen? Ist das eine Provokation? Als solche finde ich es gut zum Nachdenken über Religiosität und über materialistisch, weil alle Leute schon wieder meinen, sie wüßten, was es ist.

SÖLLE: Also, nun muß ich doch mal fragen: Was passiert denn, wenn Leute zu McDonald's gehen und ihren Hamburger essen, oder wenn Leute das Brot segnen zu Hause? Was ist der Unterschied in dieser Nahrungsaufnahme? Das sind ja ganz verschiedene Beziehungen. Ich spreche jetzt über die Beziehungen zwischen der Nahrung und mir, dem Essenden. Das Tischgebet oder das Segnen erinnert daran, daß die Nahrung geschenkt ist, und das ist ein Symbol dafür, daß das Leben geschenkt ist. Es ist eine religiöse Grunderfahrung, daß das Leben nicht selbstverständlich ist, etwas, was man kaufen oder haben kann oder über das man eben herrscht und verfügt, sondern etwas, was vor uns da ist und dessen wir eigentlich gar nicht so sicher sein können, als wenn wir nur zu McDonald's gehen müßten. Und das zu vergessen, das zerstört das Leben. In diesem Sinn areligiös zu sein – und das ist die Mehrzahl der Menschen in unserer Kultur – ist katastrophal. Das ist nicht, daß denen nur eine Dimension fehlt, sondern denen fehlt die Ehrfurcht vor dem Leben, ein Verständnis von der Bedrohtheit des Lebens, ein Verständnis – um ein sehr großes Wort zu gebrauchen – von der Heiligkeit des Lebens. Und ich glaube nicht, daß man wirklich menschlich leben kann, ohne etwas davon zu wissen. Ich glaube auch, daß man mit Marx allein da nicht sehr weit kommt – und die produktivsten marxistischen sozialistischen Visionen sind ja solche, die von Menschen entwickelt worden sind, die auch noch andere Quellen hatten, also etwa christliche Marxisten. Die sandinistische Revolution in Nicaragua ist ein großartiges gegenwärtiges Beispiel für das, was dabei passieren kann: die erste Revolution, die die Todesstrafe als erstes abgeschafft hat.

ZUR LIPPE: Bei McDonald's oder irgendwo sonst geht es ja gerade nicht mehr um Brot. Und das macht es so schwer. Es geht nicht mal mehr um Hähnchen, denn selbst das Hähnchenfleisch hat mit Hähnchen nicht viel zu tun. Und gleichzeitig ist das Tischgebet, das Köstliche, auch so lange eine Ausrede gewesen für diejenigen, die nicht Brot haben machen müssen, um es essen zu können. Denn dem Herrgott dafür zu danken, aber nicht denjenigen, denen sie das reale Brot wirklich verdankten, zeigt, daß hier noch mal das Problem von der anderen Seite zurückkommt. Ich weiß es wirklich nicht, wie man da weiterkommt. Und das ist der Grund, weshalb ich mich nicht einem christlichen Bekenntnis einordne, und das ist auf der anderen Seite auch der Grund, weshalb ich einen sehr vorsichtigen, aber methodisch auch inzwischen sicheren Umgang mit den Instrumenten politischer Ökonomie befürworte. Aber ich suche auch, wo eigentlich wir nicht nur Gedanken von anderen übernehmen können, wie etwa den Schöpfungsmythos der Indianer. Wir können ja nicht einfach mehr im Brotmachen, -essen miteinander leben, unser hochkompliziertes, modernes Leben umgestalten, wie wir in einer viel höheren und intensiveren Bewußtseinsform noch mal wieder Lebensübungsformen von dort aufnehmen können.

SÖLLE: In einem der indianischen Texte wird erzählt, daß ein Mensch nur ein Mensch sein kann, wenn er jeden Tag in Berührung mit den vier Elementen ist, also mit Wasser, Feuer, Erde, Luft. Wenn ich mir meine Tage überlege: Da gibt es ja Tage, wo kein Wasser an mich kommt, kein Wind, solche Tage wie in Beton und Glas, wie eben Tausende von Menschen leben. Wo ich das Feuer nicht anfasse, wo ich also nicht richtig lebe nach indianischer Vorstellung, weil ich nicht verbunden bin, sondern mich abgeschnitten habe. Und das passiert ständig. Ich glaube, daß ein Teil der Suche der Menschen nach neuen Lebensformen auf solche elementaren Berührungen zurückgeht. Um eins zu sein mit dem Großen Geist, müssen wir mit den Elementen in Kontakt, in Kommunikation sein, wir müssen ihn mit unserer Haut spüren.

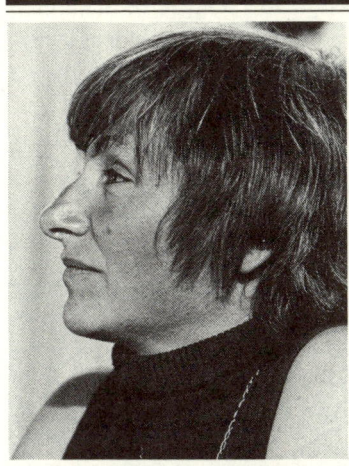

»Ich möchte ein weißes Papier sein, das ganz leer ist und auf das Gott schreibt«

Gespräch mit Dom Helder Camara über Spiritualität, den Traum Gottes und das Hineinwachsen in die Liebe

Mach aus mir einen Regenbogen,
der alle Farben enthält,
in die sich Dein Licht bricht.

Mach aus mir immer mehr
einen Regenbogen,
der das ruhige Wetter ankündigt,
nach den Stürmen auf See.

SÖLLE: Ach Helder, ich wünsche mir etwas für unser Gespräch. Ich wünsche mir, daß es uns gelingt, ein wenig von der Stille, die Sie trägt und die mich trägt, zu vermitteln. Daß die Menschen, die das sehen, etwas erfahren von der Kraft der Stille, die uns bannt und hält. Ich weiß manchmal nicht, wie man das machen kann in einem Medium wie diesem. Wie wir ein Stück Stille weitergeben können.

CAMARA: Darum ist das Leben oft so gehetzt, daß Harmonie und Musik versinken und schlafen. Wenn wir uns in der Natur befinden und Musik hören oder einem Kind begegnen, dann erwacht plötzlich die Musik in uns. Wer weiß, vielleicht haben wir uns vergessen; dann brauchen wir nur daran zu denken, daß Gott in uns lebt, in uns allen lebt, und dann kann man vielleicht erahnen, wie

Das Gespräch wurde im Dritten Programm des Südwestfunks Baden-Baden am 7. Oktober 1981 gesendet. Veröffentlicht in: *Dorothee Sölle*, Fürchte dich nicht, der Widerstand wächst, Zürich 1982 (pendo Verlag).

durchsichtig wir und die Natur für ihn sind. Dann brauchen wir uns nicht an uns selbst festzuhalten, dann brauchen wir nur hinzuhören, in uns selbst hineinzuhören, und etwas von diesem Gefühl erwacht dann in uns.

SÖLLE: Ich glaube, das führt uns zu dem, was Meditation bedeutet. Was bedeutet das für Sie, Dom Helder, daß Sie nachts wach sind und zwei Stunden meditieren und beten und dann etwas aufschreiben. Warum tun Sie das?

CAMARA: Ich bin davon überzeugt, daß es eine physische und eine geistige Person gibt. Dabei begehen wir gegenüber unserem Geist eine tausendjährige Sünde. Nachts legen wir uns hin, ins Bett, und der Geist soll sich dann schon zurechtfinden. Für mich gibt es Ruhepausen, die ganz spezifisch für den Geist sind: Natur, Musik, Freunde, und alles dies in der Möglichkeit, mit Gott zu sprechen. Für Gott brauchen wir nicht Worte, sondern nur Gedanken. Wenn ich also um zwei Uhr morgens aufwache, dann ist das kein Opfer, dann geht es mir um geistige Ruhe. Mein erstes Überlegen ist dann, die Einheit wiederherzustellen. Denn tagsüber sind wir zerrissen: wir sehen etwas Großartiges und Attraktives, die Arme reichen dorthin, die Füße gehen dorthin, und mein Anliegen ist es dann, alle Glieder wieder zur Einheit zusammenzuführen. Zu meiner Einheit, der Einheit in Christus.

Zu dieser Stunde erinnere ich mich an ein Gebet von Kardinal Newman. Er sagt, wir sind eins in Christus; aber wahrnehmbar ist mein Gesicht, meine Stimme, und dann betet er: »Herr Jesus, verbirg dich nicht so sehr in mir. Schau durch meine Augen, höre durch meine Ohren, sprich durch meinen Mund, gestikuliere durch meine Hände, gehe mit meinen Füßen.« Kardinal Newman endet sein Gebet: »Meine arme menschliche Gegenwart erinnere die Menschen auch von ferne an deine innere großartige Liebe.« Und ich bin sicher, daß mit der Hilfe Gottes die Zuschauer am Fernsehen nicht nur vor unserem Gesicht haltmachen, sondern auch etwas in unserem Innern und Gott in unserem Innern entdecken.

SÖLLE: Wie können wir mit Christus eins werden in einer Welt, die nicht nur unruhig ist, sondern zerstörerisch? Die uns jeden Tag kaputtmacht durch ihre Aggressivität, durch das Unrecht, durch den Schmerz. Mit vielen anderen Menschen in diesem unserem Land teile ich die Angst vor dem, was kommt, teile ich die Verzweiflung, die Hoffnungslosigkeit, die ein Charakteristikum der Menschen in der Ersten Welt ist. Wie können wir da von dieser Hoffnungslosigkeit wegkommen? Sie haben in einem Gedicht geschrieben, Sie wollen wie ein weißes Papier sein, das ganz leer ist und auf das Gott schreibt. Ich möchte auch ein leeres Papier werden, aber wie mache ich das?

CAMARA: Christus zu begegnen ist sehr leicht. Heute sagen alle Statistiken, daß mehr als die Hälfte der Menschen in einer untermenschlichen Situation lebt. Wenn aber irgend jemand, Christ oder Nichtchrist, Gläubiger oder Nichtgläubiger, Kind Gottes ist, wenn also jemand leidet, dann leidet Christus in ihm. So können wir also Christus in jedem Menschen treffen. Sei er nun elend, sei er in Sorge, sei er in Angst. Und hier in den Ländern Europas, in den industrialisierten Ländern, wie auch in den Vereinigten Staaten, in Kanada leidet selbst der Geist Gottes in dieser Welt. Ich glaube also, daß einige Probleme schwer sind und daß es schreckliche Strukturen gibt in dem Großteil der Welt, daß aber der Heilige Geist allerorten deutliche Zeichen von Hoffnung gibt, nicht nur in der Dritten Welt, sondern auch hier in Europa, in Nordamerika.

SÖLLE: Ich glaube, wir müssen uns daran erinnern lassen, daß der Geist hier bei uns auch da ist. Ich glaube, daß hier viele junge Menschen, ohne Furcht davor, eine Minorität zu sein, sich verlassen auf die Kraft des Geistes. Und aufstehen und ein anderes Leben suchen als das, was ihnen hier angeboten wird. Ein Leben, das mehr Gerechtigkeit verwirklicht und aus einem tiefen Frieden kommt. Ich sage das Wort »Frieden« natürlich in dem Bewußtsein dessen, was hier bei uns geschieht. Die Spiritualität dieser Bewegung, die von den Regierenden gar nicht verstanden wird, ist etwas Zentrales; das ist nicht eine bloß äußerliche Mode oder ein politisches Ziel, das ist ein spirituelles Ziel. Wir brauchen den Frieden. Mir kommt das manchmal so vor, als wenn ein Fluß, so sagen wir im Deutschen, umkippt, das heißt die Fische sterben, das Wasser ist vergiftet – so ist es mit der Aufrüstung: die kippt um, und wir fühlen uns wie tote Fische. In dieser geistlichen Situation sind wir. Und die Friedensbewegung ist eine Antwort darauf. Was würden Sie den Menschen, die hier für Abrüstung eintreten, sagen?

CAMARA: Es überrascht mich nicht sehr, daß Menschen guten Willens viel zahlreicher sind, als wir denken, in allen Ländern. Und die Jugendlichen, die jungen Menschen, die sich engagieren für aktive Gewaltfreiheit, bemühen sich, auch andere Menschen guten Willens zu wecken dafür, daß sie eigentlich noch gar nicht genau Bescheid wissen über das, was in der Welt läuft. Ein Beispiel: Wenn wir wissen, daß in jeder Minute eine Million Dollar für Waffen ausgegeben wird, was auf das Jahr bezogen mehr als 450 Milliarden Dollar ausmacht – 450 Milliarden Dollar für den Rüstungswettlauf, wobei ein einziges nukleares Unterseeboot mit mehr als 20 Raketenköpfen 408 Städte wie Hiroschima und Nagasaki zerstören kann – wenn man weiß, daß sowohl die Vereinigten Staaten als auch Rußland mehr als 50mal das gesamte menschliche Leben auf der Welt zerstören können – wenn man das also Menschen guten Willens sagt, die um uns leben, die nicht blind sind, dann meine ich, daß der Heilige Geist hier auch wirkt, daß er Menschen aufweckt. Ich bin davon überzeugt, daß wir in Bälde eine große Mehrheit werden, die sich für den Frieden einsetzt.

Wenn man zusammennimmt, die an Christus glauben, die an Gott glauben, den Vater von uns allen, nicht den Vater nur einer kleinen privilegierten Gruppe – wenn man alle Menschen guten Willens zusammennimmt, dann sind wir eine großartige Kraft, eine friedenstiftende Kraft, die Gewalt und Haß überwinden wird.

SÖLLE: Sie sprechen von denen, die in Christus sind, aber Sie meinen eigentlich doch alle Menschen, die guten Willens sind. Sie haben aber in einem Ihrer Gedichte geschrieben, daß für Sie Christus die Tür ist. Andere können andere Türen haben, es gibt mehr Türen, als wir vielleicht wissen. Ich empfinde das auch so: Das Christsein hat nichts Exkludierendes; das trennt mich nicht von anderen, das verbindet mich mit anderen, die vielleicht andere Türen haben.

CAMARA: Ich kenne Menschen, die der Ansicht sind, sie glaubten weder an Christus noch an Gott. Und dennoch sind sie Christen ihren Handlungen nach. Leider gibt es Menschen, die dem Namen nach Christen sind, ohne in der Tat Christen zu sein. Manchmal meine ich, daß es äußerst notwendig ist, daß der, der mehr bekommt, auch größere Verpflichtungen hat. So können wir vielen Menschen begegnen – nicht in der Weise, als wären wir Richter, Lehrmeister, das macht nervös – und uns freundlich und aufgeschlossen auch mit jenen unterhalten, die anders denken und nicht vergessen, daß auch sie einen Kopf haben und nachdenken. Und in allem, was sie auch sagen, steckt im allgemeinen ein Funke Wahrheit. Ich bin also überzeugt, daß Gott uns nicht verlassen wird. Ich erinnere mich, daß Gott das Schreien seines Volkes hörte, als dieses Volk in Ägypten war. Heute sind mehr als die Häfte der Weltbevölkerung in der Situation wie Israel in Ägypten.

Gott wird die Menschheit nicht verlassen. Gott wird den Menschen, die wohlgesonnen sind, helfen. Er wird ihnen helfen, das Schreien gerade der jungen Menschen zu hören.

SÖLLE: Kommen wir also von dieser tiefen Stille, die uns trägt, zum Schreien. Und wer in der Stille ist, kommt auch zum Schrei und wird mit den anderen, für die anderen den Schrei vorwärts tragen, den wir brauchen in dieser Welt. Ohne den werden wir nicht leben können. Ich meine, wenn wir hier zusammensitzen: Sie sind ein Bürger der Dritten Welt, ich stamme aus einem der reichsten und bestaufgerüsteten Länder der Welt und lebe in diesem Land. Wir suchen etwas, was ich vielleicht »in Christus eins sein« nennen möchte. Wie können wir in Christus eins sein, wenn wir aus so verschiedenen Teilen der Welt stammen? Wie können wir wahrhaftig miteinander reden, ohne Betrug, ohne Verschleierungen? Denn ich will nicht eine oberflächliche Einheit, die das vergessen macht, was uns trennt. Ich will eine ernsthafte Einheit der menschlichen Familie. Aber wie kann die menschliche Familie in Christus sein unter den Umständen von Überfressenheit und Verhungern, totaler Aufrüstung und Zerstörung?

CAMARA: In der Tat, wir haben sehr gute Gründe, uns zusammenzuschließen. Alle haben denselben Vater, und wer denselben Vater hat, gehört zur selben einen Familie. Wir sind Schwestern, wir sind Brüder. Und dann vergessen wir etwas, was nämlich Gott allerorten ist, Tag und Nacht: der Segen für uns. Und Paulus sagt, wir bewegen uns in Gott, wir begegnen Gott, wir sind in Gott. Wir tragen also Gott in uns. Ich liebe es, denkend mich zu bewegen und zu mir zu sagen, Gott ist bei uns, Gott ist in uns, der Geist Gottes ist in uns. Christus ist in uns. Wenn wir also nur auf unsere Kraft setzen würden, dann wären wir nichts, aber wenn wir in Gott sind und Gott in uns, dann sind wir alles.

SÖLLE: Ich glaube und ich empfinde, daß in unserer Welt Zerstreuung uns mehr von Gott weghält als das Böse im direkten Sinn. Wir haben so selten dieses Gefühl, daß wir in Gott sind. Wir wollen es – und sind oft so verfallen an augenblickliche Konsumgelüste oder Wünsche, die falsch sind. Wir hören so wenig auf unsere inneren Wünsche, auf den Christus, der in uns steckt. Diese Meditationen, die Sie schreiben, die bringen uns zum Hören auf Gott in der Welt, in den Armen, die unter dem Existenzminimum leben und an denen wir uns in unserer Welt bereichern. Je mehr wir auf sie hören, um so mehr hören wir auf Gott. Für uns in der Ersten Welt haben sie in der Dritten Welt vielleicht die wichtigste Aufgabe, uns an Gott zu erinnern.

CAMARA: Hier ist zu erwähnen, daß wir in der Dritten Welt auch

Inseln von Erster Welt haben. Man sollte aber nicht denken, die Erste Welt sei dekadent und habe nichts mehr zu lehren. Als wäre die Dritte Welt, etwa Lateinamerika, jetzt die Lehrmeisterin. Nein. Wir alle müssen voneinander lernen und uns gegenseitig belehren. Wenn wir auf die Gnade Gottes bauen, werden wir eine neue, eine andere Welt errichten.

Ich bin voller Hoffnung, daß jedesmal, wenn ich durch Europa reise, immer mehr Gruppen entstehen, famose Gruppen von Menschen guten Willens, die zwar Minderheiten sind, aber dennoch Samenkörner einer Bewegung. Auch in den Vereinigten Staaten gibt es etwas Großartiges, und so meine ich, daß diese Gruppen in Europa und in den USA sich zusammenschließen sollen. Und noch etwas Großartiges: In 18 Jahren werden wir das Jahr 2000 schreiben. Den 2000sten Geburtstag Christi. So meine ich, daß sich alle Menschen zusammenschließen sollten, um das dritte Jahrtausend einzuläuten, in dem dann die Menschen in der Tat spüren, daß eine neue Welt anbricht.

SÖLLE: Ja, und in der wir die Folgen der Sklaverei, der Atomsklaverei, die uns jetzt bedrückt, überwinden werden. Ich glaube, daß auch die, die heute noch Minoritäten sind, mehr und mehr mit ihrem Geist auch die Massen verändern werden. Das ist wie mit dem Sauerteig im Evangelium oder mit dem kleinen Senfkorn, das so winzig ist und ein Baum sein wird. Wir brauchen hier in unserer Welt, mehr als alles, Ermutigung, Hoffnung. Weil bei uns Resignation so stark ist, daß die Menschen sagen, man kann doch nichts machen oder wir sind ohnmächtig. Und wenn ich das so einfach sagen darf: Ich empfinde in Ihnen ein Stück Kraft. Das ist nicht Ihre Kraft, das ist die Kraft Christi, aber sie ist so gegenwärtig, weil sie mich aus dieser Gefahr des Zweifels und der Ohnmacht und dem elenden Gefühl befreit, man kann gar nichts ändern, es wird immer schlimmer, es wird immer mehr aufgerüstet, immer mehr Menschen verhungern. Dagegen stellen Sie ein Stück gelebtes Engagement dar, ein Stück »In-die-Liebe-hinein-Wachsen«, und das ist etwas, was ich einen Christen nennen würde. Ein Mensch, der immer mehr in die Liebe hineinwächst. Ich möchte jetzt einfach Ihnen dafür danken, oder vielleicht möchte ich einfach Gott dafür danken, daß es Sie gibt.

CAMARA: Aber glauben Sie, ich bin nicht allein, ich steh nicht allein, heute sind wir eine große Zahl. Hier, auch in Deutschland, in den verschiedenen Ländern Europas gibt es entschlossene Minderheiten, die eine christlichere Welt errichten wollen. Und mit welcher Freude sehe ich, daß sich Katholiken mit Menschen

anderen Bekenntnisses, selbst mit Ungläubigen zusammenschließen. Meine liebe Schwester, seien Sie sicher, wir sind nicht allein.
Überall gibt es Menschen auf der Welt, und nicht nur das: Gott
steht an unserer Seite, wir tragen Gott in uns, und das ist unsere
Kraft.

SÖLLE: Mach aus mir einen Regenbogen, sagen Sie. Der Regenbogen ist das Zeichen, daß Gott die Erde nicht verfluchen, nicht
verkommen lassen will, um sie noch einmal zu zerstören. Er ist
ein Zeichen des Friedens. Gott setzt nicht auf Krieg. Er setzt auch
nicht auf Unterdrückung. Er setzt auch nicht auf Sicherheit im
neurotischen Sinn, in dem das bei uns geschieht, wo man immer
neurotischer Angst hat: wenn man nicht genug gesichert sei, dann
könnte man die Beute von etwas werden, von einem Feind. Ich
meine, das ist eine schreckliche, antichristliche Haltung, wenn
man so auf Sicherheit fixiert ist, daß man sich selbst in einen Tank
steckt, seelisch. Viele Ihrer Gedichte handeln davon, wie man aus
dem Tank, der darin besteht, daß wir sicherheitsneurotisch sind,
herauskommt. So daß man nicht mehr so viel Angst hat, sondern
verwundbar wird. Sie meditieren nachts. Und manche von uns
tun das auch. Welche Kraft gewinnen wir, aus diesem Sich-eins-
wissen-mit-Gott, durch andere Menschen, die aufstehen, wie Sie
sagen, durch Minderheiten, die aufstehen wie Abraham, die das
Land, in dem ihnen eine gewisse Sicherheit versprochen wird,
verlassen und mit Gott in eine andere Zukunft hineingehen! Eine
Zukunft, die waffenfrei sein wird, die nicht von diesen neurotischen Ängsten, von diesen Sicherheitsängsten besetzt sein wird.
Wo Schwesterlichkeit und Brüderlichkeit wieder möglich werden.

CAMARA: Ihre Gedanken könnte man auf die Kirche beziehen.
Viele fragen mich, ob ich von der vertikalen oder horizontalen
Kirche sei. Es gibt keine Kirche, die nur Sicherheit vermittelt, die
nur an die Ewigkeit und die Sünde denkt, an Sakramente, an das
Gebet, und eine andere Kirche, die sich um die Probleme der Ehe
und um die sozialen Probleme kümmert. Meine Antwort ist das
Kreuz Christi. Es gibt den vertikalen Balken und auch die hori-
zontale Linie, und nicht nur das, nein, es geht darum, daß wir die
beiden Linien haben, um das Kreuz Christi zu finden. So sagt
Christus auch, das erste Gebot besteht darin, Gott aus ganzem
Herzen zu lieben; doch sogleich fügt er hinzu: aber es gibt ein
anderes Gebot, das dem ersten gleicht – das ist, liebt eure Brüder
und Schwestern. So bin ich also der Meinung, daß wir, die wir
meditieren, die wir diese Verantwortung haben – wir sind nicht

größer noch besser als alle anderen Menschen, die da leben, die neurotisch sind oder sich um alle möglichen Dinge sorgen. Nein, wir haben eine größere Verantwortung, die darin besteht, daß je mehr wir meditieren und uns Gott nähern, wir uns unseren Brüdern und Schwestern auch nähern und uns dafür engagieren, daß eine gerechtere Welt entsteht. Das ist unser Wunsch. Nun meine ich, daß wir Erwachsenen, besonders wenn man so ein Alter erreicht hat wie wir, das Mögliche tun sollen, um unsere Jugend heute zu ermutigen, damit sie dann das Übrige macht.

SÖLLE: Das tun Sie mit Ihren Taten und Ihren Gesten, mit Ihren Worten und Ihrer Stimme. Ich möchte gern ein Gedicht von Ihnen vorlesen, das ich sehr gern habe, weil es etwas über das Ganzsein in allen unseren Kräften sagt:

Das äußerste geben,
immer mit dem Herzen arbeiten
und mit ganzem Herzen –
ob es sich darum handelt,
ein Raumschiff zu den Sternen
zu führen
oder einen einfachen Punkt
mit dem Bleistift zu zeichnen.
»Immer mit dem Herzen arbeiten . . .«

CAMARA: In der Tat, wenn wir mit dem Herzen arbeiten, mit der ganzen Seele, ja, dann wird man nicht müde. Schon Augustinus sagte, wenn man liebt, dann gibt es keine Arbeit. Wenn man arbeitet und die Arbeit liebt, dann geht das besser. So würde ich sagen, ich lebe dann, wenn Gott mich leben läßt. Aber wenn er mich in einer Zeit leben ließe, in der alles schon geklärt ist, schon vor mir und hinter mir alles geklärt wäre, dann wäre das ja ohne Lohn. Ich möchte also in einer Welt leben, in der es Herausforderungen gibt, in der alle Fragen auf uns zukommen. Ich bin der Meinung, daß man jugendlich bleibt, solange man einen Grund hat zu leben. Und heute braucht man nur die Augen zu öffnen, und es gibt tausend Gründe zu leben.

SÖLLE: Es gibt tausend Gründe zu leben. Das Reich Gottes zu suchen, dafür gibt es tausend Gründe, und sein Leben hinzugeben an eine große Sache, aus dieser Zerstreuung und der Sinnlosigkeit wegzukommen, um zu wissen, wofür man da ist. Und ich finde, daß in den Bewegungen für den Frieden genau das erreicht ist, der Punkt, daß die Menschen etwas mit ganzem Herzen tun und wollen. Daß sie bereit sind, ihre Freizeit, ihre Karriere zu riskieren, daß sie also etwas von ihrem eigenen Leben in diese Hingabe hineinbringen – ich finde da einen religiösen Kern, bei ganz vielen Menschen, auch solchen, die selber der Kirche vielleicht entfremdet sind, die also Nachchristen sind, die aber mit anderen zusammen auf dem gleichen Weg sind und immer mehr in diese Ganzheit hineinwachsen. Denn in der Weise zerstückelt zu leben, wie wir es oft tun, das kann man sich angesichts des Sterbens gar nicht leisten.

Man macht sich selbst tot, mehr tot, als man ist. Vielleicht habe ich manchmal zuviel Angst davor, und Sie haben so viel Vertrauen darauf, daß Gott auf uns zukommt. Einige von Ihren Gedichten handeln von kaputten oder vergessenen oder verlorenen Sachen – wie z. B. von Bahnstationen, auf denen die großen Züge nicht halten, weil sie so klein sind, oder Schlüsseln, die man irgendwo aufgelesen hat und von denen man gar nicht mehr weiß, was sie aufschließen. Jeder hat irgendwelche Schlüssel, die eigentlich gar nichts mehr aufschließen. Und Sie haben unser Bewußtsein darauf gelenkt, daß es das gibt: kleine Dinge, die scheinbar nutzlos sind und die trotzdem etwas von Gott sagen in der Welt.

CAMARA: Ja, sehen Sie, noch vor wenigen Jahren habe ich eine schwarze Soutane getragen, wie früher die Priester in meiner Kirche das taten. Heute ziehe ich eine helle Soutane vor, denn Christus ist zwar gestorben, aber er ist auch auferstanden. Wir sind also Söhne und Töchter der Auferstehung. Der Tod ist nur der Beginn des eigentlichen Lebens. Und ich bin davon überzeugt, daß es nicht nur eine Auferstehung am Ende der Welt geben wird, sondern das Leben auf dieser Erde bedeutet schon Auferstehung, weil ich davon überzeugt bin, daß es schon auf dieser Erde zumindest eine weniger ungerechte Welt geben wird, eine gerechtere, eine christlichere Welt. Natürlich, man nennt mich da und dort einen Utopisten, aber dann sage ich, wehe der Welt, in der es keine Utopisten gäbe. Wenn jemand alleine träumt, dann ist das nur ein Traum, wenn wir aber zusammen träumen, dann ist das der Beginn der Wirklichkeit. Ich kann Ihnen also versichern, wir sind nicht allein. Wir träumen zusammen, und Gott segnet unseren Traum, und das ist doch ein großartiger Traum. Es geht also darum, den Traum Gottes zu verwirklichen. Gott hat uns teilnehmen lassen an seiner göttlichen Natur. Unser Verstand nimmt teil an der göttlichen Intelligenz. Unser Wille ist eine Teilhabe an dem göttlichen Schöpfungswillen. Durch seinen Verstand also beweist der Mensch, daß er ein Mitschöpfer ist. Das bezieht sich auch auf die Weltraumfahrt und auf die Computer. Aber nicht nur das; ich bin davon überzeugt, daß Gott uns nie verlassen wird, weil er sein Geschöpf nicht aufgibt. Er wird also das privilegierte Geschöpf nicht im Stich lassen, das er in die Welt gesetzt hat.

SÖLLE: Ich möchte zum Schluß kommen, aber ich möchte eigentlich mit dem Traum Gottes, von dem Sie gesprochen haben, enden.

Wir sind an dem Traum Gottes beteiligt. Und wenn in unserem Land jetzt »Träumer« ein Schimpfwort wird und »naiv« ein Schimpfwort wird, »utopisch« ein Schimpfwort wird, dann wollen wir lieber alles dieses sein: Träumer, naiv, utopisch. Nämlich Narren in Christus.

»Goethes Welt ist nicht die religionsfreie Welt, von der manche Rationalisten träumen«

Gespräch mit Karlheinz Deschner über säkularisiertes Christentum, Skepsis und Aufklärung und die Religion im Werk Johann Wolfgang Goethes

DESCHNER: *Gott und Welt* hat Goethe einen Gedichtzyklus überschrieben und damit jene doppelpolige Dynamik signalisiert, jene Welt- und Naturfrömmigkeit, die sein religiöses Denken kennzeichnet; die ihn – das sich mit der Natur in eins wissende Weltkind – in Gegensatz zu allen weltverachtenden, allen rigoros dualistischen Konfessionen bringt und damit auch in Gegensatz zum Christentum, wie – kein Zweifel – ungezählte Menschen noch in solcher Nachfolge.

Nach einer kurzen, magieunterströmten Pietismusphase, einer »mystisch-kabbalistischen Chemie«, lernte Goethe, im Anschluß an den freisinnigen Theologen Herder, Gott in der Natur sehen. Und weiter noch führte ihn die bedeutsame Beschäftigung mit Spinoza in den siebziger, den achtziger Jahren und 1811. Denn mit diesem großen Philosophen verband Goethe die Erkenntnis, die er selber so resümiert: »Die Natur wirkt nach ewigen, notwendigen, dergestalt göttlichen Gesetzen, daß die Gottheit selbst daran nichts ändern könnte.« Im Gegensatz also zum persönlichen, außer- und überweltlichen Gott des Christentums »verschlingt«, wie Goethe sagt, sein Gott sich immer mehr »in die Natur«, wird er das »ewig Eine«, das sich vielfach offenbart: die Natur, ihre Gesetzmäßigkeit, ihre schöpferische Kraft. Es ist evident, daß damit der Glaube sehr vieler Menschen noch in der Gegen-

Das Gespräch wurde am 1. August 1982 vom Westdeutschen Rundfunk (Hörfunk) ausgestrahlt; veröffentlicht in: *Harald Eggebrecht (Hrsg.)*, Goethe – Ein Denkmal wird lebendig, München 1982.

73

wart übereinstimmt mit einer Haltung, die natürlich auch die anderer geistiger Heroen des 18. Jahrhunderts war, wo die große Säkularisierung religiöser Vorstellungen und Wertdiktate nachdrücklich und umfassend beginnt, wo neben und an die Stelle des biblischen Offenbarungsglaubens die sogenannte natürliche Offenbarung Gottes tritt, die Natur selbst, aber auch Sprache, Poesie, Kunst – kurz, kein Humanismus aus der »Transzendenz«, sondern einer aus der immanenten Polarität des Lebens.

Nicht nur ungezählte »Laien« freilich haben sich aus diesem philosophischen Muster eine Religion für den Privatgebrauch geschneidert, auch die theologische Haute Couture hat inzwischen, im Anschluß bereits an die liberale Theologie des 19. Jahrhunderts, den Supranaturalismus gestrichen oder doch gewaltig kaschiert, hat den früher so weltfernen Herrn behend ins Hiesige geholt – denn »Hiersein ist herrlich«, wie nicht bloß Antichrist Rilke ruft – und insistiert nun auf »immanenter Transzendenz«, erkennt vieles von der Kritik des Atheismus am Theismus, des Naturalismus am Supranaturalismus an. Doch auch wenn Goethe, seinerzeit gelegentlich Naturalist geschimpft, Gott und Natur nicht entsprechend der Spinoza-Formel »deus sive natura« als Einheit gleichsetzt, wenn er Gott und Natur nicht monistisch, sondern gegensätzlich empfindet, wenn cr Gott auch weiterhin als überweltliche Figur verehren kann, selbst diese zweifellos inkonsequente Haltung teilen viele noch heute mit ihm.

SÖLLE: Sie haben ganz zu Anfang das Wort »Weltfrömmigkeit« erwähnt, ein Goethe-Wort. Nun, diese Sache »Weltfrömmigkeit« geht weiter, wirkt weiter, sie hat außerchristliche und innerchristliche Spuren. Es gibt ganz viele Menschen, die, wenn sie überhaupt nach Frömmigkeit befragt werden, so eine Art »Weltfrömmigkeit« nennen würden, Goethe würde sagen, »ein Gefühl für die Allgegenwart Gottes«, und zwar überall, in Phänomenen der Natur, des Zusammenlebens, der Beziehungen zwischen Menschen.

Als Sie Spinoza erwähnten, dachte ich daran, daß die Gegenfigur in Goethe wohl Prometheus ist, der Kritiker, der Zweifler, der Rebell gegen die Götter. Und ich sehe Goethes Verhältnis zur Religion eigentlich sehr stark von diesen beiden Figuren geprägt: einmal Prometheus, das große Nein, die Rebellion gegen die Pfaffen und die Pfaffenherrschaft und die Idee, daß die Offenbarung aus der Bibel und nur aus ihr kommt. Aber dieses Nein, diese Rebellion kritisiert noch radikaler – diese Kritik hat dann bei Marx fortgewirkt, der Prometheus ja den »größten Heiligen im

Kalender« genannt hat –, diese Rebellion kritisiert Religiosität überhaupt. Dieses Grundgefühl des Prometheischen ist die eine Seite. Die andere ist Spinoza: Einssein mit der Natur, eine fast mystische Beziehung zur Welt, die sich, wie ich meine, nicht mit einem rationalistischen oder positivistischen Ansatz erklären läßt. Vielleicht sollte ich das anders sagen: Ich glaube tatsächlich, daß Goethe tief religiös war: Denken Sie an sein Bedürfnis, etwas zu »verehren«. Das ist eine so urmenschliche Haltung, etwas, das größer ist als ich, zu verehren, hier liegen tiefe Wurzeln von Religiosität.

DESCHNER: Goethe, der einmal schreiben konnte, es wäre nicht der Mühe wert, siebzig Jahre alt zu werden, wenn alle Weisheit der Welt Torheit wäre vor Gott, hat auch dem Rationalismus seiner Zeit durchaus Tribut gezollt. So gut wie alles Christlich-Dogmatische jedenfalls war für ihn erledigt, Glauben überhaupt kein Fürwahrhalten kirchlicher Lehren mehr; alles Übernatürliche ist preisgegeben. Goethe haßte Obskuranten, die »nach Wundern schnappen«, worauf ja die ganze christliche Verkündigung beruht, neben der angeblichen Weissagung. Selbst über das größte christliche Mirakel mokiert er sich. Und dies mit um so mehr Recht, als es genug sterbende und nach drei Tagen wiederauferstehende Gottheiten schon vor Jesus gab. Jeden Glauben an Suspendierung der Naturgesetze empfand er buchstäblich als »Lästerung«. Nicht in Wundern offenbarte sich ihm das Göttliche, das Ehrfurcht Erheischende, sondern eben im Naturgeschehen, in der deutlich von Spinoza inspirierten Einsicht, »daß in der großen Natur das geschieht, was auch im kleinsten Zirkel vorgeht«, ein recht modern anmutendes Lebens- und Weltgefühl.

Das Fluktuieren aber zwischen dem heidnisch-mystischen oder mythischen und dem christlichen Element darf nicht mißverstanden werden. Nicht so, als sei das hier schön ausgewogen, ziemlich paritätisch. Selbstverständlich, wer bezweifelt dies, wurden Goethe und sein Werk beträchtlich vom Christentum beeinflußt, wie wir mehr oder minder alle; leider! Und wie viele von uns eine christliche Phase hatten oder haben – gewöhnlich dann, wenn man noch wenig weiß, noch nicht so gut vergleichen, ja noch kaum schlüssig denken kann oder gar nicht denken will, vielleicht auch nicht glücklich, nicht zufrieden genug ist (vom Unglück profitieren die Religionen stets am meisten) –, so hatte auch Goethe eine christliche, pietistische Phase. Und bezeichnenderweise 1768, als er von Leipzig nach Frankfurt kam. In einer Krise und Krankheit war dem »Duldenden, zart, ja schwächlich Fühlenden«, wie Goethe später selber schreibt, »das Evangelium willkommen«. Er verstummte damals sogar als Dichter, in der Annahme, Gott wolle nicht, daß er Autor werde. Doch diese Episode bildete keinesfalls, wie etwa Hans von Schubert einst glauben machen wollte, ein nie wieder preisgegebenes Vermächtnis im Leben Goethes, sondern danach beginnt, wie Korff, Schöffler und andere Forscher längst erwiesen haben, Goethes Hinwendung zum Heidentum.

»Ich bin kein Christ«, sagt er schon 1773 zu Lavater.

SÖLLE: Er hat sich doch als »dezidierten Nichtchristen« bezeichnet.

DESCHNER: Es gibt eine Menge solcher Wendungen später. Er sei »ein Heide«, »ein alter Heide«, »ein recht ausgemachter Heide«, ein Mann, der sich »fest und fester an die Gottesverehrung des Atheisten« halte. Zumal im katholischen Rom erblickt Goethe »Babel«, die große »Hur«, die »Mutter so vieles Betrugs und Irrtums«. Er bemerkt dort außer der wirklichen Welt noch eine des Wahns, »viel mächtiger beinahe, in der die meisten leben«. Kirchliche Kulthandlungen nennt er »Hockuspockus«, vergleicht sie mit Theater und Karneval, und der Papst ist für ihn »der beste Schauspieler Roms«.

Nicht ganz so negativ verhält sich Goethe zum Protestantismus. Doch erklärt er schon in jungen Jahren, nicht in die Kirche und zum Abendmahl zu gehn, da er dazu »nicht genug Lügner« sei. Noch 1817 ist der Protestantismus für ihn ein verworrener Quark, der uns täglich lästig fällt. Und noch wenige Jahre vor seinem Tod meint er, von allen seinen Gedichten könne keins im lutherischen Gesangbuch stehen.

SÖLLE: Ich habe Bedenken gegen die Fixierung auf das Christentum, also unser Thema lautet »Religion«, nicht »Christentum«. Der Begriff der Religion umfaßt alle möglichen anderen Formen von Religiosität. Wenn wir uns auf Goethes Verhältnis zum Christentum spezialisieren, dann ist es natürlich relativ leicht, seine Abwendung von dieser Jugendphase darzustellen, seine Entfernung von seinem Freunde Lavater etwa, diese Auseinandersetzung, die sich durch sein ganzes Leben zieht.

Was aber ist denn dann an die Stelle des von ihm kritisierten, abgelehnten Christentums getreten? Was hatte er denn anzubieten?

Noch einmal diese beiden Gestalten: einmal Prometheus, das große Nein, und einmal Spinoza. Ich würde da gern etwas weiter fragen, denn Goethe ist ja nicht mit der Religion in der Weise fertig geworden wie ein größerer Teil unserer Zeitgenossen, die die Geschenke bei der Konfirmation einstecken, und dann sind sie fertig mit dem Problem. Höchstens braucht man dann noch einmal einen Pfaffen bei der Beerdigung. Aber im übrigen ist das Ganze eine absolut nebensächliche und unwichtige, nicht handlungsrelevante Angelegenheit. All das kann ich bei Goethe überhaupt nicht finden. Der ist doch viel frömmer als die alle zusammen. Worin wurzelt das denn nach Ihrer Meinung? Was ist Religion bei Goethe?

DESCHNER: Selbstverständlich, Sie haben recht, reduziert sich bei vielen heute das Christentum auf die Frage, wie man einmal formulierte: »Wer bringt denn Tante Frieda unter die Erde?« Und sicher haben Sie auch darin recht, daß das Phänomen der Religion weit mehr umgreift als das des Christentums. Andererseits aber ist unbestreitbar, daß wir alle, sofern wir im abendländischen Kulturkreis aufgewachsen sind, die Religion durch das Christentum kennengelernt haben und daß natürlich auch Goethe der Religion durch das Christentum begegnet und seine Auseinandersetzung mit der Religion vor allem eine mit dem Christentum gewesen ist – keinesfalls nur eine negative.

Zum Beispiel wirkt gewiß noch heute seine sehr positive Einstellung zu Jesus fort, auch wenn er diesen als Dreißig- und Vierzigjähriger negativ beurteilt hat. Er achtet doch sein Bemühen, die Menschen zum Höheren zu erziehen, was Goethe die »Christus-Tendenz« nennt. Und er betont die Bedeutung Jesu durch seine Predigt über das – so Goethe –, »was unter uns« ist, die Erhebung nämlich von Not, Armut, Leid zum »Heiligtum des Schmerzes«. Doch gerade dies wurde von den christlichen Großkirchen ununterbrochen und katastrophal mißbraucht. Also: Religion, Christentum, jesuanische Predigt, Evangelien, Bibel, all das verschränkt sich derart bei Goethes Auseinandersetzung mit den religiösen Phänomenen, daß man es unmöglich trennen kann.

Die eigentliche Polarität aber sehe ich weniger zwischen *Prometheus* – zweifellos ein Rebellenpoem ohnegleichen in Goethes Frühphase, der junge Autor hat sich lyrisch nie so radikal geäußert wie in diesem sehr bekannt gewordenen Gedicht –, doch die eigentliche Problematik spielt sich ja nicht zwischen Prometheus und Spinoza ab, sondern es sind ganz andere Antipoden.

SÖLLE: Nämlich welche?

DESCHNER: Die Antipoden sind tatsächlich ein nachklingendes christliches Lebensgefühl, das freilich völlig befreit ist von jedem

Dogmatismus, und eine durch Spinoza bestimmte Naturmystik, ein Pantheismus, über den Goethe aber oft hinausgeht.

SÖLLE: Pantheismus ist für mich ein ganz wichtiges Stichwort. Ich stehe speziell da der protestantischen Theologie kritisch gegenüber, die das einfach als eine Art Häresie abgetan hat, statt zu bemerken, daß eben ganz viele Menschen Sinn dafür haben, daß die Gegenwart Gottes in vielen Gestalten erfahrbar wird.

Wenn ich einmal ein christliches Element bei Goethe herausholen sollte, dann wäre das die Frömmigkeit eines Menschen, der sein Wichtigstes – für Goethe ganz sicher die Produktivität, die schöpferische Kraft – als Geschenk, als Gnade erfährt. Er gebraucht das Wort »Gnade« gar nicht sehr oft, aber in einem Gespräch mit Eckermann, in dem er klarmacht, wie er die Realität des schöpferischen Vorgangs erlebt und erfühlt, sagt er zum Beispiel: »Jede Produktivität höchster Art macht uns zu Kindern Gottes. Das ist ein unverhofftes Geschenk von oben, es ist in niemandes Gewalt, es ist über alle irdische Macht erhaben.« Das ist für ihn nicht Selbstbestätigung im Sinne von »das habe ich gemacht«, sondern er erfährt das als »das ist mir gegeben worden«. Das Leben ist nichts, was einfach da ist, sondern es wird geschenkt, und die höchste Lebendigkeit ist ebenfalls ein Geschenk, das nicht prinzipiell schon in unsern Händen ist. Das scheint mir wichtig, weil da Religion und Frömmigkeit artikuliert werden. Das ist ein Grund, auf dem sich so etwas wie Pantheismus überhaupt erst entwickeln kann.

Und da sehe ich auch die größten Schwierigkeiten für viele unserer Zeitgenossen, weil das, was Goethe aus dem überkommenen Christentum säkularisierte und zu seiner Religion machte, für viele total verschwunden ist. Es ist ja beinahe so, als könne ein solcher Schwebezustand zwischen einer noch bindende Kraft besitzenden Kirche und einer immer wieder zurücktretenden, immer unbedeutender werdenden Kirche gar nicht mehr lange aufrechterhalten werden und als müßten dann die Menschen immer gottloser, immer ratloser, immer ungebundener werden, während Goethe die Schätze, die sich in der christlichen Religion artikuliert haben, in seine pantheistische Humanitätsreligion überführt hat.

DESCHNER: Welche Schätze denn in der christlichen Religion?

SÖLLE: Einer dieser Schätze besteht in diesem Wissen, daß das Leben nicht gemacht wird, sondern uns geschenkt wird. Dankbarkeit, Ehrfurcht nennt Goethe das. Also eine Grunderfahrung: Nicht ich mache mein Leben, deswegen kann ich dir deines auch nicht wegnehmen. Deswegen kann ich auch nicht willkürlich bestimmen, wann alte Leute alt genug sind, um die Todesspritze verabreicht zu kriegen, oder wann Kinder geboren werden können oder nicht. Es gibt eine solche Ehrfurcht, Goethe meint damit Ehrfurcht vor dem Leben. Darin ist genau dieser Punkt aufbewahrt, daß die menschliche Würde nicht von uns gemacht wird, sondern schon vor uns existiert.

DESCHNER: Ich kann weithin zustimmen. Nur sehe ich kein eigentlich religiöses Element oder Ferment in den Zusammenhängen, die Sie dargelegt haben. Ehrfurcht vor dem Leben ist doch keine Domäne der Religion und religiöser Menschen; das gab es auch im Heidentum. Ja, leicht ließe sich beweisen, die Ehrfurcht vor dem Leben ist niemals mehr und scheußlicher verletzt worden als in der langen christlichen Geschichte.

SÖLLE: Wenn Sie meinen, das hat mit dem Christentum gar nichts zu tun, es wächst sozusagen religionsfrei besser und blüht schöner, dann frage ich mich, warum innerhalb der religionsfreien oder atheistischen Kulturen nicht etwas mehr Ehrfurcht vor dem Leben sichtbar wird. Ich sehe weder in der technokratisch-positivistischen Kultur, in der wir leben, eine besondere Ehrfurcht vor dem Leben noch etwa in einer sich sozialistisch nennenden atheistischen Kultur.

DESCHNER: Auch da kann ich beipflichten; allerdings mit einer Einschränkung und einer Ergänzung. Die technokratisch-positivistische »Kultur« ist ja letzten Endes eine Frucht des Christentums und der christlichen Geschichte. Wir haben diese »Kultur« in Europa, einem ausgesprochen christlichen Kontinent, produziert und aufs äußerste gesteigert in der Befolgung des biblischen Befehls: »Machet sie euch untertan«. Und daß auch in marxistischen Staaten nicht das Prinzip der Ehrfurcht vor dem Leben prävaliert, ist sicher. Doch muß man denen zugute halten, daß sie noch keine so lange und schreckliche Entwicklung hinter sich haben wie die christlichen Nationen.

SÖLLE: Für solche Erfahrungen, wie die Erfahrung der Ehrfurcht, der Frömmigkeit oder was Goethe das »Bedürfnis zu verehren« nennt, für diese Erfahrungen suchen Menschen Sprache, und die historischen Religionen haben Formulierungen angeboten, sonst hätten sie niemals so viel Macht über die Menschen gewinnen können. Sie haben ja diese Macht nicht nur durch Lug und Trug und Knechtung und Pfaffenherrschaft gewonnen, sondern weil sie substantiell etwas zu sagen hatten und genau an diese Bedürfnisse der Menschen, die man zusammenfassend die religiösen

Bedürfnisse nennen kann, anknüpften. Bei einem Mann, der so frei ist wie Goethe, frei von seiner Klassenbindung, seiner nationalen Bindung, sehr unabhängig in religiösen Fragen, gerade bei so einem Mann wird sehr deutlich, wie tief Religiosität in ihm angelegt ist und zu dieser Weltfrömmigkeit und Naturfrömmigkeit oder diesem Spinozismus eigener Ordnung gedrängt hat. So wie Goethe über das Unerforschliche, das zu verehren sei, oder über die »Ahndung«, wie er das gerne nennt, spricht, meine ich, daß da auch mystische Züge hineinspielen. Er weiß genau, daß es einen Bereich der Sprache gibt, daß aber jenseits dieser Sprache noch etwas existiert, was wir nicht sagen können. An dieser Grenze zwischen Sagbarem und Unsagbarem hat Goethe gesprochen, ein Zeichen dieser mystischen Religiosität. Ein anderes Beispiel: In den Gesprächen mit Eckermann erzählt ihm Eckermann eine ornithologische Geschichte, eine Geschichte von einem Rotkehlchen, das andere Vögel füttert. Und dann sagt Goethe ganz gerührt: »Ja, also, wer da noch nicht an Gott glaubt, der muß ja irgendwie dumm sein.« Das halte ich für eine ganz handfeste Geschichte für einen Glauben an die Schöpfung, an die gute Schöpfung, an diesen am Ende der biblischen Schöpfungserzählung stehenden Satz: »Siehe, es war alles sehr gut.«

DESCHNER: Eckermann – ein sehr frommer Christ, wie Sie wissen – war immer bemüht, Goethe möglichst auch in seinem Sinn erscheinen zu lassen. Doch müßte ich ein Narr sein, wollte ich den Dichter – nichts liegt mir ferner – als areligiös hinstellen oder die ungeheure Bedeutung der Religion für ihn bagatellisieren. Nur, es ist ganz unmöglich, diesen Begriff der Religion, der Weltfrömmigkeit, Naturmystik, in irgendeine legitime Relation zu bringen mit christlichen Ausgangspunkten.

SÖLLE: Sicher, das ist pantheistisch und gewiß auch synkretistisch. Hierher gehört Goethes Beschäftigung mit der arabischen Kultur, er entdeckt Allah als einen anderen Namen Gottes, und so ruft Faust im berühmten Religionsgespräch mit Gretchen aus: »Wer darf ihn nennen und wer bekennen, ich glaub' ihn, ich glaub' ihn nicht.«

Überhaupt ist das doch ein ganz ernsthaftes Religionsgespräch, das den Überstieg von der naiv-christlichen Konfirmandenunterrichts-Frömmigkeit Gretchens zu einer differenzierten Position zeigt. Denn Faust belügt und betrügt das Mädchen nicht einfach, weil er sie schnell rumkriegen möchte. Dieses Religionsgespräch ist auch ein ernsthafter Versuch, auf einer anderen Ebene zu antworten als der Gretchens, ohne diese lächerlich zu machen, im

Gegenteil, er verbindet die beiden. Das ist ein sehr schönes Beispiel dafür, wie Pantheismus, Synkretismus, diese mystischen Erfahrungen von der Gegenwart Gottes in uns, sich mit einer historischen Form von Religiosität verbinden lassen, nämlich der christlichen, und keineswegs nur im Gegensatz dazu stehen müssen. Und steckt darin nicht auch ein Erbe der europäischen Toleranz? Da es nicht nur einen einzigen Namen gibt für Gott, deswegen kann es bei Goethe keine Orthodoxie geben. Ich meine, das ist das Erbe Lessings und Herders.

DESCHNER: Deshalb war es für ihn auch unmöglich, trotz seiner meist hohen Einschätzung Jesu, in diesem etwas Einzigartiges zu sehen. Schließlich gab es auch Buddha, es gab Sokrates, und Goethe hat als Dichter sehr deutlich gemacht, daß er viele Menschen in mehr oder minder christushaften Rollen sieht. Zum Beispiel stirbt nicht nur sein Götz mit dem Wort Jesu in Gethsemane, »Meine Stunde ist gekommen«, sondern Goethe vergleicht auch die Leiden Werthers ganz bewußt mit Jesu Passion. Er gesteht also, wie er, wieder gegen Lavater, bemerkt, Jesus keine Ausschließlichkeit zu. »Wir brauchen nicht«, spottet Goethe, »dem tausendfachen Geflügel unter dem Himmel die Federn auszurupfen, als seien sie usurpiert, um einen einzigen Paradiesvogel damit zu schmücken.« Ich glaube, daß gerade diese Tendenz heute sehr vielen Menschen bewußt ist. Menschen, die einerseits, auch wenn sie das kirchliche Christentum oder sogar das Christentum insgesamt ablehnen, doch noch einen positiven Zugang zu der Jesus-Gestalt haben, dem revolutionären Jesus, dem pazifistischen Jesus, dem Prediger gegen die Reichen oder gegen die Priesterherrschaft; Menschen, die andererseits aber keinesfalls in Jesus, wie es das großkirchliche Dogma will, nun etwas Einzigartiges und Absolutes sehen.

Es waren doch gerade christliche Theologen, die den Glauben an die Einzigartigkeit und Absolutheit Jesu eine naive Vorstellung nannten. Und es gibt ja im Christentum nichts, vom zentralsten Dogma bis zum periphersten Brauch, was nicht genauso schon in vorchristlicher Zeit nachweisbar wäre.

SÖLLE: Ja, sicher. Mir ist bei der Lektüre Goethes aufgegangen, wieviel die Theologie, die ich gelernt habe, zum Teil auch selber vertrete, übernommen hat aus der Aufklärung und dem deutschen Idealismus im weitesten Sinn des Wortes. Zum Beispiel, daß der Christozentrismus – also die Überkonzentration auf einen absolut einzigartigen Christus – falsch ist, daß die meisten Menschen, die heute als Christen leben, etwa in revolutionären

Kämpfen, Christus eigentlich ganz anders verstehen, gar nicht in diesen steilen Kategorien der Einzigartigkeit ausdrücken, sondern für sie ist er eben »der Erstgeborene unter vielen Brüdern«, wie schon der Apostel Paulus sagt. Christus ohne dogmatische Fixierung zu sehen, ohne Verengung, da verdanken wir alle, glaube ich, Goethe ungeheuer viel, weil er einige Grundgedanken der Aufklärung, die Kritik an dieser steilen Christologie, die Kritik an der Idee, daß die Bibel offenbart sei und andere Bücher nicht oder daß es eine spezielle Offenbarung gäbe, all diese aufklärerischen Kritiken sind durch Goethe ganz selbstverständlich geworden. Durch Goethe sind wir in einem positiven Sinn gleichsam zu einem Relativismus gelangt. Zu Lavater sagt er da einmal: »In meines Vaters Apotheke sind viele Rezepte.«

DESCHNER: Man könnte anstelle des Terminus religiöser Relativismus den Begriff des Agnostizismus einführen. Ich glaube, daß die bemerkenswerte Skepsis gegenüber der Erkennbarkeit Gottes gerade durch Goethe stark gefördert worden ist; im Gegensatz zu den Theologen der Antike, den Scholastikern, Spätscholastikern oder gar den Jenseitsexperten des 19. Jahrhunderts, die doch alle Gott so gut kannten, als habe er ihnen schon Interviews und Audienzen gegeben oder mindestens Porträt gesessen.

SÖLLE: Aber wissen Sie, Agnostizismus enthält doch eine absolute Beruhigung im Nichtwissen, während ich in Goethe eigentlich die Unruhe heraushöre, also, daß er eben nicht zufrieden damit ist, daß wir bestimmte Sachen nicht wissen. Das etwa ist doch der agnostizistische Standpunkt: Erstens kann man bestimmte Dinge nicht wissen, und zweitens lohnt es sich nicht, weiter darüber nachzudenken. Solche Resignation kennt Goethe überhaupt nicht. Sein Interesse am Dämonischen, am Fatum, an der Art, wie Menschen ihr Leben als Geschenk oder Gnade leben im Bewußtsein der Gottheit, das ist sehr viel mehr als Agnostizismus, glaube ich, weil die Lebensauffassung eine andere ist. Nicht weil da eine größere Jenseitigkeit mit reinkäme, sondern weil das Diesseits tiefer verstanden wird.

DESCHNER: Das ist wohl Sache der Interpretation, ob man da das Unruhige oder mehr Beruhigende herausstreicht. In der doch sehr wichtigen Goetheschen Formulierung, »das Unerforschliche ruhig zu verehren«, kommt das Element der Gelassenheit und der agonistischen Hinnahme von Phänomenen, von denen sich unsere Schulweisheit eben nichts träumt, sehr stark zur Geltung. Während Sie mehr das augustinische »Unruhig ist unser Herz, bis es ruhet in Gott« betonen möchten. Aber dazu, glaube ich, bildet Goethe eher einen Gegenpol.

SÖLLE: Warum müssen wir denn etwas verehren, das ist ja in dem Agnostizismus gar nicht mitgegeben. Da besteht doch gar keine Notwendigkeit, irgend etwas Höheres als uns selber zu verehren. Diese Haltung, die ich jetzt mit so verschiedenen Ausdrücken wie Weltfrömmigkeit, Mystik, Ehrfurcht benannt habe, diese Haltung läßt sich, glaube ich, nicht einfach auf den Agnostizismus verrechnen. Goethe will einfach mehr in seiner Weltanschauung, er will mehr vom Leben, er erwartet mehr: Seine Hoffnungen auf unsere Vollendbarkeit zum Beispiel, auf das, was ein Mensch allseitig werden kann, sind größer. Goethe ist großartigerweise nicht bescheiden.

DESCHNER: »Nur Lumpen sind bescheiden«, sagt er. Aber ich finde, Sie unterschätzen das Wesen des Agnostizismus, sprechen Sie ihm das Moment der Verehrung ab. Der ist nicht so leicht formelhaft abzugrenzen, der hat sehr viele Spielarten, oft in ein und demselben Denker. Darwin, der einmal meint, es seien immer nur die, welche wenig wissen, und nicht jene, die viel wissen, die positiv behaupten, dies oder jenes Problem werde nie von der Wissenschaft gelöst, dieser Darwin bekennt auch: »Ich fühle zutiefst, daß das Ganze zu geheimnisvoll für den menschlichen Verstand ist. Genausogut könnte ein Hund über den Verstand Newtons spekulieren ...« Allein schon die Tatsache, daß man bereit ist, nicht apodiktische Aussagen zu treffen, sondern etwas ungelöst, unbeantwortet, gewisse Fragen, die uns einfach nicht beantwortbar sind, in der Schwebe zu lassen, daraus spricht doch schon Ehrfurcht. Viel mehr Ehrfurcht, scheint mir, als aus der gegenteiligen Haltung, die ein für allemal Unbeantwortbares beantwortet.

SÖLLE: Zu dieser Ehrfurcht gehört die Annahme, daß die Vorstellungen der Menschen von Gott sich ändern oder daß Gott selber in einem Prozeß ist. Eine amerikanische Richtung, die sogenannte »Prozeßtheologie«, versucht, Gottes Sein konsequent in den Prozeß, der sich in Natur und Geschichte abspielt, hineinzudenken und nicht als einen einmaligen ersten Beweger oder Offenbarer anzusehen, der früher einmal gehandelt hat, in biblischen Zeiten, und jetzt gar nichts mehr hier zu schaffen hat, das heißt, Gott handelt also in einer »creatio continua« nach dieser Theologie. Nun, ich empfand Goethe fast wie einen Vater dieses Denkens, einer solchen »creatio continua«, einer weitergehenden Schöpfung, der wir, selbst weitergehend, in Andacht und Ehrfurcht zugetan sind.

DESCHNER: Diese Form der amerikanischen Theologie ist natürlich, wie jede sogenannte progessive Theologie, im Grunde nichts als eine Adaption an bestimmte Bewußtseinszustände unserer heutigen Gesellschaft, an die zeitgeistige Seele. Das ist klar.

SÖLLE: Die kommen mehr von der Philosophie. Whitehead ist der eigentliche philosophische Vater. Das ist meiner Meinung nach selbstverständlich, denn die Theologie ist ja nicht irgend etwas, was in einem weltfreien Raum, sozusagen in einem Schrein, behütet und abgeschirmt von allem anderen stattfindet. Wo sie so stattfindet, ist sie schon mausetot, ehe sie überhaupt geboren wird. Sie findet doch statt in einer Osmose, in einem ständigen Austausch. Ich meine, ich kann doch nicht als Theologin versuchen, etwas auszusagen oder zu denken, was Jesus Christus für mich bedeutet oder das Kreuz oder die Auferstehung, ohne einen ständigen Austausch mit meiner Lebenswelt. Ich fühle mich gar nicht getroffen, wenn Sie das Adaption an das Moderne nennen, das ist für mich völlig selbstverständlich, das ist die Luft, in der ich atme, in der Theologen, Christen immer atmen, wenn sie denn überhaupt Lebendigkeit haben.

DESCHNER: Sie haben allgemein mit Ihrer Bemerkung über den Austausch wohl recht. Nur, es gibt da ein ganz bestimmtes Phänomen der Kausalität innerhalb des Austauschprozesses. Mag es also vielleicht sogar für Theologen, deren Metier man fälschlich für Wissenschaft hält, legitim sein, sich durch die Wissenschaften inspirieren zu lassen, so ist es doch seit Jahrhunderten typisch, daß immer die anderen vorausgehen und die Theologen, stets nach vehementen Protesten und Verunglimpfungen, schließlich folgen; daß sie nur aufgreifen, und zwar erst in dem Moment, in dem etwas passend oder unumgänglich für sie wird. Es ist typisch, daß sie immer reagieren, daß nicht der primäre Anstoß von ihnen ausgeht, sondern daß sie reagieren auf irgendwelche zeitgeschichtlichen, zeitgeistigen Veränderungen, die sie dann adaptieren, um davon zu profitieren. Die heraushängende Zunge der christlichen Kirchen hat Kurt Tucholsky verhöhnt: »Atemlos jappend laufen sie hinter der Zeit her, auf daß ihnen niemand entwische. ›Wir auch, wir auch!‹ nicht mehr, wie vor Jahrhunderten: ›Wir.‹ Sozialismus? Wir auch. Jugendbewegung? Wir auch. Sport? Wir auch...«

SÖLLE: Wie können Sie das sagen, wenn Sie an die wirklich entscheidenden Erfahrungen des Christentums heute denken, wie sie etwa in Lateinamerika gemacht werden. Da können Sie doch nicht sagen, die Christen lassen sich jetzt vom Marxismus infiltrieren, um davon zu profitieren. Ich meine, beides ist einfach falsch. Die nehmen die Verelendung und den Hunger ihrer Völker wahr und stellen sich auf die Seite dieser Völker und werden dafür zu Tode gefoltert. Das ist das wirkliche Christentum, das heutzutage geschieht.

DESCHNER: Südamerika ist ein vernichtendes Beispiel für Ihre Behauptung. Denn Südamerika, im 16. Jahrhundert bekanntlich durch Spanier und Portugiesen erobert, wurde ausgebeutet, ruiniert, versklavt und – ich habe einmal ausgerechnet, daß im Laufe der Zeiten etwa 50 Millionen Schwarze und Indios von den Katholiken umgebracht worden sind. Der Jesuit José de Anchieta, der »Pionier der Evangelisierung« und »Apostel Brasiliens«, das Vorbild für Generationen von Missionaren, gab die Devise aus: »Schwert und Eisenrute sind die besten Prediger« – und wurde von Johannes Paul II. 1980 seliggesprochen! Noch 1812 schärfte der Jesuit del Coronil bei einem der ungezählten Kriege und Kreuzzüge auf diesem Kontinent ein: »Bringt alles um, was älter ist als sieben Jahre!« Und bis ins 20. Jahrhundert hinein war der lateinamerikanische Klerus erzreaktionär, das eigentliche Fundament einer Sklavenhaltergesellschaft, der latifundären und halbfeudalen Kolonialmethoden, der Großfinanz, während die Masse der Unterernährten und Analphabeten im Dreck verkam und verkommt. Und werden da – übrigens nicht erst heute – katholische Priester Märtyrer, so sind dies Märtyrer gegen ihre eigene Obrigkeit, gegen die kirchliche Hierarchie, die ganz anders orientiert ist, nämlich am kapitalistischen System, mit dem sie auch weiter eng kontaktiert.

SÖLLE: Das sagt ja nur, daß es eben zwei Kirchen gibt, eine von oben und eine von unten, und daß man die Kirchengeschichte nicht verstehen kann, wenn man nicht beide im Blick behält.

DESCHNER: Ich sehe überall nur eine Kirche: eine kleine Schicht von Führern und die Masse der – im doppelten Wortsinn – Angeführten. Und Goethe sah in der ganzen Kirchengeschichte »Mischmasch von Irrtum und von Gewalt«. Und ließ sich auch sonst nicht anführen. Vielmehr verwirft er gerade auch die christlichen Hauptdogmen, spottet er über die Lehre, daß drei eins sei und eins drei, aber auch über die von der Erbsünde, von Schuld und Gnade. Überhaupt liegt jede christliche Erlösungslehre Goethe fern. Denn er predigt doch das Evangelium der Selbsterlösung »durch immer strebendes Bemühen«.

SÖLLE: Da heißt es aber weiter: »den können wir erlösen«; also nicht, wer immer strebend sich bemüht, der wird sich erlösen. Das ist ein eigenartiger Knick in diesem *Faust*-Zitat.

DESCHNER: Aber es widerstrebt Goethes Wesen völlig, sich durch irgendeinen anderen erlösen zu lassen! Und ich meine, da kommt er dem Bewußtsein des 20. Jahrhunderts schon sehr nahe. Oder, besser gesagt, wir vollziehen nach, was er bereits vorgedacht hat. Und das sind ganz zentrale Dinge. Goethe haßt ja geradezu das Zeichen christlicher Erlösung: »Vieles kann ich ertragen. Die meisten beschwerlichen Dinge duld ich mit ruhigem Mut, wie es ein Gott mir gebeut. Wenige sind mir jedoch wie Gift und Schlange zuwider, viere: Rauch des Tabaks, Wanzen und Knoblauch und Kreuz.« So steht es in den *Venezianischen Epigrammen*. Und im *West-östlichen Divan* nennt er das Tragen des Kreuzes als Schmuckstück »eine ganz moderne Narrheit«. Er verhöhnt das »Jammerbild am Holze«. 1824 äußert er: »Die Pfaffen haben aus diesem jammervollsten aller Ereignisse so viel Vorteil zu ziehen gewußt.« Und schreibt noch ein Jahr vor seinem Tod: »Das leidige Marterholz, das widerwärtigste unter der Sonne, hätte kein vernünftiger Mensch auszugraben und aufzupflanzen bemüht sein sollen.«

SÖLLE: Die Realität von Schmerz, Leid, Tod ist aber überwältigend präsent in seinem Werk, weil er nicht nur eine Teilwirklichkeit wahrnimmt. Dabei sind manche Züge seines Heidentums auch problematisch. Daß er zum Beispiel einen ganz weiten Umweg fahren ließ mit seiner Kutsche, weil in einem Dorf eine Feuersbrunst gewütet hatte und deswegen alles verwüstet, häßlich aussah und nach Tod roch. Oder daß er den Tod Schillers doch sehr lange nicht zur Kenntnis hat nehmen wollen, wohl weil er selbst krank war. Da mußte schon eine ganz massive Todesangst in ihm stecken. Ich bin mir nicht ganz klar, wieweit das nicht auch ein Stück Leidverdrängung oder Leidverleugnung ist.

DESCHNER: Es gibt Züge in Goethes Wesen, die sich durchaus so erklären lassen. Aber diese sehr leidenschaftlichen antichristlichen Passagen kommen doch so häufig und zu allen Zeiten in seinem Leben vor, daß man sie wohl nicht als nur mehr emotional bedingte Affekte bagatellisieren kann.

SÖLLE: Nein, das möchte ich auch nicht, denn daß Goethe sich als Nichtchrist verstanden hat, das muß man einfach hinnehmen. Mein Interesse aber war, welche anderen Formen von Religiosität gibt es denn in Goethes Horizont und Erfahrung? Ich meine, daß er für viele Menschen zum Beispiel, die heute ein neues Verhältnis zur Natur eher suchen als schon haben, ganz wichtig sein kann. Gedichte über den Regenbogen oder den Tautropfen oder andere Erfahrungen mit der Natur – denken Sie an »Füllest wieder Busch und Tal still mit Nebelglanz« –, das sind ja Gedichte, die ohne Religion nicht verstanden werden können. Eine religionsfreie Welt, von der manche Rationalisten so träumen, das ist nicht Goethes Welt.

DESCHNER: Richtig. Auch ich träume übrigens nicht von einer religionsfreien Welt. Es gibt das Wort: »Welche Religion von allen, fragst du, ich bekenne? Keine. Und warum nicht? Aus Religion.« Und das war doch eigentlich die Religion Goethes. Nur: Mit Religion im landläufigen Sinn hat das gar nichts zu tun. Und natürlich erst recht nicht mit christlicher Religion.

SÖLLE: Genau dieses »aus Religion« keine der überlieferten Religionen bekennen können, das heißt, sie überschreiten. Das ist ein Phänomen moderner Frömmigkeit . . .

DESCHNER: . . . die sicher für sehr viele von uns mehr oder weniger auch auf den Einfluß Goethes zurückgeht.

»Das Christentum setzt voraus, daß alle Menschen Dichter sind, nämlich beten können«

*Gespräch mit Wolfgang Fietkau
über die Sprache der Poesie, das
Beten und das Schreiben von
Gedichten*

*Du benutzt gelegentlich so schlankweg biblische Bilder, setzt
einfach voraus, daß die bekannt sind, also das Bild vom Kamel,
das durch ein Nadelöhr geht oder eben nicht durchgeht.
Schränkst du das Publikum da nicht ein auf den Kreis, der solche Bilder kennt?*

Ich hab' da fast gar keine Wahl; es ist nicht so, daß ich mir das
als einen Trick ausdenke, sondern es gibt Sachen, die sind so gut
gesagt oder so wichtig für mich, daß ich darauf nicht verzichten
kann. Es ist eben eine nachchristliche Kultur, in der wir leben,
und ich muß damit auch rechnen, das ist klar, daß viele Leute das
Bild nicht kennen werden, sie werden sich ein bißchen wundern,
aber verständlich ist es ja immer noch in irgendeinem Sinn, wenn
auch vielleicht etwas fremd, und diesen Preis finde ich nicht zu
hoch.

*Als wir neulich mal zusammensaßen und die Bibel brauchten,
weil wir etwas nachsehen wollten – wir saßen über deinen Gedichten –, und ich wollte die Bibel dann wieder wegstellen, ziemlich weit oben, da sagtest du: »Laß die mal hier.« Heißt das,
daß die Bibel bei dir in der Nähe liegt, wenn du an deinen Texten arbeitest?*

Ja, sie ist immer griffbereit, aber es ist nicht so, daß ich nachschlage, sondern ich lebe in gewissem Sinn mit der Bibel. Das

Das Gespräch wurde im Rahmen der Sendung »Eine neue Sprache suchen«
vom Sender Freies Berlin im ARD-Fernsehprogramm 1982 ausgestrahlt; veröffentlicht in: Theologia Practica 3/4 1983.

89

heißt nicht, daß ich unbedingt täglich darin lese, aber es ist für mich ein sehr wichtiges Buch. Vielleicht ist es zuviel, wenn ich sage: das wichtigste Buch, weil es andere Zeiten gibt, wo anderes diese Stelle einnimmt, aber ich möchte eigentlich nicht gerne länger ohne die Bibel sein; und ich möchte auch nicht meine Sprache so verarmen lassen, ohne solche Bilder und Gefühle. Mir ist eine Sprache, die gar keine Religiosität mehr enthält, etwas zu flach, da fehlt irgend etwas. Das ist nicht ganz zu bestimmen, aber ich bin mir da sicher. Brecht ist auch ein Beispiel für einen Autor, der sehr viel aus der Bibel entnommen hat und mit ihr gelebt hat; sie ist im Deutschen eine wichtige Quelle der Ausdrucksweise.

Hat man es schwer, dein Leser zu sein, dein Zuhörer, wenn man diese Sprache, diese Bilder nicht kennt, wenn man nichts von Theologie weiß?

Ich glaube, die meisten meiner Leserinnen und Leser sind irgendwann mal oberflächlich mit dem Christentum in Berührung gekommen. Da ist diese Halbchristianisierung, die so das Normale bei uns ist, im Konfirmandenunterricht etwa; dann sind sie davon angewidert und haben sich daraus zurückgezogen, und zugleich haben sie das Gefühl, daß da vielleicht doch irgendwas dran war, oder daß es was Schönes war, oder etwas, was vielleicht ihren Großeltern noch Halt gegeben hat. Das ist so ein Zwiespalt, in dem die Menschen sind.

Ich finde es an der religiösen Sprache so gut, daß sie uns dazu erzieht, unsere Gefühle zu benennen, und dies nicht nur so einfach und allgemein: »mir ist heiß oder kalt, ich bin glücklich oder unglücklich« – sondern wirklich genau: »ich bin verwirrt«. Das sind dann tatsächlich Ausdrücke, die einen Wunsch nach richtigerem Leben oder nach mehr Wahrhaftigkeit in sich tragen. »Schaffe in mir, Gott, ein neues Herz« ist zum Beispiel so ein Satz, den ich fast nicht ohne religiöse Sprache ausdrücken kann, obwohl ich glaube, daß Menschen, und ich auch, ein wirkliches Bedürfnis danach haben, neu zu werden, anders zu sein, das alte Ich loszuwerden, oder die alten Gewohnheiten loszuwerden, oder das Geühl des Neuen zu haben ...

Ein Gebet, ein veröffentlichtes Gebet, ein öffentliches Beten, ist das nicht ein bißchen problematisch?

Warum? Ich weiß gar nicht, warum soll Beten nur etwas ganz Privates sein, ganz allein, in der Einsamkeit? Ich finde das gerade ein Problem in unserer Welt, daß die Menschen nicht mehr zusammen beten, sondern diese Form des Miteinander-Sprechens, des gemeinsamen Wünschens oder Hoffens oder Träumens verloren haben. Daß das dann jeder nur noch für sich allein macht, das finde ich furchtbar; das ist eine ungeheure Zerstörung von Kultur, wenn ich, was ich wirklich empfinde, überhaupt nicht mehr mitteilen kann. Das Gebet ist ein Versuch, anders zu reden, so daß die Trennung von öffentlich und privat tatsächlich überflüssig wird oder keine Rolle mehr spielt.

Du findest bei Genossen mehr Toleranz als bei Glaubensgenossen?

Ach, das will ich nicht sagen. Es gibt viele, viele Christen, die ja auch unter der Kirche leiden. Viele Pfarrer leiden unter ihren Kirchenoberen. Oder viele Basisgemeinden oder Gruppen, die etwas anderes wollen, leiden darunter, was offiziell gesagt wird, oder sie leiden unter der Zweideutigkeit der Kirche; darunter, daß die Kirche so undeutlich immer zu allem jein sagt. Und mit diesen kritischen Christen fühle ich mich sehr, sehr verbunden. Und das geht dann eben über bis zu solchen, die den Schritt aus der Kirche heraus getan haben, ein Schritt, den ich eigentlich nicht tun will und nicht billige, aber den viele Menschen tun. Diese Menschen haben aber auch noch irgendwelche Erwartungen an das, was das Christentum sein könnte. Ich möchte Genossen und Nichtgenossen gar nicht gegeneinander aufrechnen, weil ich das starke Gefühl habe, in einer neuen Gruppierung zu leben, in einer neuen Kultur, in der das keine zentrale Rolle mehr spielt.

Ich glaube, man kann das am deutlichsten innerhalb der Friedensbewegung beobachten, wo viele Menschen zusammenkommen, Christen und Nichtchristen, Humanisten und Sozialisten, die zusammen an einem Thema arbeiten und davon bewegt sind. Daß dieses Thema so tiefe religiöse Wurzeln hat, das bewirkt, daß auch die Menschen, die gar nichts mehr mit der Kirche am Hut haben, ihre inneren Kräfte mobilisieren; daß sie dafür aufstehen, das ist in sich selbst ein religiöses Phänomen, das gehört zu ihrer Religion. Es ist gottlos, wenn man die Vorbereitung auf den dritten Weltkrieg tatenlos über sich ergehen läßt. Das ist eine areligiöse Haltung, und das spüren die Menschen auch dann, wenn sie es nicht so ausdrücken, also in ihrer Sprache nicht mehr religiös sind. Aber wenn dann jemand kommt, wie ich zum Beispiel, der so eine ältere Sprache spricht, dann fühlen sie die Verbindung mit der Tradition im besten Sinn dieses Wortes. Sprache verbindet uns doch auch immer mit unseren Großeltern, und das versuche ich ein bißchen mit meinen geschriebenen Texten.

Denkst du beim Entstehen eines Gedichts an einen bestimmten einzelnen, der das lesen soll, oder an Gruppen?

Ich hab' eine ganze Reihe Du-Gedichte in meinen Büchern, die sind an verschiedene Du's. Und da denk ich natürlich an diesen einzelnen. Manchmal ist das sogar ein Mensch, von dem mir nur erzählt worden ist, den ich also gar nicht persönlich kenne. Aber sehr oft ist es auch jemand, der schon tot ist, oder jemand, den ich kenne und zu dem ich in einer Beziehung stehe. Und da ist dann sehr viel Anrede, also an ein Du. Aber in der Literatur ist das ja wohl oft so, daß einer an ein Du schreibt, und ganz andere Menschen, die gar nicht dieses Du sind, die werden es im Gedicht. Das ist ja mit ein Teil des poetischen Vorgangs, glaube ich, daß Menschen sich da wiedererkennen und aus dieser höchst persönlichen Beziehung eine wird, in die auch andere sich hineinfinden können, aus der auch andere lernen können, weil sie froh sind, daß jemand seine Gefühle so genau benennt und nicht in der üblichen Vagheit oder Ungenauigkeit beläßt.

Ich finde zum Beispiel, man muß das sagen, wenn man sich freut. Man soll das laut und genau und deutlich sagen gerade in einer literarischen Situation, die von sehr viel Selbstmitleid geprägt ist. Ein großer Teil der neueren Literatur ist ja Selbstmitleid, und es beunruhigt mich, weil ich finde, man muß Gott loben, um das so fromm zu sagen, das heißt: man muß sagen, was gut ist oder was uns glücklich macht. Das ist der einzige Weg, auf dem auch andere Menschen davon glücklich werden können und Glückserfahrungen machen können. Ich finde das sehr, sehr wichtig. Der Titel meines Buches »Fliegen lernen« spricht ja vom Glück. Es ist für mich wirklich eine ganz zentrale Sache, nicht nur über das Unglück zu reden.

Es gibt besonders bei Kirchenleuten solche, die dir eine Schlagseite zur Demagogie vorwerfen.

Ja, eigentlich finde ich das verrückt, weil die theologische Tradition doch sehr viel Sinn für die gute Rede hat. Also Luther hat zum Beispiel fast überhaupt nichts geschrieben, so am Schreibtisch. Und viele Kanzelredner haben auch die Gabe der Sprache, des mündlichen Wortes. Ich schreibe ja sehr stark vom Hören aus und vom Gesprochenwerden. Die meisten meiner Texte sind besser, wenn man sie spricht, als wenn man sie liest. Ich kann mich davon eigentlich nicht so anfechten lassen, daß das gleich demagogisch ist, wenn man die deutsche Sprache etwas kann, und nicht so furchtbar holperig oder bilderarm oder emotionslos sich ausdrückt.

Gedichte machen: kann man das irgendwie lernen?

Ein bißchen schon, glaube ich. Wenn man lernt, auf seine eigenen Erfahrungen, Gedanken, Gefühle genau zu hören und sie auch genau auszudrücken – ja, da kann man, glaube ich, dran arbeiten, an sprachlicher Genauigkeit, an Ernsthaftigkeit. Ich meine das, wenn ich die Wörter »machen« und »arbeiten« benutze; darum geht es eigentlich. Es ist eine Kunst, es ist nicht nur etwas Technisches, was man sich so mal aneignet, sondern das ist ein lebenslanger Versuch.

Du schreibst ja mit ziemlichem Erfolg auch anderes, oder hast zuerst anderes geschrieben: Aufsätze, Sachbücher, theologische Arbeiten. Sind die Gedichte möglicherweise bloß Abfallprodukte dieser anderen Arbeiten?

Nein, eher umgekehrt. Ich schreibe erst ein Gedicht, und dann denke ich: Ach, das müßte man vielleicht noch mal in Prosa Schritt für Schritt entwickeln. Der Kern ist eigentlich sehr stark im Gedicht, und die Auseinandersetzungen erfolgen mehr in der Prosa.

Ich mache positive Äußerungen lieber in der Sprache des Gedichtes. Es gibt einen sehr schönen Satz bei Klopstock, der sagt, daß einige Gedanken überhaupt nur an der Grenze der rationalen Sprache ausgedrückt werden können, in der religiösen Sprache. Und dann sagt er, dazu gehören zum Beispiel Gedanken über Gott. Über Gott kann man überhaupt nichts in gewöhnlicher Alltagssprache aussagen. Wenn man versucht, etwas zu sagen, was über die Alltagssprache hinausgeht, dann muß man auf die Suche gehen, und meine Suche geht nicht in die Richtung der Wissenschaft, im Gegensatz zu vielen Theologen, die eigentlich Wissenschaft machen wollen. Das will ich überhaupt nicht, das interessiert mich gar nicht. Ich glaube auch gar nicht, daß uns das weiterführt. Ich glaube, daß die Theologie eher eine Kunst ist als eine Wissenschaft und eher sich selbst als einen solchen Versuch verstehen muß, die Grenzen der Sprache des Alltags zu überwinden in Richtung auf Kunst hin und nicht in Richtung auf Abstraktion, Rationalität und Wissenschaft hin.

Damit stehst du ja in einer Tradition, die Jahrtausende alt ist, Literatur und Kunst . . .

Ja, die nur leider ziemlich tot ist in Deutschland. Ich glaube auch, daß das eine gute Tradition ist, daß Pfarrer und Poeten zusammengingen und Dichter religiös waren in dem, was sie dichteten. Nur ist das bei uns nicht ganz leicht. Das hat sicher mehrere Ursachen. Eine liegt darin, daß die Theologie bei uns so auf Reinheit versessen ist. Es darf nicht zu religiös sein, es darf nicht zu fromm sein. Dies ist beinahe zu einem Denkstil geworden. Ich meine dagegen, wir dürfen nicht in der bloßen Abstraktion enden. Der theologische Prozeß führt mich nicht von der Realität oder den Bildern weg auf ein Abstraktionsniveau, auf dem ich dann sage: Die Gnade Gottes beschreiben wir in dreifacher Weise, erstens, zweitens, drittens. Sondern ich versuche in Bildern zu denken und noch viel mehr in Geschichten, narrativ, wie man das in der Fachsprache nennt, und das läßt sich im Gedicht, im Gebet – Gedicht und Gebet fallen dann eigentlich zusammen – am besten tun.

Welche Wirkung willst du? Willst du ermutigen, zurückweisen, unterscheiden, oder willst du predigen, eine Botschaft verkündigen?

Das ist für mich keine Alternative. Die Botschaft, die ich verkündigen möchte, ermutigt, und sie verbindet auch mit der Tradition; aber mir ist dabei ganz wichtig, daß die Menschen selber sprechen lernen. Ich empfinde zum Beispiel den Gedanken, daß jeder Mensch beten kann, als eine ungeheure Betonung seiner Kreativität. Das Christentum setzt voraus, daß alle Menschen Dichter sind, nämlich beten können. Das ist dasselbe wie: mit den Augen Gottes sehen. Wenn die Menschen mit der größten Wahrhaftigkeit, deren sie fähig sind, das zu sagen versuchen, was sie wirklich angeht, dann beten sie und sind zugleich Dichter. Das wieder auszugraben oder zu realisieren oder bekanntzumachen ist ein Ziel, das ich mit meinen Gedichten habe.

In dieser Hinsicht sind wir ziemlich arm in unserem Land. Ich meine, in der Hinsicht, daß viele Menschen Dichter sind, obwohl doch viele Gedichte gemacht werden.

Ja, es werden ja auch mehr Gedichte gemacht als noch vor einigen Jahren, gerade auch von Frauen. Das finde ich auch sehr schön. Das gehört sicher in den Bewußtmachungsprozeß, durch den viele Frauen gehen, daß sie dann auch sich ausdrücken wollen oder es können. Vielleicht hat die organisierte Religion, vielleicht haben die Kirchen das nicht genug beachtet oder meinen, die fertigformulierten Dinge, die sie so auf Lager haben, seien genug. Ich glaube, eine Religion, die sich selbst repetiert – die also gar keinen Raum dafür hat, wenn eine Gottesdienstordnung so strikt ist, daß jede Sekunde gefüllt ist mit dem, was sich die leitenden Herren da ausgedacht haben – dann kann das nur tot sein. Dann ist da kein Platz, um zu atmen oder um zu weinen oder zu lachen. Die wirklichen Gottesdienste, die ich als solche empfinde, sind alle von vielen Menschen zusammen gestaltet und nicht von einem oder einer bestimmten Tradition ausgedacht für die andern. Die haben viel Raum für Kunst und Selbstausdruck und Poesie, und ich finde es auch schön, wenn viel gedichtet wird; das hat ja nicht diesen elitären Anspruch, es muß nicht für die Ewigkeit sein, es ist auch Wegwerfpoesie. Man muß immer wieder neue Gedichte machen, zu andern Zeiten.

Eine ganze Reihe deiner Gedichte sind wohl nach Begegnungen mit Menschen entstanden?

Ich habe oft das Bedürfnis, wenn ich mit jemand zusammen war und von bestimmten Punkten des Gesprächs betroffen war, dies dann aufzuschreiben und für mich selbst zu formen oder zu klären. Das ist so, als ob ich das Gespräch noch mal erlebe, in einer intensiveren Weise. Ich glaube, das hängt damit zusammen, daß ich gern meine Beziehung zum Jetzt, zur Gegenwart, vertiefe, also daß ich wirklich jetzt leben will und nicht das Leben auf irgendeinen späteren freudvolleren Zustand verschieben möchte. Ich möchte das, was jetzt da ist, wahrzunehmen lernen, sehen lernen, hören lernen – das heißt: aufmerksamer leben. Aufmerksamkeit ist für mich ein sehr wichtiger Begriff; den kenne ich auch von Simone Weil, die das Gebet als die größte Aufmerksamkeit beschreibt. Aufmerksam sein auch im Alltag und im Gespräch so zuhören oder nachfragen oder interpretieren – daraus wird ein Gedicht. Dann kann Erfahrung auch weitergegeben werden.

Du sagst, es sei eine neue Sprache zu finden. Wieso ist die alte nicht mehr gut genug? Poeten mußten und müssen doch immer eine neue Sprache finden?

Ich bin nicht ganz sicher, ob das stimmt. Es hat doch Traditionssprachen gegeben, in denen sich Menschen ausdrücken konnten für lange Zeit.

Unsere eigene Sprache empfinde ich als zerstört, als wahnsinnig korrumpiert. Wenn ein Wort wie »Liebe« aufs Auto angewandt wird oder ein Wort wie »Reinheit« auf die Wäsche oder auf Waschmaschinen, dann haben diese Wörter überhaupt keinen richtigen Sinn mehr, sie sind zerstört. Alle Wörter, die Gefühle ausdrücken, sind in diesem Sinne bei uns ungeheuer beschädigt, und ähnlich auch in der religiösen Sprache. »Jesus Christus ist unser Erlöser« – das ist zerstörte Sprache, die tot ist. Das heißt überhaupt nichts, das versteht kein Mensch, es ist religiöses Geschwätz, es ist massenweise vorhanden, sagt aber überhaupt nichts. Das meine ich, wenn ich sage: Die Sprache ist wirklich kaputt. Es gibt viele Leute, die gar nicht mehr selber sagen können, was sie uns sagen wollen oder möchten, was sie erwarten vom Leben. In dem Sinn ist es sicher ein religiöses Problem, eine religiöse Frage: Wie finden wir denn eine neue Sprache?

Ja, wie denn?

Es ist ein Versuch, anders mit den Wörtern umzugehen, mit der eigenen Tradition und allen Gefühlen. Ach, ein Versuch, die Sprache nicht als ein Instrument zu benutzen, sondern als ein Stück des Lebens selber.

Eine bestimmte Anstrengung . . .

Eine bestimmte Bewußtheit, möchte ich sagen, ja. Ich glaube, es gibt eine merkwürdige Beziehung zwischen Suchen und Finden. Man sucht etwas, aber auch wenn man es findet, hat man das nicht selbst gemacht, sondern es findet mich, oder ich werde gefunden. Die Sprache finden wir dann, wenn wir aufmerksam und ehrlich genug sind, um das, was in uns ist, zuzulassen, um zu sehen und zu hören. Und dieser Prozeß führt tatsächlich zu neuer Sprache, zu einer Sprache, die von Klischees befreit ist.

Ich glaube wirklich, zum Schreiben gehört ein Stück Verzweiflung an der alten Sprache, also ein Stück Angeekeltsein. Das ist eine ganz natürliche Empfindung. Scham ist eine revolutionäre Empfindung, hat Marx gesagt; man muß sich schämen und darunter leiden, wie gequasselt wird, wie die Sprache zerstört wird, wie Menschen zerstört werden oder sich überhaupt nicht mehr wiederfinden in dem, was gesagt wird. In dieser Scham gehe ich auf etwas zu, um die Sprache, die ja vielleicht schon irgendwo da ist, zu finden, ich mache sie ja nicht, es ist ja nicht eine Maschinenarbeit. Ich finde zum Beispiel viel in biblischer Sprache, das ist Finden und nicht Herstellen. Die Schwierigkeit liegt darin, diesen kreativen Prozeß zu beschreiben.

In deinen Texten hast du an vielen Stellen die Frage. Mich interessieren Menschen, die Fragen haben. Viele glauben, nur die sind interessant, die die Antworten haben, aber mich interessieren Menschen, die Fragen haben. Der Mensch lebt von Fragen. Wenn er keine mehr hat, kann man das kaum noch Leben nennen. Geht dir das so ähnlich?

Ja. Eine der Fragen, mit denen ich im letzten Jahr stark gelebt habe, ist wieder eine Frage aus der Bibel. Sie stammt aus einer biblischen Geschichte, wo ein besessenes Kind die Hauptrolle spielt, und da fragen die Jünger am Schluß Jesus: Warum konnten wir den Dämon nicht austreiben? Das ist eine Frage, mit der ich wirklich schlafen gegangen bin und wieder aufwachte. Warum konnten wir den Dämon, der über uns herrscht, eben den Militarismus, nicht austreiben? Oder warum sind wir so wenige, oder warum sind wir so schwach, oder warum haben wir keinen Einfluß, oder warum geht alles weiter? Das ist, glaube ich, daß wir den Dämon nicht effektiver bekämpfen können. Und das ist ja auch eine Frage an unseren Glauben. Im Sinne der Tradition ist Ohnmacht und die Erfahrung der Ohnmacht ein Mangel an Glauben. Und wenn du überhaupt nichts mehr glaubst, dann bist du total ohnmächtig, und dann können sie alles mit dir machen, und du fühlst dich wie eine Figur auf einem Schachbrett, die hin und her geschoben wird. Dies zu überwinden, diese Ohnmacht, das ist meine Frage im Augenblick, meine Frage an das Leben innerhalb der Industriegesellschaft. Ich finde es wichtig, daß Menschen sich ihre eigenen Fragen klarmachen und sie in größerer Tiefe artikulieren und genauer sagen.

»Eigentlich ist die Theologie näher an der Kunst als an der Wissenschaft«

Gespräch über die evangelische Kirche, Vancouver und die Aufgabe der Theologie

Du bist eingeladen worden für ein Hauptreferat bei der 6. Vollversammlung des ÖRK in Vancouver. Die Einladung hat von der EKD und auch von evangelikaler Seite Reaktionen erfahren, die ziemlich heftig und sehr stark ablehnend waren. Du bist eingeladen, über das Thema »Leben in seiner ganzen Fülle« zu sprechen, und ich frage mich, fürchten sich vielleicht die Oberkirchenräte der EKD oder auch Evangelikale vor gerade diesem Leben in seiner ganzen Fülle?

Das mag in einem tieferen Sinn wahr sein. Die äußere Begründung war rein personbezogen, und ich glaube auch, für die Evangelikalen bin ich seit 25 Jahren eine Hexe, die man eigentlich verbrennen muß. Da kommen politische und sexistische Sachen und die Ablehnung einer radikaleren und modernen Theologie stark zusammen. Was mich etwas verwundert hat, war, wie die Kirchenleitung der EKD darauf reagiert hat. Von den Evangelikalen hatte ich nicht sehr viel anderes erwartet, aber daß die Kirchenleitung denen so weit nachgibt und mit einer unangenehm pflaumenweichen Begründung sagt, ich sei sehr beschwerlich oder die Entscheidung des Weltkirchenrates sei beschwerlich. Ich habe auch aus Genf gehört, daß der Streit nicht um meine Person geht, sondern darum, wie weit der Weltkirchenrat selber aussuchen

Das Gespräch wurde am 12. Juni 1983 mit Angela Bauer, Frank Grell und Herwig Sander geführt und veröffentlicht in: ZWERGPREDIGT, 6. Jahrgang, Nummer 16, herausgegeben vom Fachschaftsrat Evangelische Theologie der Universität Hamburg.

soll, wer da spricht. Es geht um diese Kompetenzschwierigkeiten: Wer repräsentiert denn? Wer ist denn repräsentativ? Und die evangelische Kirche sagt, daß ich nicht repräsentativ sei, nicht für die Christen Westdeutschlands spreche. Ich bin auch nicht so sicher, woher sie das so genau wissen wollen. Für eine ganze Reihe von Christen glaube ich schon, daß ich ganz gut spreche. Ich halte auch die Idee, daß irgendein Oberkirchenrat oder irgendein Mann sozusagen die ganze Breite repräsentieren könne, für von vornherein falsch. Das ist unprotestantisch, eher eine Showmasteridee. Wenn man sehr oberflächlich ist und gar nichts zu sagen hat, dann kann man ganz viele Leute repräsentieren. Es ist eigentlich ein schreckliches Zeichen, das so darzustellen. Größere Repräsentanz heißt ja dann auch weniger Substanz.

Ist es vielleicht eher so, daß du dich auch als Sprecherin fühlst für die, die in der Kirche weniger Sprache haben, also in Institutionen eigentlich überhaupt nicht oder nur sehr wenig repräsentiert sind?

Innerhalb der westdeutschen Kirchen würde ich das bejahen, aber nicht für die Weltkirche, weil es eine wachsende Anzahl von Menschen gibt, die ganz ähnlich denken wie die Theologie der Befreiung. Immer mehr Menschen leben ein engagiertes politisches Christentum. Ich fühle mich heute weniger allein mit meinen Thesen als vor zehn Jahren, weil die Entwicklung genau in die Richtung gegangen ist, die ich immer schon wollte. Das hat jetzt mehr Stimme gewonnen.

Es ist ja nicht das erste Mal, daß du angegriffen wirst, weil du sprichst . . . wie auf Kirchentagen. Wie verkraftest du das eigentlich persönlich, diese ständigen Angriffe, die ja auch oft sehr verletzend sind?

Ich bin da jetzt drüber, würde ich sagen. Ich bin dies gewöhnt. Es gibt immer wieder Bemerkungen, die mich erschüttern, aus der Fassung bringen. Aber meine Lebenserfahrung ist, daß große Kräche und Anfeindungen mir immer auch sehr schöne Freundschaften eingebracht haben. Ich habe auch neue Menschen kennengelernt, die sich mit mir solidarisiert haben. Das hat so eine Dramaturgie im Leben.

Ich erinnere mich zum Beispiel an einen Riesenkrach: Der Präses der Rheinischen Synode hat einmal einige unmögliche Sachen auch über mich gesagt, und da hat Eberhard Bethge, den wir damals noch nicht kannten, mir einen Blumenstrauß geschickt und sich sozusagen für diese Synode, für diese Männer entschuldigt, weil er sich einfach schämte als anständiger Mensch. Das hat dann zu einer Freundschaft mit den Bethges geführt, die für mich sehr schön ist.

Ich habe jetzt mit einigem Papierdreck von der EKD auch sehr, sehr gute Solidaritätsbriefe vor allem von Frauen bekommen, die sagten: Wieso ist die nicht repräsentativ? Sie ist sehr repräsentativ für mich. Wir würden vielleicht gar nicht mehr glauben, wenn wir nicht ein paar Sachen von der Dorothee Sölle gelesen hätten, und das hat mich sehr gefreut. Ich bin unglücklich über die westdeutsche Kirche, die eine der reichsten und der substanzlosesten Kirchen ist, die es gibt. Die Entwicklung dieser Kirche auch gerade mit der ganzen Unklarheit in der Friedensfrage – und da steht die westdeutsche Kirche ja doch einzigartig da: weder die Holländer noch die Leute in der DDR, noch die katholischen Bischöfe in den USA haben solche gehorsame, staatstreue Voten abgegeben; die haben viel mehr als Christen riskiert, viel klarer Stellung genommen – das bedrückt mich wirklich. . . . auch daß es immer noch nicht gelungen ist, innerhalb der westdeutschen Kirche etwas mehr Mut und Friedensliebe hervorzubringen.

Sehr deutlich wurde mir diese Zaghaftigkeit der Kirche in dem Grußwort des Präsidiums, das Klaus von Bismarck bei der Abschlußkundgebung der Demonstration beim Kirchentag verlesen hat; das war vorsichtig taktierend und überhaupt nicht . . .

Klar! Die ganze innerkirchliche Diskussion hat einfach auch das für sich, daß sie so einige Punkte jetzt offengelegt hat, so daß man sich nicht mehr auf das ungewisse Friedensgeschwätz, was jeder Mensch von sich gibt, einlassen muß, sondern klar sagen kann, daß der Besitz atomarer Waffen Sünde sei, wie die Holländer das gesagt haben; daß nicht nur der Ersteinsatz zu verdammen sei, sondern daß schon die Bedrohung unvereinbar ist mit dem Glauben an die Erlösung. Das sind ja ganz klare theologische Positionen, die unterdessen bezogen worden sind in der Friedensdebatte, und die EKD hinkt eben einfach hinter der Weltdebatte her. Das spiegelt sich auch im Verhältnis zum ÖRK.

Bei der Auseinandersetzung um dein Referat in Vancouver war das Schlimme, daß dabei im Grunde ja gar keine Auseinandersetzung mit dir, mit deiner Theologie stattfand, sondern daß auf dich wie auf ein rotes Tuch reagiert wurde. Gibt es da auch andere Erfahrungen?

Es gibt Auseinandersetzungen ernsthafterer Art, zur philosophischen Seite des Gottesproblems zum Beispiel oder auch zu meiner Christologie.

Ich werde viel gelesen von Laien und ja sicher auch von Theologen; aber es ist sehr oft so, daß Laien sich mit der Art von Schriftstellerei, die ich betreibe, die ja auch nichtakademische Theologie ist, beschäftigen.

Ich möchte eigentlich so wie Kierkegaard »Erbauliche Reden« schreiben; mein genaues Leserpublikum würde ich beschreiben als »postchristians«, die der Kirche entfremdet sind und aus guten Gründen nicht mehr hingehen können, oft dann bei *amnesty* arbeiten oder einer der anderen »Nachfolgereligionen« und die aber trotzdem das Gefühl haben, daß sie etwas suchen und etwas brauchen. Das sind die Menschen, deren Sprache ich spreche.

Meine ersten Schreibversuche sind aus meiner Tätigkeit als Religionslehrerin herausgewachsen. Ich habe in einer deutschen Schule, vor allem in der Oberstufe, Religion unterrichtet, in Köln, unter Menschen, die praktisch dazu gezwungen waren – es war zwar freiwillig, aber diese Freiwilligkeit war in den fünfziger Jahren in Westdeutschland praktisch noch gar nicht entdeckt. Da gab es keine Schülerbewegung, die die Leute dazu aufgefordert hätte, aus dem Religionsunterricht auszutreten, im Gegenteil, unsere Direktorin wäre wahrscheinlich in Ohnmacht gefallen, wenn das passiert wäre. Ich hatte die ganze Breite der getauften protestantischen Leute zusammen und habe viel im Unterrichten gelernt, also wie man Dinge vermitteln kann in einer weltlichen Sprache. Dieses Interesse war bei mir eigentlich von Anfang an sehr stark da.

Aber ich möchte trotzdem noch mal auf die andere Linie zurückkommen. Du hast 1965 das Buch »Stellvertretung« geschrieben, das in einer Sprache spricht, die sich eher »wissenschaftlich« mit der theologischen Tradition auseinandersetzt und zu artikulieren versucht, was Jesus, was Gott für uns heute ist. Du hast dann auch weiter, ich glaube 1972, eine Habilitationsschrift verfaßt. Also es hat eine Linie gegeben in deinem Leben der Universität.

Ja, obwohl das Buch »Stellvertretung« keinen Zweck hatte innerhalb irgendeiner Karriere, sondern eine Selbstklärung für mich war. Ich erinnere mich noch ganz deutlich, wie ich mal mit einem Schriftsteller, der mich nicht kannte, in ein Gespräch geriet und wir irgendwie auf Theologie kamen und er sagte: Aber wieso denn eigentlich Theologie? Gott ist doch tot. Und ich spürte, daß ich das auch sagen könnte, daß ich mich nicht meilenweit entfernt fühlte von ihm und zugleich natürlich ein Bedürfnis hatte,

das zu klären. Und damals habe ich mich dann auseinandergesetzt mit der »Gott ist tot«- oder Tod-Gottes-Metapher und dieser Art der Rede bei Hegel und Jean Paul und so weiter. Das hat
mir immense Schwierigkeiten eingebracht innerhalb der Kirche,
die das nicht verstanden haben oder verstehen konnten, vielleicht, weil das nicht erbaulich war in ihrem Sinn, sondern eine
Klärung gegenüber den Gottesvorstellungen, die überall innerhalb des Christentums noch als abgestorbene Äste herumhängen,
von denen ich mich befreien wollte. Ich bin nicht unglücklich
darüber, weil ich nun klarer sehe, wie tot also der Gott ist, der,
zum Beispiel wenn wir aufrüsten, schweigt. Mir hat neulich mal
ein junger Mann erklärt: Das macht doch gar nichts. Gott hat
doch die Welt in der Hand, ob wir aufrüsten oder nicht, das spielt
gar keine Rolle. Wenn Gott das zuläßt, dann gibt es eben eine
Atomkatastrophe, aber dann wird er uns wahrscheinlich heraus-
halten. Das hört man unter Evangelikalen in dieser Form: Das
betrifft nur die anderen, wir sind sicher unter Gott. Die Grund-
vorstellung ist: Gott handelt unmittelbar, auf wunderbare Weise,
indem er mich oder dich rettet, und das hat nichts damit zu tun,
wer wir sind. Dazu kann ich auch heute nur klipp und klar sagen:
Dieser Gott ist tot!

*Also ein toter Gott einer naiven Gottesvorstellung, so wie
Bonhoeffer es vielleicht sagt, ein deus ex machina.*

Ja, es ist schrecklich, aber wahr, daß sehr viele Evangelikale in
einer unentwickelten Frömmigkeit, also in einer Naivität, geistig,
aber auch geistlich kindisch geblieben sind.

*Ich habe noch vor allen Dingen beim Nachlesen der Vor- und
Nachworte zu dem Buch »Stellvertretung« den Eindruck, daß
für dich von Anfang an Sinn und Ziel des Theologietreibens
darin gelegen hat, den Anspruch, den das Evangelium an den
Menschen stellt, nämlich in seinem Sinne zu handeln, deutlich
zu machen. Du schreibst in dem Buch »Stellvertretung«, nachdem du gesagt hast, daß nun Gott durch Christus lange genug
etwas für uns getan hat, daß es an der Zeit sei, nun etwas für
Gott zu tun.*

Ja, ich würde das vielleicht heute etwas anders ausdrücken. In
der Sache ist es dasselbe. Ich würde sagen, daß Gott keine anderen Hände hat als unsere, um etwas zu tun. Da ist gar keine Denk-
möglichkeit, von einem von der Welt entfernten Gotteswesen aus
ein Eingreifen zu erwarten. Dieses Eingreifen geschieht durch uns,
also in der Geschichte der Inkarnation – theologisch geredet –,
und das Leben Christi vollzieht sich, indem er, Christus – also

103

ich meine jetzt nicht den historischen Jesus, sondern den Christus des Glaubens –, weiter sich inkarniert, leidet oder kämpft. Christus ist auch in Oscar Romero gestorben, und das geschieht an ganz vielen Stellen der Welt . . . oder das berühmte Beispiel, wie die Menschen in Nicaragua die Messe feiern, und die Mütter nennen die Namen ihrer Söhne, die da mit 14 oder 15 Jahren im Befreiungskampf gestorben sind, und die ganze Gemeinde ruft: Presente! Der ist hier, der ist bei uns. Das ist ein Auferstehungsruf, und so verstehe ich das: Die Geschichte Gottes geht durch uns weiter. Genaugenommen ist dieser abstrahierte außerräumliche und überzeitliche und dann irgendwie unbegreiflich eingreifende Gott eine Art Götzenbild. Das ist der idiotische Gott, mit dem wir immer noch zu ringen haben, der immer noch irgendwo in unseren Knochen sitzt, der »Gott-mit-uns« auf den Koppelschlössern zweier deutscher Armeen in zwei Weltkriegen.

Ich möchte da nachfragen. Du hast dich ja in den letzten Jahren sehr viel mit Mystik beschäftigt. Ist es nicht gerade dann doch ein Gott, der da erfahren wird, dem man mehr zutraut als sich selbst?

Ja, das ist aber auch schon so in dem Buch »Stellvertretung«, das genaugenommen viele mystische Elemente hat. Die Mystik hat ja versucht, Gott anders zu definieren als die jeweils herrschenden Kirchen: einerseits umfassender – sie haben immer die Gottessprache transzendiert – und andererseits auch innerlicher – sie haben also das »Gott in mir« – das hat mir eine Quäkerfreundin erzählt: »That of God« in uns – ausgedrückt. Die Mystik ist sicher die Sprache, die mir am meisten hilft, das zu klären, und zwar auch, weil sie in einem Streit mit einer philosophisch-metaphysischen Gottessprache ist und auch viel näher an der biblischen Sprache, die ja über Gott narrativ und nicht dogmatisch redet.

Also gibt es einen Gott, der stärker ist als das, was wir tun können, oder ist es wirklich nur an uns? Das möchte ich ein biß-chen genauer haben. Also ein Gott, der sich vielleicht nicht in mehr Macht äußert, sondern in mehr Mut, in mehr Kraft?

Ja, das meine ich schon. Meine Kritiker haben mir von Anfang an vorgeworfen, einerseits rede ich da: Gott ist tot! – andererseits brauche ich das Wort »Gott« andauernd und komme gar nicht ohne es aus. Das ist ja ein logischer Widerspruch. Es war nicht schwer, das zu bemerken. Ich will nur sagen, daß wir Gott brauchen oder daß wir diese Art, über Gott zu reden, brauchen. Das liegt daran, daß es einen Grund der Welt oder eine Quelle des

Lebens – und ich sage wirklich lieber Quelle des Lebens als Herr des Lebens, aus guten Gründen – oder eine Wahrheit des Lebens gibt, die über uns hinausgeht und das Leben als Geschenk sieht. Das ist für mich zentral, daß das Leben eben nicht einfach etwas Vorhandenes ist. Ich finde auch: Die Evangelikalen, die haben so eine erstarrte Sprache, in der sie das, was sie einmal gefunden haben, dann immer in derselben Sprache ausdrücken. Sie können es gar nicht ertragen, wenn man es mal in eine andere Sprache übersetzt. Ich habe gelegentlich immer mal wieder Gespräche mit Menschen dieser Art gehabt, und das war eigentlich oft sehr schön, wenn ich dann versucht habe zu erklären, was ich wirklich meine. Dann haben sie ganz aufmerksam zugehört, weil sie ein Verständnis für Substanz und Ernst haben und nicht diese lauwarme liberale christliche Mentalität, mit der ich nicht viel anfangen kann. Der Liberalismus und der Pietismus sind im Grunde genauso weit entfernt vom Evangelium.

Was du eben sagtest mit »Quelle des Lebens« und »Grund des Lebens«, ist das deine Antwort auf die Frage, wo die Hoffnung herkommen könnte?

Ich bin dieser Frage etwas müde. Ich weiß auch nicht, woran das liegt. Ich kriege diese Frage in der letzten Zeit immer wieder: Woher nehmen Sie Ihre Energie? »Wo ist Ihre Tankstelle?« hat mir neulich jemand auf einen Zettel geschrieben und aufs Podium gelegt.

Bei der Tankstelle habe ich einen Augenblick gedacht, soll ich nicht einfach sagen: aus der Bibel? Da ist sicher sehr viel Wahrheit darin, daß ich aus der Bibel lebe und Hoffnungsgeschichten höre, daß es schon mal gutgegangen ist und ich mich in eine Tradition stelle, die einfach sagt: Das Leben ist möglich, und man muß nicht verzweifeln; die also solche Geschichten erzählt.

Früher konntest du sprechen vom Vertrauen auf den machtlosen Christus, und heute gehst du auf die Suche nach einem neuen Menschen, der jenseits von Kain und Abel, jenseits von Macht und Ohnmacht lebt.

Ja, man kann das wirklich am Wort »Macht« durchdenken. Jakob Burckhardt, der Schweizer Kulturphilosoph, hat gesagt: »Alle Macht ist böse.« Das ist ganz tief im Protestantismus verwurzelt; wenn also Gott nichts weiter ist als Macht, dann kann dabei eigentlich nichts herauskommen. Ich habe damit sehr lange gekämpft und habe mich stark mit dem machtlosen Christus identifiziert. Mein ganzer Einstieg in die Theologie war ungeheuer christozentrisch, also nicht durch den Vater; ich wäre überhaupt nicht auf die Idee gekommen, jemals Christ zu werden, wenn es sich dabei nur um Gott gehandelt hätte.

Ich denke aber nun doch, daß es nötig ist, über Christus hinausgehend von dem Schöpfer zu sprechen. Ich beschäftige mich mit dem Thema der Schöpfung und möchte darüber auch etwas schreiben: Schöpfung, Sexualität und Arbeit – die wichtigsten inhaltlichen Kriterien der Schöpfung. Innerhalb meiner theologischen Biographie deutet das eine gewisse Erweiterung an von diesem strengen christozentrischen Ansatz zu einer Reflexion auf den Grund des Lebens, also auf Gott. Ich sehe auch immer mehr, daß das notwendig ist in der Begegnung mit anderen Religionen, zum Beispiel mit Juden, die ja nicht durch Christus gerufen sind, sondern durch andere Stimmen desselben Gottes, auch Zen-Buddhisten und anderen Menschen, die eben verschiedene Gottessprachen gebrauchen. Das ist für mich ein ganz konsequenter Schritt. Zwar ist für mich Christus die Stimme Gottes, aber das heißt nicht, daß es nicht für andere Menschen auch andere Stimmen Gottes gibt. Das muß man einfach begreifen, sonst wird man ein religiöser Imperialist, und das ist von Übel.

Deine Kritik an einem naiven Gottesglauben – so habe ich es immer verstanden – rührte von zwei Bewegungen her: einmal von der Aufklärung und zum anderen von der Frage, wie man von Gott nach Auschwitz noch sprechen kann. Du hast die Antwort auf die zweite Frage mit dem leidenden ohnmächtigen Christus zu beantworten versucht und daß wir uns in sein Leben hineingeben müssen. Siehst du eine Möglichkeit, die Frage der Aufklärung nach der Vernunft, der Vernunftserkenntnis, weiterzuverfolgen? Müßte dann nicht »Vernunft« kritisiert werden, weil sie heutzutage an ihre Grenze stößt?

Ja, das finde ich sehr gut. Die Aufklärung hat zwischen Verstand und Vernunft unterschieden und im Vernunftbegriff sozusagen die ältere abendländische Tradition aufbewahrt. Das war immer noch »Vernehmen«. Da hörte man. Da muß also irgend jemand gesendet haben oder etwas gesagt haben. Sonst bedeutet das Wort »Vernunft« ja überhaupt nichts. Die Vernunft war gebunden an die menschliche Würde, die unverletzbar ist, weil der Mensch eben das Ebenbild Gottes ist, und konnte also nicht darüber hinaus.

Die Vernunft hat sich dann immer mehr selbst zerstört. Zur Zeit ist die Genmanipulation ein sehr interessantes Beispiel menschlicher Wissenschaft, wie da das, was wir früher im Christentum unter menschlicher Würde verstanden, verletzt wird –

mir ist es schon unheimlich, wenn ich mir vorstelle, daß eines Tages das Geschlecht manipuliert werden kann im Mutterleib. Das ist eine solche technisch-instrumentelle Vernunft, die da herrscht, und hat diese andere Vernunft, die in der deutschen Aufklärung bei Kant ganz deutlich noch an die Schöpfung gebunden war, jetzt völlig verdrängt. Die Vernunft rast sozusagen losgelöst von diesen Ursprüngen wild durch die Gegend und macht, was sie kann, ohne jede Rücksicht. Insofern ist die Kritik an der Aufklärung sicher eine ganz notwendige Aufgabe der Theologie.

Auf der anderen Seite finde ich auch, daß die Aufklärung mir sehr viel Befreiung gebracht hat etwa im Umgang mit der Bibel. Ich bin immer noch Rudolf Bultmann unendlich dankbar, weil der einige Klarheiten für mich formuliert hat, so daß ich nicht erst an die Jungfrauengeburt glauben muß, ehe ich weiß, daß Gott für Gerechtigkeit und Liebe einsteht. Also gerade in der Beziehung zur Bibel, Bibelkritik, hat mir die Aufklärung viel geholfen. Das ist auch etwas, was ich auf keinen Fall aufgeben möchte.

Wir hatten neulich ein Treffen in Genf mit Dritte-Welt-Theologen, die sehr kritisch gegen die europäische Aufklärung sind – aus guten Gründen. Ich wollte aber doch etwas für die Aufklärung sagen: Die hat mir beigebracht, wenn Paulus über Homosexualität redet, ist das dummes Zeug. Man kann schlicht sagen, er wußte davon nichts, sondern er reproduzierte im Grunde seine Vorurteile mit apostolischer Autorität. Und die Aufklärung ist das, was mich als Christ davon befreit hat, unter diesen Zwängen zu denken. Das möchte ich auf gar keinen Fall aufgeben gegen einen völlig naiven Biblizismus. Und was dann passierte, als ich das ein bißchen erzählte, war, daß die Frauen begeistert klatschten, während einige schwarze Männer sich das sehr zögernd anhörten. Ich fand das hochinteressant; denn doppelt Unterdrückte profitieren natürlich doch noch von Aufklärung.

Ist es nicht genau das Problem, daß eigentlich Aufklärung und Glaube immer auseinandergelaufen sind?

Ja, aber das radikale Christentum, in dem sich Menschen wie Jim Wallis und Ernesto Cardenal und Daniel Berrigan und wenn ich mich da nennen darf, zusammenfinden und sozusagen von verschiedenen Herkunften und in verschiedenen Sprachen an derselben Sache arbeiten, was man dann am besten Theologie der Befreiung nennt. Ich möchte die Elemente der Aufklärung nicht missen wegen dieses Stücks von Kritikfähigkeit, das sie uns gegeben hat. Es ist ja hochinteressant, wenn man das Evangelium der Bauern von Solentiname liest, die ja nicht Literaturkritik betreiben, die aber dadurch, daß sie das Evangelium gleich auf ihre Praxis beziehen, das kritische Element dabei haben. Sie sind gegen Somoza und den US-Imperialismus äußerst kritisch, und dadurch kommt die Kritik auf eine viel bessere Weise ins Spiel. Gelegentlich kritisieren sie auch die Bibel ganz unbefangen und sagen, was dort gemeint ist, und stehen nicht unter diesem Biblizismus.

Es ist mein Interesse, das weiterzuentwickeln. Wenn zum Beispiel Luise Schottroff danach fragt: Was denkt die Jesusbewegung?, so ist das eine Demokratisierung erstens dieses charismatischen Führers, des Jesus, weil er als jemand in einer Gruppe angesehen wird, und es macht auch ein bißchen die breitere Praxis deutlich, in der diese Bewegung gedacht hat. Ich finde, daß die Leute in Lateinamerika das Evangelium genau in dem Sinn lesen, weil sie selbst Jesusbewegung sind in ihrer Praxis.

Ich möchte noch einmal nachfragen: Was kann Theologie, speziell systematische Theolgie leisten? Ich denke, daß sie Gesprächspartner und sehr dringlicher Ratgeber auch anderer Wissenschaften sein muß, weil ich denke, daß wir uns zunächst einmal mit dem Faktum beschäftigen müssen, daß es Wissenschaften gibt, die zweckfrei Grundlagenforschung betreiben, das heißt nicht mehr ausgerichtet sind auf ein Ziel und daher unmoralisch werden können. Kann es da nicht Aufgabe der systematischen Theologie sein, ins Gespräch zu kommen mit diesen Wissenschaften? Siehst du da eine Möglichkeit, weiterzuarbeiten oder nachzudenken?

Ich bin etwas gespalten dieser Sache gegenüber: Auf der einen Seite sehe ich, daß es notwendig ist. Zum Beispiel hat Charles Birch, der Biologe, das ja sehr deutlich formuliert, wenn er sagt: Wir wissen nicht weiter, jetzt kommt mal und sagt uns etwas!

Auf der anderen Seite hat mein Verständnis von Theologie einen gewissen antiakademischen Touch, weil ich finde, die Theologie soll den Glauben der Menschen reflektieren, klären helfen. Der Ansprechpartner der Theologie ist die Gemeinde. Ich finde es eine fürchterliche Entwicklung in Westdeutschland: Noch meine theologischen Väter wie Barth und Bultmann haben einen großen Teil ihrer Arbeitskraft dareingestellt, auf Pfarrkonferenzen zu gehen, wütenden Pfarrern ihre Briefe zu beantworten, und sie waren für die Kirche da, während die heutige Herrschaftstheologie, wenn ich das so vereinfachend sage, wie etwa von Pannenberg und der Münchner Schule, akademische Partner hat, die Naturwissenschaftler. Das ist so eine Topebenenberatung, und das Volk, also dieses glaubende Volk, spielt eigentlich überhaupt keine Rolle. Die sind in einem ganz tiefen Sinn desinteressiert an der Kirche, während ich an der Kirche als Solidar- und Kampfgemeinschaft elementar interessiert bin. Die Frage ist: Wie könnte man diese Sachen zusammenkriegen?

Es gibt auch sehr gute Zusammenhänge zwischen Bewegungen und Wissenschaften, so etwa in der Ökologiebewegung.

So möchte ich das eigentlich auch in der Theologie: Wenn das Volk sich mit bestimmten Fragen beschäftigt, daß es diese dann an die systematische Theologie richtet, aber die Praxis ist der Auftraggeber. Von diesem Prinzip möchte ich nicht weg. Das ist, was die Befreiungstheologie formuliert, der absolute Vorrang der Praxis vor der Theorie. Die Praxis ist das, was dasein muß und was dann die Theorie heranzieht.

Verstehst du dich selber dann als nichtakademische Wissenschaftlerin?

Ich verstehe mich nicht als Wissenschaftlerin. Ich finde auch die ganze Annäherung der Theologie an die Wissenschaft, etwa die Wissenschaftlichkeit der Theologie, grauenvoll und absurd, wie die klügsten Köpfe der westdeutschen Theologie ihre schärfsten Messerchen benutzt haben, um die dünnsten Haare, die sie finden konnten, zu spalten. Das finde ich obszön angesichts dessen, was nun wirklich auf der Welt passiert.

Ich meine, das hängt natürlich mit meinem Außenseiterdasein zusammen als jemand, der von diesen Herren ja nun auch mit Erfolg daran gehindert worden ist, hier einen Lehrstuhl zu haben in diesem Land. Das ist einfach ein Lebensfaktum für mich, das mich natürlich sehr viel kritischer gemacht hat, aber ich glaube tatsächlich, daß es Hilfswissenschaften der Theologie geben muß, die Wissenschaft sein müssen, wie etwa die Bibelwissenschaften in vielen Hinsichten oder die Psychologie, Soziologie und so weiter.

Mir wird das am deutlichsten immer an der Frage: Was wähle ich aus, um mich mit der Bibel zu beschäftigen? Was ist für mich wichtig, und warum mache ich das? Luise Schottroff hat mir einmal erzählt, daß sie bei einer der feineren wissenschaftlichen Gesellschaften angeregt hat, über Armut zu arbeiten als Programm. Das ist fünf oder sechs Jahre her. Verlegenes Schweigen, weil kein jüngerer Neutestamentler, zumal nicht in Westdeutschland, seine Karriere riskieren will mit solch einem Thema. Selbst wenn das im Neuen Testament auf jeder Seite vorkommt, weiß man, daß das zu inhaltlichen Konsequenzen führt, und dann zählt man doch lieber Καίς: Wie oft benutzt denn Paulus nur Καί?

Wie willst du aber dann nennen, was du am Union Theological Seminary in New York machst?

Ja, die Theologie hat Anteile der Wissenschaft, aber ich glaube, sie ist eigentlich näher an der Kunst als an der Wissenschaft, wenn man das genaunimmt. Das ist auch jahrhundertelang so gewesen, daß die besseren Theologen eher Künstler als Wissenschaftler waren. Man fragt sich wirklich, warum sie plötzlich dieses Vorbild der Wissenschaftlichkeit so hochhalten, als ob das nun das Wichtigste wäre. Die interessanteren theologischen Schriftsteller haben eher, glaube ich, diese Tendenz zu einem anderen Umgang mit der Sprache. Das ist die Theologie, die ich mir wünsche, wenn ich mir so ein theologisches Reich Gottes vorstelle, obwohl ich annehme, daß wir dann gar keine Theologie mehr brauchen. Wenn man mit dem Gedanken spielt, dann wäre dieses theologische Reich Gottes doch eine Vorstellung, in der die Theologie dazu dient, die Visionen, Träume und Ängste der Menschen in ihrer Praxis zu klären, zu durchleuchten und zu vermitteln. Der Theologe hat dann eine beratende oder katalytische Funktion, und die geht ganz über das Kreative und nicht nur über das Analytische. Das habe ich nun auch wieder von den Frauen gelernt. Es ist ein zentrales Element in der feministischen Theologie, daß man sagt, die Analyse allein reicht nicht. Wir müssen eine kreative Sprache finden, und das ist es eigentlich auch, was die feministische Theologie meiner Meinung nach am meisten geleistet hat in den kurzen Jahren ihres Daseins. Da muß man nicht nach den Büchern gucken, sondern die wirklichen Ereignisse sind diese neuen Formen des Gottesdienstes. Also *sister's celebration* ist etwas anderes; die Qualität des Selbstausdrucks ist einfach anders. Wenn man das auf einen wissenschaftlichen Begriff bringt, dann ist das der Unterschied zwischen Kreativität und Analyse.

Obwohl die Analyse da nicht fehlt.

Nein, aber die Analyse ist nicht allein von sich schon glücklichmachend.

Ich überlege gerade, daß es wichtig wäre, da zu einer Synthese zu kommen, daß also nicht das eine ohne das andere existieren muß, das heißt ja auch, daß ein Stück Ganzheit verwirklicht werden könnte.

In dem Experiment des Politischen Nachtgebets, das wir Ende der sechziger Jahre in Köln hatten, war sehr viel realisiert von dieser Ganzheit, weil immer auch Menschen mitarbeiteten, die sehr stark rational-analytisch geprägt waren, also Männer – es gab auch einige Frauen der Art, aber im wesentlichen waren es Männer –, die spezialisiert waren auf bestimmte Themen. Wir haben aber dann als Gruppe zusammengekriegt, daß das Gebet oder die Bibellesung auch ihren Ort hatten und die Dinge auf verschiedenen Sprachebenen formuliert waren, ohne daß eins herausfiel. Ich habe ein ganz starkes Bedürfnis, Praxisbezug und Kreativität als zwei Elemente, die in dem normalen Wissenschaftsverständnis nicht gegeben sind, zu verbinden. Wo immer Kirche mehr Partizipation erlaubt und nicht so eine Pfarrerrangelegenheit ist, da sind die Leute auch bereit, hinzugehen und etwas mitzumachen. Auch beim Politischen Nachtgebet war einer der Hauptpunkte, daß wir herumgingen und Bekannte fragten: Macht doch da mal mit!, und diese dann oft sagten: Gottesdienst, was ist das denn?

Auch in meinem Erleben von Gemeinde ist es immer noch so, daß Engagement für den Frieden und Gottesdienst, Meditation, Nachdenken auseinanderklaffen. Wir haben einen gutbesuchten, sehr engagierten Friedenskreis, aber in den Gottesdienst kommen vorwiegend ältere Menschen.

Ja, das hört man immer wieder, das ist ein Problem, an dem man wirklich arbeiten muß. Wir wollen nicht den Gottesdienst instrumentalisieren, das halte ich für ganz falsch, aber daß aus einer gemeinsamen Praxis auch Loben, Danken und Bitten entstehen, also zentrale Elemente, die dann in den Gottesdienst hereinkommen, das wäre auch eine Utopie von Kirche, wie ich sie mir vorstelle.

Wie siehst du denn eigentlich so deine Tätigkeit in Hamburg? Also für mich ist das ein Witz, daß du einen Lehrauftrag in der Praktischen Theologie hast wie ein Pastor in Homiletik.

Das ist es ja genau. Einer der Hamburger Professoren wurde, als er hierher berufen wurde, nach mir gefragt, wie er sich zu einer Lehrtätigkeit stelle. Und da sagte der mit grandioser Geste: Für einen Lehrauftrag immer!

Das ist exakt meine Situation in Deutschland. Ich bekomme viele Angebote auch von anderen Unis: Mach doch einmal einen Lehrauftrag! Das löst natürlich dieses Problem überhaupt nicht, weil das keine wirkliche Kontinuität herstellt, weil man nicht in den Lehrbetrieb verwurzelt ist.

Du hast doch vorher gesagt: auf der Grenze sein, auf der Grenze zwischen Kirche und Nachkirche, auf der Grenze auch zwischen den USA und hier.

Das hat ja gute Vorbilder in der Theologie, Paul Tillich . . . überhaupt der ganze Standort des Theologen ist auf der Grenze.

Also für mich war sicher der Dezember 1979 ein existentielles Datum, die Nachrüstung. Ich habe das sehr genau vorher verfolgt, ehe es dann passierte, und war mir klar darüber, was das wirklich bedeutete. Ich war auch erschüttert über die Sozialdemokratie – das habe ich empfunden wie die Kriegsanleihe 1914, als nur Rosa Luxemburg, Rudolf Kautsky und noch ein paar Leute dagegen stimmten –, und von da aus hatte ich ein starkes Gefühl, ich möchte jetzt den Rest meines Lebens für den Frieden geben. Ich habe sehr viel angenommen, immer in dem Gefühl, das ist so wichtig. Dabei habe ich mich gelegentlich übernommen. Das geht einem leicht so, wenn man auch sehr stark getragen wird von der Bewegung. Das finde ich sehr schön gegenüber früheren Jahren. Ich schwimme darin, das Wasser trägt, und das hat es halt lange Jahre nicht getan. Während der Wiederbewaffnung Westdeutschlands war ich verzweifelt allein, aber jetzt ist es anders. Manchmal führt das dann zu Unmaß und Selbstüberschätzung meiner physischen Kräfte. Da mußten dann die Kinder oder Fulbert mal auf den Tisch klopfen.

Zurück zu Vancouver. Worum wird es in deinem Referat gehen?

Das Thema ist »Leben in seiner Fülle«, der genaue Bibeltext heißt: »Ich bin gekommen, daß sie das Leben haben, ja das Leben in seiner Fülle.«

Ich habe über diese Fülle nachgedacht, was das eigentlich bedeutet, und bin dann auf zwei Gegensätze gekommen: einmal die Armut als lebenzerstörende Armut, wenn überhaupt keine Fülle da ist und die Menschen von der täglichen Sorge des Überlebens aufgefressen werden und auch nicht glauben können. Man muß sich wirklich ganz realistisch vorstellen, wie ungeheuer weit diese Zerstörung geht. Das ist das eine Thema, und das andere Thema ist innere Leere oder geistig-geistliche Leere in der Ersten Welt gegenüber dieser Fülle, in der die Leute so sinnleer leben und gar nicht wissen, wie ihr Leben sinnvoll werden könnte.

Ich versuche diese beiden Bedrohungen des Lebens darzustellen und sie dann in eine Beziehung zu setzen: Die Sinnlosigkeit unseres Lebens in der Ersten Welt beruht auf der Ausbeutung der Dritten Welt. Der alte Marx hat das so gesagt: Selbstentfremdung der herrschenden Klasse ist gleichwohl Selbstentfremdung.

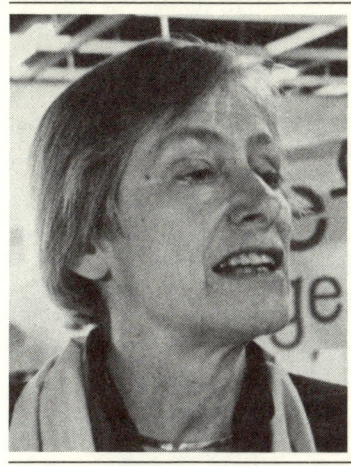

»Wir leben in einer Zeit, in der man sich entscheiden muß«

Gespräch mit Trutz Rendtorff über Aufrüstung, Widerstand und die Entschiedenheit des Friedenszeugnisses

SPIEGEL: Frau Sölle, Sie haben sich in den letzten drei Jahren vermehrt an Aktionen gegen die Nachrüstung, oder, wie Sie es stets nennen, gegen die Aufrüstung, beteiligt und dabei die Situation der Bundesrepublik 1983 mit der Situation von 1933 verglichen. Sind solche Parallelen nicht vermessen?

SÖLLE: Ich meine, nein. Erzbischof Hunthausen von Seattle hat gesagt: Es ist das globale Auschwitz, was jetzt vorbereitet wird. Damals war der Antichrist Hitler, heute ist der Antichrist die Bombe. Es gibt genug Juristen, die ganz klar sagen, daß die Aufrüstung grundgesetzwidrig ist, weil die Vorbereitung eines Angriffskriegs – und die Pershing 2 sind nur als Erstschlagwaffen einsetzbar, dafür sind sie gedacht – ein Verbrechen ist, auch nach unserer Verfassung. Deswegen Widerstand, deswegen nein zu dieser Vorbereitung eines neuen Holocaust.

SPIEGEL: Wie weit darf der Widerstand Ihrer Meinung nach gehen?

SÖLLE: Ich habe sehr viel von christlichen Widerstandsgruppen in den USA gelernt, die in gewaltfreier Illegalität arbeiten. Illegal und gewaltfrei, das sind zwei Dinge, die man im Deutschen sehr schwer zusammendenken kann. Ein Beispiel dafür sind die Brüder Berrigan, die atomare Sprengköpfe zerkratzen und unbrauchbar machen. Es gibt viele andere Formen.

Das Gespräch wurde im Juni 1983 im Hamburger Plaza-Hotel mit den SPIE-GEL-Redakteuren Hans Leyendecker und Manfred Müller geführt und in DER SPIEGEL 41/1983 abgedruckt.

RENDTORFF: Ich halte es für grundverkehrt, wenn Sie die Auseinandersetzung um die Nachrüstung mit Widerstand verbinden und das gar noch mit der Gleichung 1933 = 1983. Ich finde den Vergleich im Blick auf unsere Demokratie hochmütig und selbstgerecht. Im übrigen gilt auch für die Kirche: Es gibt keinen Ausstieg aus Recht und Verfassung, auch nicht im Namen eines Widerstands mit der Berufung auf Jesus Christus.

Ich empfinde es bei der sehr unterschiedlichen Einschätzung der politischen Situation, in der wir uns befinden, als eine Mißachtung der politischen Mündigkeit in unserem Lande, wenn gesagt wird: Der Wähler ist dumm, falsch informiert oder uninteressiert, und die Friedensbewegung allein weiß, wo es langgeht. Ich finde darin eine gewisse Verachtung des Volkes. Widerstand gegen eine bestimmte Politik ist ja nicht nur in der Form von Sitzstreikblockaden möglich, sondern vor allem in der Form von Wahlen.

SÖLLE: Nur die Begrenzung auf Wahlen . . .

RENDTORFF: . . . nicht Begrenzung. Sie machen's gleich wieder klein. Ich sage zunächst einmal: Das Grundelement einer parlamentarisch-repräsentativen Demokratie muß die Mehrheitsbildung sein.

SÖLLE: Das bestreite ich ja gar nicht. Im Gegenteil. Die Mehrheit unseres Volkes – 78 Prozent nach einer der letzten Umfragen, und die Tendenz steigt – ist doch gegen die Stationierung! Ich möchte die Demokratie nicht auf den Wahlgang alle vier Jahre beschränken, sondern ich möchte wirklich in konkreter partizipatorischer Demokratie wissen: Wollen die Menschen mehr Bomben in diesem Land? Warum ist es denn unmöglich, darüber eine Abstimmung herbeizuführen?

RENDTORFF: Aus historisch guten Gründen sind in unserer Verfassung keine Volksentscheide vorgesehen.

SÖLLE: Als die CDU im März gewählt wurde, hat das deutsche Volk doch nicht die Aufrüstung gewählt.

RENDTORFF: Ich habe kein Interesse, jetzt speziell die Wahl am 6. März zu interpretieren. Man müßte aber ein Tor sein, wenn man behaupten würde, kein Mensch hätte gewußt, was im Herbst dieses Jahres zur Entscheidung ansteht.

SPIEGEL: Wir fragen die Theologie-Professorin Sölle: Kann ein Christ aus seinem Glauben entnehmen, wie er 1983 zum Doppelbeschluß Stellung zu beziehen hat?

SÖLLE: Der Glaube gibt natürlich keine detaillierten politischen Anweisungen, aber er gibt Richtungsanweisungen. Und die

114

Richtung ist völlig eindeutig. Sie geht in der Tat nicht auf weitere Aufrüstung. Der Weltrat der Kirchen hat in Vancouver gesagt: Die Aufrüstung, nämlich Herstellung und Stationierung von Atomwaffen, ist ein Verbrechen gegen die Menschheit. Und das ist eine Glaubensaussage.

SPIEGEL: Herr Rendtorff, stimmen Sie mit Frau Sölle darin überein?

RENDTORFF: Mir gefällt die Metapher von der Richtungsanweisung. In der Zielrichtung christlicher Ethik liegt nur der Friede und nicht der Krieg. Aber es gibt nach meinem Verständnis nicht nur *einen* Weg zum Frieden. Darum geht doch der Streit in der Kirche, um die Wege zum Frieden.

SÖLLE: Auch wenn einer der Wege Aufrüstung heißt?

RENDTORFF: Ich könnte nicht sagen: Abrüstung in jedem Falle, ganz egal, unter welchen Bedingungen, ist das eindeutige christliche Gebot.

SPIEGEL: Wer interpretiert die christliche Glaubenslehre nun richtig – die Theologin Sölle oder der Theologe Rendtorff?

SÖLLE: Das Engagement der Christen in der Friedensbewegung, auch das, was viele Kirchen in den letzten vier Jahren zur Frage der Aufrüstung gesagt haben – all das spricht dafür, daß hier Glaube lebendig ist und handelt. Gott will das Heil der ganzen Welt, das heißt, ihr Wohlergehen in Gerechtigkeit und Frieden. Wer dafür arbeitet, kann nicht für die Aufrüstung arbeiten, sondern muß die andere Richtung einschlagen. Schwerter zu Pflugscharen, wie es in dem berühmten Jesaja-Zitat heißt.

RENDTORFF: Auf welchen Propheten sollen wir hören, Frau Sölle? Sie kennen sicherlich das Wort des Propheten Joel: »Schmiedet eure Pflugscharen zu Schwertern und eure Rebmesser zu Spießen.« Ich bin dem Dilemma, welchen Weg wir gehen sollen, nicht enthoben. Unsere eigene Entscheidung wird uns durch solche Zitate doch nicht abgenommen.

SÖLLE: Die Aufrüstung ist doch ein Verbrechen an den Armen. Das ist eines der zentralen christlichen Argumente. Mit jeder Bombe, die wir bauen, nehmen wir den Armen Lebenschancen weg und lassen sie verrecken. Wir haben doch kein Recht, die Schöpfung ungeschehen zu machen. Die Waffen, die wir hier stationieren, machen unser Volk abhängig von den sowjetischen Computern. Und wenn die leider nicht fehlerfrei sind, dann sind wir eben weg. Damit zu spielen halte ich für einen Ausdruck der absoluten Verantwortungslosigkeit dem Volk und der Geschichte gegenüber.

RENDTORFF: Aber wie bekommen wir die Waffen weg? Das ist doch der Punkt, auf den wir hinauswollen. Die Existenz der Atomwaffen überhaupt ist doch die entscheidende Herausforderung für uns seit 1945. Die Pershings und Cruise Missiles sind nur ein Teil davon. Verstehen Sie, was ich meine?

SÖLLE: Die ganze Idee, daß man die Sowjetunion mit einem einzigen »Enthauptungsschlag« entmachten kann, widerspricht jeder Form des christlichen Glaubens. Wer da sagt, man könne auch durch Mehrrüstung weniger Rüstung bekommen, diese vertrackte Logik . . .

RENDTORFF: . . . Frau Sölle, wir kriegen zwei Sachen jetzt durcheinander. Wir haben einerseits das wirklich fundamentale Problem, das ich gern auch mit Ihnen diskutieren möchte. Die atomare Bewaffnung, die im Rahmen des Abschreckungssystems Krieg verhindern soll, stellt gleichwohl eine Bedrohung der Menschheit auf dieser Erde dar. Davon ist zu unterscheiden die andere Frage, welche spezifischen strategischen Maßnahmen nun gerade im Jahre 1983 durchgeführt werden sollen. Unser Ziel muß es sein, überhaupt eine Kehrtwendung der gesamten Politik zu erreichen, die sich ausschließlich oder vorwiegend auf solche militärischen Bedrohungen stützt.

Dafür können Sie unter Umständen auch die Bergpredigt in Anspruch nehmen. Aber ich kann nicht sehen, daß die Ereignisse von 1983 sozusagen den Doomsday bedeuten und das Ja oder Nein zur Stationierung mit Bibelzitaten entschieden werden kann.

SÖLLE: Die Millionen Europäer, die seit 1979 auf der Straße sind, widersprechen dem. Die berufen sich mit Recht auf Matthäus 5: Selig die Friedfertigen, die nicht zurückschlagen. Ich meine, daß ein jegliches Taktieren mit der Aufrüstung, jegliche Rechtfertigung des sogenannten Gleichgewichts des Schreckens nicht in der Richtung des christlichen Glaubens liegt, weil es an diesem Verbrechen der Aufrüstung partizipiert.

SPIEGEL: Der christliche Glaube hat sich jahrhundertelang nicht so friedfertig gezeigt, wie Sie das jetzt darstellen.

SÖLLE: Meiner Ansicht nach gibt es im Neuen Testament eigentlich zwei Vorstellungen vom Frieden. Die eine ist die zur Zeit, in der Jesus gelebt hat, herrschende Form, die Pax Romana. Das war ein Frieden, der aufgebaut war auf der Unterdrückung und Ausbeutung der gesamten damaligen Welt durch Rom. Die Kornpreise in Nordafrika zum Beispiel wurden niedrig gehalten durch den Militarismus. Die andere ist die Vorstellung, die Jesus

116

verkündet hat: die Pax Christi, ein ganz anderer Friede, der auf Gerechtigkeit und nicht auf Militärgewalt aufgebaut ist.

Meine Kritik an meiner Kirche ist, daß sie eigentlich diese beiden Sachen durcheinanderbringt, indem sie sagt: Ein bißchen Pax Romana – heute Pax Americana – brauchen wir, das kann ja nicht schaden, und ein bißchen Pax Christi. Ich glaube, daß wir in einer Zeit leben, in der man sich entscheiden muß, welchen Frieden man will. Man kann nicht mehr beides haben.

RENDTORFF: Jetzt habe ich den Eindruck, daß Sie das selbst durcheinanderbringen, wenn sie den Frieden Christi zum Gesetz der Politik machen wollen. Aber das ist eine der großen klassischen Kontroversen immer wieder in der christlichen Kirche. Jede Generation muß wieder entscheiden, ob sie Weltverantwortung aus christlicher Sicht akzeptieren oder ob sie aus ihr aussteigen will.

Ich bin weit davon entfernt zu meinen, daß es eine prinzipielle Rechtfertigung nuklearer Bewaffnung oder womöglich gar nuklearer Kriegsführung geben darf. Überhaupt nicht. Wir haben allerdings damit zu tun, daß wir diese Waffen in der Welt haben und daß wir sie nicht durch unser Dagegensein aus der Welt rausbekommen. Hier geht es um Politik und nicht um Bekenntnisse.

SÖLLE: Wie denn anders als durch Dagegensein? Wenn zum Beispiel die holländische Reformierte Kirche sagt, wir können uns daran als Christen nicht beteiligen, dann ist das eine christliche Position, von der ich mir nur wünschen würde, daß die EKD auch mal so weit kommt.

RENDTORFF: Wir wollen mehr. Wir sind uns einig im Nein zu Atomwaffen. Aber ein Nein ohne jedes Ja ist für mich eine Position, bei der die Fragen, um die es geht, noch gar nicht angeschnitten sind. Wie sieht denn der konstruktive Umgang mit der gestellten politischen Aufgabe aus? Zu welcher Ordnung des Friedens sagen wir denn ja?

SÖLLE: Wenn man begriffen hat, daß dieser militärisch-industriell-wissenschaftliche Komplex, der uns beherrscht, wesentlich am Tod arbeitet – über 50 Prozent der Wissenschaftler und Ingenieure arbeiten heute militärbezogen, dann kann man sich doch dem nicht mehr unterwerfen in dem Sinne, daß man sagt: Die Waffen, die Politiker und die Bündnisse sind nun mal da, dann müssen wir halt irgendwie damit umgehen. Wir müssen umkehren, und zwar in die genau entgegengesetzte Richtung. Wir dürfen uns dabei nicht von den sogenannten Experten irritieren lassen, die den Tod produzieren und daran noch verdienen. Mein Vertrauen in diese Leute ist gering.

RENDTORFF: Worauf wollen Sie sich dann verlassen?

SPIEGEL: Vielleicht auf die Theologie?

RENDTORFF: Sie sehen ja, daß die Theologie auch unterschiedliche Positionen vertritt. Da muß jeder einzelne sich entscheiden. Für meine Generation ist das ja ein Lebensthema.

SÖLLE: Ich gehöre auch Ihrer Generation an. Wir haben wahrscheinlich ähnliche Dinge erlebt. Ich bin aufgewachsen mit dem Gefühl: Nie wieder, nie wieder so etwas! Als Adenauer uns sozusagen an die Amerikaner ausverkaufte und wir dieses dolle Wirtschaftswunder dafür bekommen haben ...

RENDTORFF: Das ist typisch Söllesche Weltschau.

SÖLLE: ... da habe ich die Zustimmung der deutschen Kirchen als Selbstaufgabe empfunden. Die damalige Schaukelformel – »Christ sein mit und ohne Atomwaffen« – konnte mich nicht befriedigen. Dafür schien mir dann doch die Bergpredigt zu klar.

SPIEGEL: Ist die wirklich so klar? Auch die Militärseelsorge beruft sich auf die Bergpredigt.

RENDTORFF: Ich will das nicht im einzelnen bewerten. Soweit ich weiß, gibt es in der evangelischen Militärseelsorge etwa folgende theologische Argumentation: Das Gebot der Feindesliebe bedeutet nicht, die Existenz von Feinden zu leugnen. Aber es bedeutet, sich das Gesetz des Handelns nicht von Feinden vorschreiben zu lassen. Darum ist die Aufgabe, Frieden unter der Bedingung von Feindschaft zu wahren, ohne Vergeltung zu üben, ein christlich möglicher Weg.

Das scheint mir ein sehr redlicher Versuch, in einer neuen Situation eine neue Begründung für eine christliche Verantwortung zu geben, insofern neu, als es keine Kriegstheologie ist und keine Rechtfertigung von Feindschaft enthält.

SÖLLE: Ich verstehe nicht ganz, wie man die Bergpredigt für Soldaten, die mit nuklearen Waffen umgehen, verwendet, wie die ihre Feinde lieben können, wenn sie gerade lernen, wie sie Städte ausradieren. Ich kann mir nicht ganz vorstellen, wie man die Bergpredigt – »Halte die andere Wange hin« – verwenden und wie man die Gewaltfreiheit Jesu in einem Gewaltsystem wie dem Militär unterbringen kann.

RENDTORFF: Aufgabe der Soldaten ist es, den Krieg zu verhindern. Dazu sind sie von der Gesellschaft beauftragt. Und das läßt sich auch aus der Heiligen Schrift begründen. Wir können

118

nicht sagen: Die Soldaten gehören zu einer Sorte von Menschen, die vom Christentum und vom Glauben aus quasi zu verwerfen sind. Das wäre eine absurde Vorstellung von der Kirche. Die Kirche ist, theologisch gesehen, ein offenes Haus. Meine Vorstellung von Kirche ist so, daß in ihr auch Frau Sölle vorkommt . . .

SÖLLE: . . . aber sehr am Rande.

RENDTORFF: Ich frage mich manchmal, ob Ihre Vorstellung von Kirche so ist, daß *ich* noch darin vorkomme.

SÖLLE: Schon, schon.

SPIEGEL: Kann es für die Massentoten eines Atomkrieges überhaupt das Einverständnis eines christlichen Gottes geben, Herr Rendtorff? »Wie kann man nach Auschwitz«, hat Frau Sölle einmal gefragt, »einen Gott loben, der alles so herrlich regiert?«

RENDTORFF: Mir gibt ein anderer Dialog unter Juden zu denken. Wie kannst du, fragt einer, nach Auschwitz an Gott glauben? Darauf sagt der andere: Wie kannst du nach Auschwitz nicht an Gott glauben? Die Kirche darf jedenfalls nicht die Gottverlassenheit der Welt predigen.

SPIEGEL: Das ist auch nicht gerade ein Gottesbeweis.

RENDTORFF: Ich persönlich habe sehr viel mit der Frage zu kämpfen, daß wir uns in einer Situation befinden, die so ja von niemandem gewollt ist. Niemand hat die Atomwaffe, genauer, die wissenschaftliche Entwicklung, die zu ihr geführt hat, als solche gewollt oder geplant.

SÖLLE: Jetzt möchte ich aber mal gern den Kommunisten Brecht zitieren dürfen . . .

SPIEGEL: Bitte sehr.

SÖLLE: Das Böse hat eine Anschrift, hat eine Adresse, hat eine Telefonnummer. Das Böse ist nicht anonym und irgendwo waltend. Man kann es benennen. Wir wissen, wer Hiroshima vernichtet hat, von Nagasaki ganz zu schweigen. Man kann die Senatoren im amerikanischen Senat ausfindig machen, die für die Aufrüstung sind und die Dividende daran verdienen.

RENDTORFF: Das Böse in der Welt ist bestimmt nicht auf die nackten Interessen amerikanischer Senatoren zurückzuführen. Und solche Personalisierung des Dämonischen hilft auch nicht weiter. Lassen Sie uns doch mal in eine andere Richtung blicken. Meine Vorstellung ist, daß der Ost-West-Konflikt durch Stärkung gemeinsamer und durchaus handfester Eigeninteressen von Ost und West mehr und mehr entmilitarisiert wird und daß schon vorhandene Möglichkeiten von Bündnissen und Verflechtungen gestärkt werden.

SPIEGEL: Frau Sölle, können Sie in diesen Ansichten eine christliche Position wiedererkennen?

SÖLLE: Wer mehr Bündnisse will, will sicher mehr Frieden. Aber ich sehe dafür keine realistischen Ansätze, seit Reagan versucht, die Sowjetunion zu Tode zu rüsten durch eine Aufrüstung, die sie ökonomisch nicht durchhalten kann, auf daß die USA wieder Nummer eins werden.

Mehr und mehr Völker in der Welt erkennen jedoch, daß die Einteilung der Welt in Ost und West, wie sie in Jalta fixiert worden ist, nicht das letzte Wort der Geschichte ist. Es gibt viele Völker, die sich nicht russisch, aber auch nicht amerikanisch definieren lassen wollen.

Ich war während der Bundestagswahl im März in den USA. Da ist es zum Teil in der Presse so dargestellt worden, als hätten die Deutschen zwischen den Russen und den Amerikanern gewählt. Ich fand das das Unverschämteste an Kolonialismus, was ich seit langem gehört habe. Als wären wir überhaupt kein Land, das eine eigene Entscheidung trifft.

RENDTORFF: Hier muß ich entscheidend widersprechen. Die Deutschen sind durch die Amerikaner von der Terrorherrschaft der Nazis befreit worden. Da würde ich etwas vorsichtiger sein mit dem, was Sie jetzt über die Amerikaner sagen. Ohne die Amerikaner wären wir nicht aus unserer selbstverschuldeten Diktatur herausgekommen.

SÖLLE: Ohne die Russen auch nicht. Ohne die zwanzig Millionen Russen, die in diesem Krieg für uns alle gestorben sind, wären wir auch nicht frei.

RENDTORFF: Wir verdanken unsere Demokratie primär den Amerikanern. Darum gehört für mich das, was Sie eben vom Kolonialismus gesagt haben, auch zu diesem merkwürdigen neuen Nationalismus, für den wir Deutschen meines Erachtens weder ein historisches noch ein moralisches noch ein christliches Recht haben, Frau Sölle.

SÖLLE: Ich meine eigentlich, daß in diesem nationalistischen Element eine ganz produktive Sache steckt. Wir sollten wenigstens unsere Zustimmung zu dem geben müssen, was mit unserem Land gemacht wird. Sonst wären wir nur der Kriegsschauplatz.

RENDTORFF: Nun sagen Sie bitte nicht, Frau Sölle, daß Sie für die Deutschen auch noch Mitspracherecht beim Einsatz von Kernwaffen verlangen.

SÖLLE: Keineswegs. Ich bin dafür, daß die Deutschen überhaupt darauf verzichten, eine Militärkolonie Amerikas zu sein. Daß wir eine Kolonie sind, hat sich zum Beispiel bei der Lagerung von Giftgas in der Bundesrepublik gezeigt. Auf Anfragen haben nicht einmal Bundestagsabgeordnete dazu etwas zu sagen gewußt, weil sie überhaupt nicht wissen, was in unserem Land vorgeht. Das ist das Kennzeichen eines besetzten Landes, das an entscheidenden Punkten keine Souveränität hat.

RENDTORFF: Was versprechen Sie sich davon, daß Sie jetzt in einer sinnlosen Übertreibung aus der Bundesrepublik eine Kolonie machen? Warum bringen Sie immer ein so massives Feindbild ins Spiel, wenn es um die Amerikaner geht, während wir gleichzeitig über den Frieden diskutieren? Wir sind doch – das haben wir in unserer Denkschrift geschrieben – immer so darum bemüht, die Feindbilder abzubauen.

SÖLLE: Nach dreißig Jahren Antikommunismus kann man doch in Deutschland wirklich nicht von abgebautem Feindbild reden.

RENDTORFF: Meine Frage geht in eine andere Richtung.

SÖLLE: Ich habe doch gar nichts gegen das amerikanische Volk. Im Gegenteil, ich liebe es, kenne es ganz gut. Ich weiß aber auch, daß nur 27 Prozent des amerikanischen Volkes Ronald Reagan und diese Form der Aufrüstung gewählt haben.

RENDTORFF: Wieviel Millionen sind das? Haben Sie das mal ausgerechnet?

SÖLLE: Etwa ein Viertel der wahlberechtigten Bevölkerung, weil die Hälfte nicht wählt.

RENDTORFF: Nun, das ist immer so gewesen in der US-amerikanischen Demokratie. Was wollen Sie daraus folgern?

SÖLLE: Einiges über den Zustand der Demokratie. Wenn die Hälfte nicht wählt, dann stimmt doch offenbar etwas nicht.

RENDTORFF: Gehen Sie davon aus, daß eine Demokratie nur dann eine Demokratie ist, wenn es eine erzwingbare Wahlpflicht gibt?

SÖLLE: Nein, das nicht. Aber die Beteiligung und die Hoffnung, durch die Wahl etwas verändern zu können, ist natürlich ein demokratisches Element. Wenn Millionen von Farbigen oder spanischsprachigen Bürgern diese Hoffnung nicht haben, weil sie wissen, daß sich für sie nichts ändert, dann sagt das in der Tat was aus über das innere Leben der Demokratie. Das ist doch ein bemerkenswertes Phänomen innerhalb der amerikanischen Demokratie, diese Abwesenheit von Demokratie.

RENDTORFF: Was folgern Sie daraus? Wollen Sie sagen, daß die Demokratie eine ungeeignete politische Form ist?

SÖLLE: Durch die Aufrüstungsdebatte ist in unserem Land deutlich geworden, wie machtlos wir sind, wie wir militärisch nicht das Geringste zu sagen haben über diese Waffen. Wenn irgend jemand im Weißen Haus oder im Pentagon auf den Knopf drückt, dann sind wir in den nächsten fünf Minuten weg und haben keinen Einfluß auf diese Entscheidung.

RENDTORFF: Mir ging es mehr um die Frage, wie ich Ihr Friedensengagement verbinden soll mit Ihrem Feindbild Amerika.

SÖLLE: Ich weiß nicht, was Sie mit Feindbild meinen.

RENDTORFF: Was Sie immer wieder über die Amerikaner gesagt haben.

SÖLLE: Ich will nicht mit einem Staat verbündet sein, dessen führende Leute die Strategie des »decapitation« entwickelt haben, um ihren Gegner »enthaupten« zu können, so wie man den Kopf eines Huhns abschlägt.

SPIEGEL: Sie verlangen also für die Bundesrepublik den Austritt aus der Nato?

SÖLLE: Natürlich, das ist die Konsequenz. Wir können mit dieser amerikanischen militaristischen Politik nicht mehr zusammengehen, weil dieses Bündnis uns ins Unglück stürzt. Wir wollen hier ein anderes Europa, atomwaffenfrei von Polen bis Portugal.

RENDTORFF: Den Austritt aus der Nato vermag ich nun überhaupt nicht als eine spezifisch christliche Forderung zu erkennen.

SÖLLE: Würden Sie zugeben, daß die jetzige Aufrüstung eine Sünde gegen den Schöpfer, gegen den Erlöser und gegen den Geist ist?

RENDTORFF: Sollen wir das Bekenntnis zu dem dreieinigen Gott von den Erfolgen unserer politischen Konzepte abhängig machen?

SÖLLE: Nein. Nicht von den Erfolgen, sondern von der Art, wie der Geist sich christlich artikuliert, auch wenn er keinen Erfolg hat. Ich möchte sozusagen in *eine* Richtung gehen. Ich kann verstehen, daß Menschen, die in eine bestimmte Richtung auf den Frieden hingehen, an verschiedenen Punkten sind. Manche blockieren schon, andere überlegen immer noch, ob sie den Krefelder Appell unterschreiben. Ich kann aber nicht verstehen, wenn Leute in die *andere* Richtung gehen und auch noch mit Christus rechtfertigen, daß sie mehr Bomben haben wollen und nicht weniger.

RENDTORFF: Ich habe nun wahrhaftig nicht gesagt, daß ich mehr Bomben haben will.

SÖLLE: Nein, aber Sie haben die Möglichkeit einkalkuliert, daß durch Bomben mehr Abrüstung käme.

RENDTORFF: Sind Sie denn gegen Abrüstung.

SÖLLE: Abrüstung ist noch nie durch mehr Bomben gekommen. Was ich in den letzten drei Jahren durch die Beschäftigung mit der Friedensthematik gelernt habe, hat mich verändert. Bis 1979 habe ich gedacht, diese Kerle sind alle verrückt, warum setzen sie sich nicht zusammen und führen zweiseitige Verhandlungen? Ich war ein Bilaterist. Ich glaube jetzt, daß das ein bürgerlicher Irrtum war.

RENDTORFF: Was bitte?

SÖLLE: Ein bürgerlicher Irrtum, weil eine allzu naive Vorstellung vom Menschen dahinterstand. Ich habe begriffen, daß etwa in Genf heute auf der Grundlage von Geschäften verhandelt wird. Wenn die Verhandlungspartner nach Hause kommen und haben viele russische Panzer erbeutet und wenige amerikanische Panzer weggegeben, dann sind sie sehr gut. Das ist ihr Ziel, ein gutes Geschäft abzuschließen.

Aber ich habe die Hoffnung auf diesen Business-Frieden per Verhandlung aufgegeben und glaube jetzt mit der Mehrzahl der Leute in der Friedensbewegung, daß man nur dann etwas tun kann, wenn man bei sich anfängt und unilaterale, einseitige Schritte zur Abrüstung tut. Das ist wie in den Konflikten des persönlichen Lebens: Auch da ändert sich nur etwas, wenn einer sozusagen bedingungslos den ersten Schritt tut.

RENDTORFF: Man lügt sich in die Tasche, wenn man die Konflikte des persönlichen Lebens jetzt so einfach auf die Politik der Großmächte überträgt. Denn auch ein unilateraler Schritt, und deren hat es ja einige gegeben, hat für die echte Entspannung oder Abrüstung nur dann einen Sinn, wenn der andere genau weiß, was dieser Schritt bedeutet. Das heißt, er muß in Verhandlung eingebunden sein.

SÖLLE: Natürlich muß man in Verhandlung sein. Aber das reicht nicht. Wenn ein oder zwei unilaterale Schritte getan worden sind, dann muß man vielleicht noch weitere drei oder vier tun. Dann muß man sich vielleicht noch etwas verwundbarer machen. Da kommt noch einmal ein christlicher Punkt rein. Die Abschlußerklärung von Vancouver sagt sogar, daß Christen »ungeachtet der vorübergehenden nuklearen Verletzbarkeit« auf den Besitz und Einsatz der Atomwaffen verzichten sollen.

Ich meine, daß die von den amerikanischen Militärstrategen propagierte Idee der Unverwundbarkeit eine grauenvoll antichristliche Idee ist. Sie sagen, das »Fenster der Verwundbarkeit« müsse geschlossen werden. Aber vielleicht könnte dieses »Fenster« das einzige sein, von dem aus sie die übrige Welt noch wahrnehmen. Es gibt keine absolute Sicherheit. Das ist ein neurotischer Gedanke.

RENDTORFF: Sicherheit kann es schon geben. Das kann man durch die Übertreibung »absolute Sicherheit« nicht für sinnlos erklären. Wer soll denn einer Regierung vertrauen, die sagt, daß für sie Sicherheit keine ernsthafte Aufgabe wäre?

SÖLLE: Die holländischen Christen sagen, daß, wenn das System der Demokratie und der Freiheit nur zu bewahren ist um den Preis der atomaren Vernichtung etwa Osteuropas, sie das dann nicht wollen. Dann würden sie lieber in Knechtschaft leben, als zu Massenmördern zu werden. Außerdem sei von den Christen in der DDR zu lernen, daß man auch dort als Christ leben kann.

RENDTORFF: Das ist nun auch wieder eine Argumentation, die wirklich absurd ist, weil die Christen in der DDR genauso unter einem massiven Atomschirm als Christen leben wie wir.

SPIEGEL: Sie plädieren also für den Status quo?

RENDTORFF: Das ja nun gerade nicht. Aber was haben wir für Möglichkeiten? Wir haben die Möglichkeit zu sagen, wir verlagern die Strategie von den nuklearen auf die konventionellen Waffen. Aber die sind heute schließlich auch verheerend genug. Wir tauschen also ein Dilemma durch ein anderes ein.

Oder – und das ist der Weg, für den sich die EKD, obwohl soviel gescholten, mit Nachdruck eingesetzt hat – wir nutzen die irrsinnige Bedrohung durch die Abschreckungsdoktrin als die Chance, einen Schritt auf die Abschaffung des Krieges zu tun. Ich meine, es gibt für uns die Hoffnung, daß wir zu einer internationalen Friedensordnung kommen, zu der wir sozusagen unter der Geißel der Atomwaffen gezwungen werden.

SÖLLE: Das hieße aber erst mal noch mehr Atomwaffen, und es hieße, daß die Gesellschaft sich zunehmend militarisiert, daß die demokratischen Rechte weiter abgebaut werden.

SPIEGEL: Diskutieren Sie jetzt eigentlich als Theologen, als Vertreter der Kirchen oder als Privatleute?

RENDTORFF: Sie merken ja, daß unsere Kontroverse durch persönliche Auffassungen bestimmt ist. Dazu muß sich jeder bekennen. Aber darum ist eine klare Unterscheidung zwischen politischem Amt und kirchlichem Amt eine der wesentlichen Grundlagen von verfassungsmäßiger Demokratie. Das heißt jetzt nicht, die Kirchen sollen den Mund halten. Aber es heißt sehr wohl, daß die

Kirchen in politischen Fragen nicht außerhalb der Verfahrensregeln stehen, die für jedermann gelten.

SPIEGEL: Was heißt das beispielsweise für einen evangelischen Pfarrer?

RENDTORFF: Ich bin der Auffassung, daß die Pfarrer ihre Gemeindemitglieder als mündige Bürger zu behandeln haben und nicht als solche, die erst durch den Pfarrer informiert werden, welche politische Auffassung sie haben sollen. Das schließt natürlich nicht aus, daß Pfarrer als Bürger in politischen Fragen Position beziehen.

SPIEGEL: Wie weit dürfen sie gehen?

RENDTORFF: Die Kirche muß die Demokratie bejahen. Das gilt auch für Pfarrer. Ich möchte nicht, daß wir unter dem Druck eines hochgradig moralischen Neoklerikalismus die meines Erachtens wichtigen Fortschritte der modernen politischen Kultur wieder preisgeben. Darum bin ich der Meinung, daß die Friedensbewegung, zu der sich auch Pfarrer rechnen, im Rahmen unserer Demokratie eine wichtige Funktion hat, daß es aber ganz falsch wäre, das, was die Friedensbewegung in ihrer politischen Funktion wahrnimmt, nun exklusiv und unterschiedslos gleichzusetzen mit dem Auftrag der Kirche.

SPIEGEL: Wenn Pfarrer Widerstandgottesdienste organisieren – geht Ihnen das schon zu weit?

RENDTORFF: Das ist ja zum Glück nicht geplant. Das wäre ja auch das letzte, daß ein Widerstandsgottesdienst veranstaltet wird so im Stil der alten Feldgottesdienste. Etwas anderes sind spezielle Friedensgottesdienste, wie sie überall in der Kirche in diesem Herbst stattfinden.

SÖLLE: Wenn die Vollversammlung der evangelischen Christen in Vancouver sagt, daß der Besitz von atomaren Waffen ein Verbrechen ist, dann ist genau das die Meinung der Mehrheit der Christen, die im Weltrat versammelt sind. Wieso ist es dann ein Amtsmißbrauch, wenn eine solche Meinung auch ein Pfarrer vertreten würde?

Ich glaube wirklich nicht, daß die Gefahr der Überklerikalisierung der Kirchen besteht, zumindest nicht im deutschen Protestantismus. Unsere Gefahr ist doch nicht, daß wir die Menschen beherrschen und manipulieren. Unsere Gefahr ist doch weit mehr das allgemeine Wischiwaschi. Christus war nicht konsensfähig. Die Entscheidungen der Kirche und auch das, was die Pfarrer sagen, müssen der Wahreit verpflichtet und nicht in erster Linie konsensfähig sein.

RENDTORFF: Im politischen Bereich müssen sie das sein, sonst klinken sie sich aus der Demokratie aus.

SÖLLE: Ich stoße mich an der versöhnlerischen Komponente in Ihrem Denken. Sie versuchen, ein harmonistisches Bild vom Verhältnis von Kirche und Gesellschaft zu zeichnen. Ich glaube nicht, daß es die Aufgabe der Kirche ist, Schmieröl in der Gesellschaft zu sein, damit die ganze Maschine besser läuft. Christus stellte sich auf die Seite der Opfer dieser friedlosen Maschine.

RENDTORFF: Versöhnlerisch, Sie machen das wieder so schlecht, indem Sie von versöhnlerisch und von Schmieröl sprechen. Ich denke von Versöhnung sehr hoch. Was mir fremd ist, das ist die Leidenschaft des Negativen, die ich bei Ihnen heraushöre. Sie suchen in allem, was wir besprechen, ganz schnell nach dem Punkt, wo Sie alles wieder radikal negativ benennen können. Warum suchen wir nicht gemeinsam nach dem Ja, auch in der Politik?

SPIEGEL: Frau Sölle, Herr Rendtorff, wir danken Ihnen für dieses Gespräch.

»Die neue Frauenbewegung erwartet mehr vom Leben, als sich nur aus der Abhängigkeit von den Männern zu befreien«

Gespräch mit Heike Mundzeck über Frauen zwischen Beruf und Familie, über Gefühl und Emanzipation – und den Weg zu einer anderen Kultur

Frau Sölle, was soll aus der Frau werden? Von Kindesbeinen an bereitet sie sich auf ihre Rolle als Partnerin des Mannes, als ideale Ehefrau vor. Aber Sie sagen, daß es ein Leben als Paar nicht gibt.

Weil ich glaube, daß die Frau sich damit selbst betrügt. Denn auch die beste Partnerbeziehung ersetzt keine vernünftige Arbeit. Wenn man versucht, sich den Menschen ganzheitlich zu denken, dann ist die Vorstellung illusionär, daß man nur die eine Hälfte entwickelt, die partnerschaftliche Hälfte, daß da Bereicherung, Verfeinerung, Bildung, Sensibilisierung stattfindet, daß aber die andere Hälfte, die individuelle Selbstverwirklichung in der Arbeit, auf dem Niveau der herrschenden Kultur bleibt, in diesem Barbarismus, in dem wir leben.

Barbarismus – was meinen Sie damit?

Die Reduzierung unserer Arbeit auf Lohnarbeit. Das Grundprinzip industrieller Arbeit ist doch, daß sie Geld bringt, während meine Kriterien Selbsterfüllung und gesellschaftliche Nützlichkeit sind. Die Arbeit einer Krankenschwester oder eines Gärtners zum Beispiel halte ich für nützlich, die Arbeit einer Sekretärin in einem Rüstungskonzern für unnütz und schädlich. Die meisten Menschen lieben ihren Beruf nicht. Sie hassen ihn. Vor allem junge Menschen haben oft Angst vor dem Beruf, haben Angst, ihre Freiheit zu verlieren, die Freude an der Arbeit einzubüßen, Glück

Das Gespräch wurde in der Zeitschrift NEUGIER veröffentlicht.

zu verlieren, sich zu begrenzen, immer dasselbe machen zu müssen.

Trifft das auch auf die Frauen zu?

Ich glaube, die Gefahr bei den Frauen ist eher, daß sie das Problem verschleiern, weil es den Beruf der Ehefrau gibt.

... die dem Mann kostenlos den Haushalt führt. Ist denn Hausfrau für Sie kein Beruf?

Nur begrenzt und sicher nicht in der Kleinfamilie, also innerhalb eines statistisch auf eineinhalb Kinder beschränkten, technisch voll ausgerüsteten Haushalts ohne ältere Generation, ohne Eigenproduktion von Nahrungsmitteln oder Kleidung, wie es früher war. Frau Saubermann, die nur ihre Wohnung putzt oder sich um Modefragen kümmert, führt für mich eine absolut sinnlose und tödliche Existenz, in der ihre Interessen und Fähigkeiten und ihre Intelligenz so reduziert sind, daß eine Auseinandersetzung mit der Welt, der Austausch und die Schwierigkeiten mit anderen Menschen vermieden werden. Damit vermeidet sie dann auch das Leben selbst. Diese Art von Weiblichkeitswahn ist ja schon in den fünfziger Jahren erkannt und kritisiert worden.

Nun kann man wohl nicht sagen, daß eine Mutter von kleinen Kindern im Haus keine Arbeit leistet, eine Arbeit, für die ihr auch ein Anteil am Gehalt ihres berufstätigen Mannes zusteht.

Für einige Jahre, solange die Kinder klein sind, kann es notwendig sein, sich auf die Arbeit in Haus und Familie zu konzentrieren. Aber die Frau sollte sich nicht darauf beschränken lassen, diese Arbeit immer und allein zu tun. Wenn die Lebensbeschäftigung schließlich darin besteht, in einen Fertigpudding noch ein Ei zu rühren, nur um dem Gericht eine persönliche Note zu geben, dann ist das doch grotesk und menschenunwürdig. Das ist doch keine ernsthafte Arbeit. Und ernsthafte Arbeit gehört für mich zur Menschwerdung hinzu. Der komplette Verzicht auf wirkliche, bezahlte, anerkannte, sinnvolle Arbeit beschädigt den Menschen, die Frau.

Wie lösen Sie denn das Problem Berufstätigkeit und Familie selbst?

Mein Mann und ich teilen uns die Arbeit im Haushalt. Wir kochen zusammen oder abwechselnd und machen auch andere notwendige Dinge gemeinsam. Im übrigen denke ich bei »sinnvoller Arbeit« an eine möglichst umfassende Beteiligung aller meiner Fähigkeiten, und dazu gehört auch die Arbeit mit der Hand. Ich will mich nicht nur intellektuell betätigen.

Führen Sie dann nicht doch ein Leben als Paar, wie uns die

*Schlagerindustrie ständig empfiehlt: Ich liebe dich, weil ich dich
brauche, ich kann ohne dich nicht leben.*

Ist es nicht wahr, daß Menschen einander brauchen? Die
Schwierigkeit ist, genauer zu bestimmen, was das heißt. Es gibt ja
verschiedene Arten von »brauchen«. Ich meine nicht Abhängigkeit, etwa die Drogenabhängigkeit. Es gibt ja solche Formen vor
allem weiblicher Abhängigkeit vom Partner und entsprechende
Ängste, verlassen zu werden.

Gibt es nicht auch eine Qualität des Alleinlebens?

Die Schwierigkeit ist wohl, beides zusammen zu denken: die
Angewiesenheit des Menschen auf andere und die Unabhängigkeit. Wenn wir sagen würden, wir wollen ausschließlich unabhängig sein, also frei von diesen Ablagerungen der romantischen
Liebesvorstellung, wie sie im Schlager herrschen, dann werden
wir Frauen nur so weit kommen, wie die Männer sind. Dann finden wir Erfüllung in einer gewissen Autarkie, einer Selbstgenüg-
samkeit. Und das Brauchen des anderen ist eine austauschbare
Nebensache. Das ist aber nicht die Vorstellung, die ich von einem
glücklichen Leben habe. Ich meine schon, daß wir eine bestimmte Art von Abhängigkeit zum Leben brauchen, eine bestimmte
Art von Angewiesensein auf andere. Nicht die totale emotionale
und wirtschaftliche Abhängigkeit, die Unfähigkeit, sein Leben
selber zu organisieren. Sondern vielmehr eine Abhängigkeit, die
aus Freiheit entsteht: Ich könnte auch anders, aber ich möchte
gern mit dir leben. In der Frauenbewegung wird der Begriff der
Abhängigkeit sehr abgewertet. Danach ist Abhängigkeit in jedem
Fall der Tod, zerstört den Menschen. Das erscheint mir falsch.
Ich glaube, zum Menschsein gehört Abhängigkeit. Konkret heißt
das: Ich bin sexuell, geistig, emotional angewiesen auf den anderen, brauche Gespräch, Herausforderung, Kritik, Zärtlichkeit,
Verständnis, Hilfe bei der Bewältigung des Alltags, will meine Erfahrungen mit jemandem teilen, trösten und getröstet werden. Ich
bin skeptisch gegenüber der Single-Ideologie.

*Frau Sölle, Sie haben vier Kinder. Würden Sie sich wieder für
Kinder entscheiden, wenn Sie heute als junge Frau vor der Frage stünden?*

Ja. Ich glaube, daß es nicht gut ist, wenn man sein Leben vollständig der Erfüllung individueller Wünsche unterordnet, also
sagt, ich mache meinen Beruf, habe meine Ruhe und mein Geld
für mich. Ich glaube, eine Frau schneidet sich damit von wesentlichen Erfahrungen ab. Ich würde wohl wieder Kinder haben wollen.

Für viele Feministinnen heißt Emanzipation Verzicht auf Kinder.

Ich meine, Emanzipation heißt: Wählen können und fähig werden zu wählen unter verschiedenen Möglichkeiten. Ich empfinde da einen sehr starken Generationsunterschied. Als ich in dem Alter meiner heute jungen Freundinnen war, hatte ich ernsthaft nicht die Wahl: Mutterschaft oder nicht. Die Ehe enthielt das einfach. Dagegen bringen die heute fast unbegrenzten Wahlmöglichkeiten große Schwierigkeiten für die Menschen mit sich: Soll man Kinder haben oder nicht? Und wenn man Kinder will, soll man dann nicht lieber adoptieren? Eine Vorstellung, die mir überhaupt nie gekommen ist. Kürzlich sagte mir eine junge Frau: Ich habe ein Mädchen bekommen, nun möchte ich noch einen Jungen haben. Aber das nächste Kind kann ja wieder ein Mädchen sein, das wollen wir nicht, dann adoptieren wir lieber. Ein ungeheurer Rationalismus. Also, ich zumindest habe kein so exklusives Emanzipationsverständnis, daß schon die bloße Vorstellung von Partnerschaft und Mutterschaft für mich, wie für einige radikale Feministinnen, ein Verrat ist. Ehe und Mutterschaft sind eine Lebensmöglichkeit, die bewußt ergriffen werden kann, aber keine Naturnotwendigkeit.

Gegen eine Lösung des Wahlfreiheitsproblems habe ich mich immer gewehrt: daß ich mich als Frau entweder für Mann und Kinder oder für den Beruf entscheiden soll. Das empfinde ich als Herausforderung. Kein Mann kommt auf die Idee, sich zwischen Beruf und Familie zu entscheiden. Es wird auch gar nicht von ihm verlangt.

Da bin ich Ihrer Meinung. Ich habe mein ganzes bewußtes Leben dagegen gekämpft, mir Schuldgefühle wegen einer Verbindung meines Berufes mit meinen Aufgaben in der Familie machen zu lassen. Es ist eine grundsätzlich falsche Alternative, entweder Beruf oder Familie für eine Frau zu fordern. Und ich glaube, ein Teil dieser Emanzipation ist es, das zu überwinden. Junge Frauen sollten begreifen: Diese Alternative ist keine. Ich will Kinder haben, in einer partnerschaftlichen Beziehung leben und einen Beruf ausüben.

Wie kann eine Frau das schaffen? Wie haben Sie es geschafft?

Für mich war der Beruf zunächst einfach eine Notwendigkeit, weil ich für die Familie Geld verdienen mußte. Ich habe in erster Ehe einen Maler geheiratet, der nichts verdiente. Ich hätte es auch zu einem Generaldirektor bringen können, aber das war nicht mein Bedürfnis. Es war natürlich nicht immer leicht. Zum Beispiel gab es keine Kindergartenplätze. Aber ich hatte Freude an meinem Beruf. Und heute kann ich mir ein Leben ohne Beruf gar nicht mehr vorstellen.

Viele Mädchen wollen einerseits zwar unabhängig und selbständig sein, auch gut ausgebildet und eine Zeitlang wohl auch allein leben. Aber ist nicht nach wie vor bei den meisten eine Bindungserwartung vorhanden und die Angst vor dem Alleinsein und vor dem Alleinbleiben?

Ich glaube, daß die jungen Frauen da heute etwas weiter sind, daß doch einiges angekommen ist aus der Frauenbewegung. Ohne einen Partner zu leben, heißt für sie nicht notwendig, allein zu sein. Zum Beispiel wird auf Frauenfreundschaften sehr viel mehr Wert gelegt. Da ist eine ganz wichtige Lebenskomponente doch mehr und mehr begriffen worden.

Nicht mehr nur die Freundin, mit der man klatscht und handarbeitet und die man verläßt, wenn ein Mann auftaucht? Eine festere, bleibende Beziehung?

Ja. Ich habe vor ein paar Jahren eine junge Frau besucht, die nach der Trennung von ihrem Mann mit ihren Kindern und zwei anderen jungen Frauen zusammenlebte. Dabei mußte ich an meine eigene Erfahrung nach der Scheidung von meinem Mann denken, als ich mit drei kleinen Kindern allein war und sehr harte Jahre erlebte, sehr viel und sehr lange Schmerz verarbeiten mußte, während diese jungen Frauen das besser geregelt hatten: miteinander lebten, sich einfach nicht der Vereinsamung aussetzten, sicher auch nicht diese gesellschaftlichen Komplexe hatten wie ich damals. Ich habe wirklich Jahre dazu gebraucht, beim Kinderarzt ganz schlicht und ruhig zu sagen: Mein Mann und ich leben getrennt, ich bin für die Kinder verantwortlich, bitte schreiben Sie meinen Namen auf die Rechnung, ich bezahle sie auch. Also, soviel Selbstbewußtsein zu entwickeln, solche einfachen Sätze zu sagen in einer Gesellschaft, in der man sich schuldig fühlt für das Mißlingen einer Ehe, das fiel mir sehr schwer.

Als Frau besonders?

Ja, sicher. Ich hatte das Gefühl, daß sich die ehemals gemeinsamen Freunde eher für meinen Mann entschieden als für mich, eine Frau mit drei Kindern, die ja viel mehr Schwierigkeiten mit dem Leben hat. Ich finde es viel realistischer, so zu leben wie die drei jungen Frauen, von denen ich sprach. Im Hintergrund habe ich nur die Frage, wie weit die tiefgreifenden seelischen Prozesse, die mit solch einer Trennung verbunden sind, dann noch verarbeitet werden. Sicher weniger schmerzhaft. Ist das ein Vorteil? Ich bin mir da nicht so sicher. Bestimmt weniger beschädigend für die Frauen.

Weniger Leiderfahrung? Weniger Leid zulassen?

Weniger Leid zulassen, sicher. Vielleicht kann man das noch mal an der Schlagerwelt beschreiben. Der Schlager stellt das abgesunkene Kulturideal der romantischen Liebe dar. Als Gegenmodell gibt es die abgebrühte Vorstellung über menschliche Sexualität, die reduzierte, nicht ganzheitliche Beziehung, der zipless fuck, der reißverschlußlose Geschlechtsverkehr, der ja aber nie klappt. Ich glaube, die Schwierigkeit ist, zwischen diesen beiden Extremen eine neue kulturelle Gestalt dessen, was Beziehungen bedeuten, zu finden. Weniger auf die banale, maschinelle Dummheit des Chauvi-Mannes hereinzufallen, also nicht so oberflächlich, so seelenlos, so raffiniert, so gierig wie ein normaler Mann in dieser Kultur zu werden.

Wer ist das, dieser normale Mann?

Es gibt in der Gesellschaft bestimmte Leitbilder. Da sind die Männer, die neben mir im Flugzeug sitzen. Alle gleich angezogen, alle mit dem gleichen Aktenkoffer. Alle nicht ganz dumm und auch nicht ganz ungebildet. Und doch. Ihre allgemeine Blindheit gegenüber politischen und sozialen Problemen, ihre Unbelesenheit, ihre gefühlsarme Konsumentenhaltung gegenüber Frauen als Luxusgeschöpfen, ihre banalen Cocktail-Parties und ihre groteske Sprachreduzierung: Für diese Männer empfinde ich nur noch Verachtung, vielleicht manchmal Mitleid. Ich glaube nicht, daß sie ohne größere allgemeine oder persönliche Katastrophen jemals zum Leben kommen. Ich glaube wirklich, daß es so etwas gibt wie Herumlaufen und Totsein. Und das sind ja keine Einzelfälle. Das sind Massen von Menschen, die sich reduziert haben aufs Geldverdienen und Konsumieren. Die Dinge, die mich interessieren im Leben, nämlich Politik und Religion, über die kann ich kein Wort mit denen reden.

Aber welche Chance haben die intellektuellen Frauen unter diesen Umständen? Müssen sie sich dann auch mit der Möglichkeit vertraut machen, daß sie den Mann nicht finden, den sie wirklich wollen?

Ja, wenn sie ihren Anspruch auf Ganzheitlichkeit ernst nehmen, zu sich selbst stehen. Ich möchte mich nicht spalten. Das ist für mich heute wichtiger geworden als die reine Emanzipation. Die Emanzipation definiert ja meist nur, wovon ich weg will. Die neue Frauenbewegung geht jedoch darüber hinaus und erwartet mehr vom Leben, als sich nur aus der Abhängigkeit von den Männern zu befreien. Sie will eine andere Art von Leben, eine andere Kultur. Und andere menschliche Beziehungen.

Wie sehen die aus?

Von mir würde ich sagen: Ich will nichts, was zu meinem Leben gehört, so von mir abspalten, daß es nicht in eine ernsthafte Beziehung, die ich zu jemandem habe, integriert wird. Wenn wesentliche Bereiche meines Lebens ausgespart bleiben oder wenn bestimmte Beziehungen, die ich habe, nicht dazugehören sollen – meine Mutter, mein Vater, Freunde, wichtige frühere Liebesbeziehungen, also meine eigene Lebensgeschichte –, dann ist mein Anspruch an eine ganzheitliche Beziehung nicht erfüllt. Ich will alles teilen.

Mit dem Partner?

Mit dem Partner. Das ist ein ganz ursprünglicher Wunsch, das Leben zu teilen und nicht etwa nur das Bett.

Und dazu gehört dann die Arbeit, das Denken, das Genießen?

Ja, Emotionalität und Rationalität. Eine andere Kultur, das heißt ja: eine weniger materialistische Kultur, in der die Menschen nicht allein danach bewertet werden, was sie verdienen. Wo andere Werte wichtig sind. Verbundenheit mit anderen Menschen, Erfüllung in der Arbeit zum Beispiel. Für Frauen heißt das, etwas zu tun, was sie ganzheitlich kreativ erfaßt, statt hinterher zu sein, einen reichen Mann zu kriegen. Eine gegenkulturelle Bewegung will nicht das, was die anderen schon haben, sondern etwas Neues, was die anderen eben gerade nicht haben und was in ihrem Rahmen auch gar nicht denkbar ist. Sie macht sich auf gegen die herrschenden und verordneten Werte dieser Kultur, also ihren Materialismus, ihre Kriegslüsternheit, ihre Ausbeutung der ganzen Welt, ihre Zerstörung der Natur und ihre Gefühlsarmut. Es ist manchmal erschreckend zu sehen, wie Männer, die intelligente geschäftliche Entscheidungen treffen oder Forschungen machen oder Chefärzte sind, im Privatbereich ein Niveau haben, das erbärmlich ist.

Im Gefühlsbereich vor allem?

Ja, ja. Gefühle sind bei uns ja unkultiviert. Die werden erst einmal verdrängt, den Frauen zugeschoben. Gefühle werden nicht erzogen, sondern wie etwas Naturhaftes behandelt. Man hat sie oder hat sie nicht. Daß man sie entwickeln und verändern kann, glaubt keiner. Das war früher anders. Gefühlserziehung geschieht durch Sprache, durch Gespräch und Verständigung. Ich bin nicht allein mit meinen Gefühlen. Wenn sie nicht aussagbar sind, sind sie nicht viel wert. Gefühl ist lebendig nur als Kommunikation, im Austausch, im Geben und Nehmen.

Und das gestörte Verhältnis der Männer zu ihren Gefühlen läßt sie oft so dumme Sachen sagen?

Ja. Es ist schrecklich, wenn man sich in einer Phase der Annäherung befindet und der Partner sagt etwas, was man absolut dumm findet. Das ist so peinlich. Man kann sich doch nur schämen für so einen Dummkopf. Das ist eine Erfahrung, die heute viele Frauen machen: Der Flirt, die Werbung findet unterhalb ihres eigenen Niveaus statt auf einer Ebene dummer Sprüche von Männern, die immer noch die alte Rolle drauf haben und nicht sensibilisiert sind dafür, wie verletzend es ist, wenn man so etwas Dummes gesagt bekommt. Man kann es manchmal gar nicht fassen, wie psychisch verspätet einige Männer sind. Unsere erotische Kultur ist so unterentwickelt, daß solche Männer meinen, sie könnten den Frauen nach wie vor die dämlichsten ältesten Platitüden zumuten. Der normale Mann weiß mit seinen Gefühlen nichts anzufangen. Er arbeitet auch nicht an ihnen. Das ist ein Verlust an Innerlichkeit, eine Veräußerlichung des Lebens, die ich schmerzlich empfinde.

Bemerken Sie diese Veräußerlichung bei Männern stärker als bei Frauen?

Es gibt innerhalb der jüngeren Generation eine ganze Kultur der neuen Innerlichkeit, der neuen Sensibilität, die beide tragen, Männer und Frauen. Aber die Frauen sind vielleicht sensibler dafür. Sie sind ja auch von der herrschenden Kultur, dem Karriere- und Machtstreben abgeschnittener als die Männer. Frauen trauen sich auch eher zuzugeben, daß sie gefühlsunsicher sind. So wagt es zum Beispiel eine Studentin, in einem Seminar zu sagen: Ach, wissen Sie, ich finde . . ., ich fühle . . ., ich meine . . . ich kann es nicht so richtig ausdrücken. So labert sie eine Weile vor sich hin, ohne daß sie weiß, worauf sie hinauswill. Ein junger Mann, der keineswegs besser dran ist mit seinen Gefühlen, wird so etwas nie sagen. Dazu ist er nämlich erzogen. Das ist diese Wehrlosigkeit, diese Nacktheit des Mädchens, daß sie sich diese Blößen gibt. Das erscheint gar nicht bei ihm. Aber wenn er ehrlich wäre, könnte er nur dasselbe sagen. Ernsthaft kann man nur miteinander kommunizieren, wenn man auch mal zu sagen wagt: Ich weiß nicht, wie ich das ausdrücken soll. Wenn man überhaupt die Schwierigkeit der Sprache empfindet. Wenn die Sprache aber so verdinglicht ist, daß sie als jederzeit anwendbares Vokabular zur Verfügung steht – begrenzt und wiederholbar –, dann ist das eine zerstörte Gesprächskultur.

Sie meinen zum Beispiel, daß ein Mann einer Frau gegenüber mit Worten scheinbar Interesse zeigt, ohne sich wirklich mit ihr zu beschäftigen?

Ja, ohne sich auf die Bedürfnisse des anderen einzulassen. Das heißt ja auch, die eigenen Bedürfnisse nicht zu kennen. Und viele Männer sind so: Sie kennen sich selbst nicht wirklich und wissen auch nicht, was sie brauchen. Mit ihnen ist eine ganzheitliche Beziehung nicht möglich.

»Der Kapitalismus hat die Religion gründlicher zerstört als alles andere«

Gespräch mit Oskar Negt über Karl Marx, die Religionskritik und die Sehnsucht im Sozialismus und Christentum

OXENIUS: Zu begrüßen habe ich Dorothee Sölle, nunmehr Professor an Columbia in New York ...

SÖLLE: Union Theological Seminary ...

OXENIUS: ... und Oskar Negt von der Universität in Hannover. Es geht um die Religionskritik von Marx und die Frage, inwieweit sie heute, immerhin nach anderthalb Jahrhunderten, noch für uns relevant sein kann. Marx hat einmal in einem Brief an Ruge in den französischen Jahrbüchern gesagt, die Vernunft sei dauernd in der Geschichte gewesen, wenn auch nicht in vernünftiger Weise. Dies ist die Frage, ist also die Religion die unvernünftige Vernunft und müßten wir heute etwas tun, um die Vernunft vernünftig zu machen? Nun, das ist die These von Marx, und meine erste Frage wäre an Dorothee Sölle, würde sie mit dieser These konform gehen oder wo würde sie sie einschränken?

SÖLLE: Ja, ich würde sie gern ein bißchen historisch relativieren. Ich habe eine Reihe von Religionskritikern des 19. Jahrhunderts gelesen, und das herrschende Denkmodell, in dem sie sich bewegen, ist genau dasselbe wie das von Marx, daß es nämlich eine Kindheit der Menschheit gab, in der die Vernunft nur in unvernünftiger, also mythologischer, religiöser, theologischer Form existierte, daß dann dieses Stadium überwunden und ad acta gelegt wird und die Vernunft dann, wie Marx meinte, in vernünfti-

Das Gespräch wurde im Westdeutschen Rundfunk (Hörfunk, Redaktion Kulturelles Wort) ausgestrahlt; Interviewpartner war Hans-Götz Oxenius. In schriftlicher Form unveröffentlicht.

137

ger Weise existiert. Mir sind dabei einige Zweifel gekommen, ob dieses Geschichtsschema, das dahintersteht, in dieser Form haltbar ist und ob die Vernunft tatsächlich nur dann Vernunft ist, wenn sie in der sogenannten vernünftigen Weise existiert, ob sie nicht mehr Möglichkeiten, Ausdrucksformen, Entwürfe, Projektionen und Hilfsmittel für den Menschen hat, wenn wir den Begriff der Vernunft ein wenig weiter fassen als Marx.

OXENIUS: Also die vernünftige Vernunft genügte.

NEGT: Es ist ja bezeichnend für Marx, daß er nie originell sein wollte. Sie wissen ja, daß er auch bestritten hat, daß er der Erfinder der Klassentheorie sei. Das haben also Leute wie Guizot und andere gefunden. Insofern würde Marx mit ihrer Kritik völlig übereinstimmen und sagen, natürlich, Feuerbach ist auch nicht völlig originell. Ich kenne jetzt nicht im einzelnen die Quellen, das ist eine Form politisch-motivierter Religionskritik bis zum Vormärz, die auch viel breiter und vom französischen Materialismus beeinflußt ist. Insofern ist dem völlig zuzustimmen, nur die Religionskritik ist eben nicht der ganze Marx, und was dazukommt, ist nicht unwesentlich. Die Idee, die er ausspricht, ist von Hegel geprägt, eigentlich ein Hegelscher Gedanke, auch kein Marxscher, daß man in dem Augenblick, wo man gewissermaßen das Unbewußte der Welt ausspricht, bewußtmacht, daß gewissermaßen der Zustand erreicht ist, in dem die Welt sich auf ihren eigenen Stand bringt. Sicherlich ist die Religion, das geht von Feuerbach bis Marx, etwas, was unbewußt Glück, Hoffnungen und so weiter ausspricht, aber, wie Marx sagt, als illusorisches Glück, nicht als wirkliches Glück. Das bedeutet für Marx immer, daß viel Unglück in dieser Form des Glücks mitgesetzt, verdeckt, verschleiert ist, nicht aufhebbar gemacht wird in der wirklichen Welt.

SÖLLE: Marx sagt aber doch selber, daß Religionskritik nicht den Sinn hat, die Blume an der Kette abzureißen, damit der Mensch die bloße Kette trage. Manchmal denke ich, ob es nicht gerade so gekommen ist, daß der Mensch die Kette trägt ohne Blume und ohne dieses Glück, von dem Sie sprechen, daß immerhin die Erinnerung an das, was möglich ist, den Überschuß von Menschen in ihren Wünschen und Hoffnungen aufrechterhielt.

NEGT: Aber das ist doch nicht die Marxsche Religionskritik, die die Blume an der Kette abgepflückt hat, sondern das ist der Kapitalismus gewesen, der sie abgepflückt hat. Und mit Ausnahme von Theologen wie Sie und vielen anderen, die eine Interpretation geben, die schon sehr weltlich ist, die eigentlich der Religion gar nicht mehr richtig bedarf, ist es die reale Entwicklung, die diese Blumen zerpflückt.

SÖLLE: Ich gehe von diesem Kapitalismusverständnis aus, daß der Kapitalismus die Religion gründlicher zerstört hat als alles andere. Aber gerade deswegen scheint mir, daß sozusagen die bloße Wiederholung der Marxschen Religionskritik heute objektiv reaktionär ist, nämlich sozusagen in das Horn des Kapitalismus bläst.

NEGT: Das kommt darauf an, womit sich diese Religionskritik verbindet. Wenn sie bloße Religionskritik bleibt, dann hat sie keine Grundlage. Und wenn sie bloß darauf abgestellt ist, Religion und Kirche zu zerstören, ohne die weitergehenden Prozesse mit einzubeziehen, dann ist es ein professionelles Unterfangen, dann ist es ein arbeitsteiliges Vorgehen von Leuten, die sich spezialisiert haben auf Religionskritik. Mir fällt da nur der Name Deschner ein, aber der hat sich spezialisiert auf Religionskritik, und da kann er noch hundert Jahre kämpfen. Auf diesem Felde ist absolut sicher, daß sich nichts verändert. Aber objektiv reaktionär ist Religionskritik dann nicht, wenn sie tatsächlich auch die Verschleierungsmechanismen und Herrschaftspositionen, mit denen Religion auch heute noch verbunden ist, einbezieht. Dann ist sie durchaus aufklärerisch, und das ist sie ja auch bei Ihnen.

OXENIUS: Das ist die eine Seite . . .

SÖLLE: Einen Teil der Religionskritik will ich mir gar nicht nehmen lassen, wir kritischen Theologen stehen alle auf den Schultern von Marx, es ist eine Selbstverständlichkeit. Feuerbach, Marx und Freud sind die Voraussetzungen, unter denen man heute überhaupt nur einen einzigen theologischen Gedanken denken kann. Das ist, glaube ich, nicht unser Problem. Aber die Frage ist tatsächlich für mich, ob nicht die Rigidität dieser Kritik sehr viel von dem verschüttet hat, was in der Religion an humanisierenden Potentialen wirklich steckt. Ich möchte das einfach mal Kreativität nennen. Es ist eine ungeheure Fähigkeit des Menschen, die ihn unter anderem vom Tier unterscheidet, daß er sich eine zweite Welt erdichtet.

NEGT: Geben Sie mal Beispiele.

SÖLLE: Nun, daß er eine Welt der Religion, der Mutter Gottes, der Schutzengel, der Hilfe, des Trostes aufbaut, zelebriert, wiederholt, sich also des Sinns, der darin liegt, vergewissert. Das kann eine große Hilfe sein, es ist zweifellos eine Stärke. Manche marxistischen Kritiker der Religion kommen mir so vor, als wollten sie einem das Singen verbieten, da es ja nicht direkt die Produktionsverhältnisse ändert, und als sei das Singen etwas absolut Überflüssiges und Unnützliches. Und gegen diesen Trend wehre ich mich, denn ein bißchen ist die Religion tatsächlich so etwas wie Singen, nämlich nicht direkt zweckbezogen. Wenn ich eine Kerze aufstelle und an einen Menschen, der vielleicht in Schwierigkeiten ist, denke, mit anderen Worten bete, dann ist das kein zweckbezogener Akt.

NEGT: Das ist richtig, und Sie haben auch darin recht, wo man nur administrativ religiöse Rituale, Kirchen, Ausübung von Religion verbietet, kehren sie in anderen Formen wieder.

SÖLLE: Aber Marx nahm doch an, das Ding stirbt von selbst, und das ist nicht wahr . . .

NEGT: Was sind das für Zeiträume, in denen wir leben? In Deutschland hat es, bis eine parlamentarische Demokratie halbwegs funktionierte, 300 Jahre gedauert. Von Portugal erwartet man, daß man eine Räterepublik in einem Jahr schafft, oder in Jugoslawien kritisiert man, warum das noch nicht funktioniert. In Deutschland hat es Jahrhunderte nicht funktioniert mit der eingeschränkten Form der Demokratie. Deshalb ist der Zeitraum, in dem so etwas wie religiöse Selbstentfremdung real aufgehoben werden kann, viel weiter zu setzen. Ich glaube nicht, daß das einfach ein kurzfristiger Prozeß ist. Dann ist es eine abstrakte Negation, und dann zerstört es auch Potenzen, nur um zur Mutter Gottes zu kommen. Man müßte ja immer noch fragen, was drückt das eigentlich, Sie nannten Freud, was drückt das an Imaginärem, an Bildern, an Wunschvorstellungen aus, die Mutter Gottes, wenigstens eines: Sicherheit, Geborgenheit, gewissermaßen Vertrauen. Das sind doch alles auch weltliche Dinge, es ist ja keineswegs zwingend, daß sie projiziert werden müssen auf etwas, was außerhalb der Welt liegt.

SÖLLE: Nein . . .

OXENIUS: Eine Frage: Wo bleibt sozusagen der Überschuß, der Blochsche Überschuß im Sozialismus?

NEGT: Der Blochsche Überschuß im Sozialismus ist komplett da, deshalb ist ein Sozialismus . . .

OXENIUS: . . . wo?

SÖLLE: Ja, wo, welchen Sozialismus meinen Sie?

NEGT: Ich glaube, daß diese unabgegoltenen Potenzen genau das sind, was Engels mit dem Erbe gemeint hat, nicht, daß die deutsche Philosophie akademisch arbeitsteilig bearbeitet wird oder daß man zwanzig Wissenschaftler daran setzt, eine neue Kant-Ausgabe zu machen. Das ist doch nicht das Erbe des Prole-

140

tariats, sondern das Erbe ist, daß diese unabgegoltenen Potenzen, diese kreativen Dinge tatsächlich den geschichtlichen Zusammenhang darstellen, indem sich dann auch frei von Gewalt und Herrschaft die Menschen selbst die Realität aneignen und Welten auch aus sich heraus projizieren, aber nicht mehr, weil sie in dieser Mangelsituation stehen. Es ist doch umgekehrt, Sie können das an der Berufung verschiedener Professoren sehen. Einige haben ungeheuer viel produziert, bevor sie gerufen werden, das hört dann auf, wenn sie den Lehrstuhl haben. Aber es gibt natürlich eine Reihe, die fangen erst dann an zu produzieren, wenn sie gesichert sind. Diese Zwiespältigkeit der zugrundeliegenden Bedürfnisse müßte man auch in bezug auf die Religion berücksichtigen. Es ist keineswegs zwingend, daß nur aus Mangel Kreativität erzeugt wird.

SÖLLE: Die Frage ist aber doch, worin sich die Kreativität, die in der Religion früher ihren Ausdruck fand, weiterhin ausdrücken wird. Die Fähigkeit zu projizieren, die Fähigkeit zum Mythos kann hier, im Rahmen der Religionskritik, so oft danebengehen und Herrschaft nur stabilisieren, daß man damit das Instrument wegwirft, ehe es seine Kraft gezeigt hat. Meine Erfahrungshintergründe sind sicher nicht die des westdeutschen Protestantismus, der allein gäbe mir in der Tat wenig Hoffnung, und von Kreativität kann man in dem Zusammenhang wirklich kaum reden. Aber wenn Sie an Lateinamerika denken, wo es immerhin eine beachtliche Bewegung der Christen für den Sozialismus gibt – in Chile war jeder zehnte Priester ein Christ für den Sozialismus –, dann wäre es ganz sinnlos, die historische Situation des 19. Jahrhunderts, in der Marx seine Religionskritik formulierte, zu übertragen oder zu verlangen, daß andere Befreiungsbewegungen, die das Instrument der Religion anders handhaben, sich anpassen müßten. Die Kraft, die da verborgen ist, diese Kreativität, die muß man benutzen und die kann und wird auch sozialistisch genutzt werden. Sie sagen, nicht nur aus Mangel, sondern natürlich auch aus Stärke kann jemand religiös sein, es ist nicht nur Angst oder Schwäche. Ich meine allerdings, daß man den Mangel doch ruhig eingestehen sollte, den bleibenden Mangel und den vielleicht später noch vorhandenen Mangel, etwa persönliches Unglück. Das Leben ist nicht beschädigungsfrei. Und das wäre ein Punkt, den ich gern noch einmal gegen Marx ins Spiel führen möchte, daß die Utopie vom beschädigungsfreien Leben nicht die ist, die ich mir als das Optimum denke.

NEGT: Ich glaube auch, daß der Mensch endlich sein wird, selbst wenn sich seine Lebenserwartung vergrößert. Und was Sie in bezug auf Lateinamerika sagen, bestimmt ganz zweifellos die Form des Sozialismus, die dort möglich sein wird, und das ist ein auf gegebene Verhältnisse bezogener Sozialismus, die allerdings nicht zufällig noch ein Stück Sinnlichkeit und Äußerlichkeit an sich haben. Der Katholizismus ist gegenüber dem Protestantismus die sinnlichere Religion, eben weil es Ausnahmen gibt. Man kann Sünden leichter ausgleichen, als wenn man mit ihnen sein Leben lang herumläuft, die Schuldgefühle sind nicht so stark. Und daß ein Sozialismus an gegebene entfremdete Formen, die dadurch nicht unmittelbar aufgehoben werden, anknüpfen muß, bin ich ziemlich sicher. Ich sage gar nicht, daß der Mensch nicht ein Bedürfnis nach Transzendierung seiner selbst hat, aber die Formen dieser Transzendierung, in denen er sich selber überschreitet, müssen nicht religiöser Art sein. Er kann sich sehr wohl Bilder von der Welt und vom Universum machen und auch von einem Stück Weiterleben, zum Beispiel in einer geschichtlichen Bewegung, wo Menschen also an ihren Aufgaben auch weiterleben. Das transzendiert seine eigene Endlichkeit. Der Sozialismus ist gar nicht vorstellbar, wenn nicht die kämpferischen, militanten Leute, die ihren Kopf hingehalten haben, das Bewußtsein hätten, daß sie ihre eigene Endlichkeit transzendieren, die Endlichkeit und das eigene Leiden, auch den Tod, aufheben, immer in bezug auf Veränderung, auf Umgestaltung, auf sinnvolle Gestaltung der gegebenen Realität. Darin würde ich einen Sinn der Transzendierung sehen, die nicht unbedingt bezogen sein muß auf Gott oder auf Imaginäres, auf Bilder, die der traditionellen Religion verfügbar sind.

OXENIUS: Also das, was mich an der Diskussion wundert, ist, mit welchem Verve Du Religion im traditionellen Sinn verteidigst.

NEGT: Das entsteht aus dem Gespräch, es ist wahrscheinlich gar nicht Ihre richtige Auffassung.

SÖLLE: Ich bin immer skeptischer geworden gegen die Säkularisierungsthesen und die Behauptung, daß das alles vorbei sei. Ich sehe einfach so viele Menschen kaputtgehen an der Sinnlosigkeit, die Sinnlosigkeitserfahrung ist keineswegs ein Mittelklasseproblem, sondern ein massives Problem, das gerade die am meisten trifft, die am wenigsten Bildungsmechanismen dagegen oder Bildungshilfen haben. Das heißt auch, daß sie natürlich religiös im Stich gelassen und verarmt sind, überhaupt keine Sprache jemals gelernt haben, um bestimmte Probleme zu artikulieren, die für sie zentral sind. Und das alles bringt mich immer weiter weg von einem sozusagen kaltschnäuzigen Abschreiben der Religion als einer unbrauchbaren Sache. Ich finde in dieser Art von Religionskritik, wie man sie unter marxistischen Intellektuellen vielfach findet, eine tiefe Volksverachtung und ein sehr elitäres Bewußtsein. Ich habe gerade aus Lateinamerika gehört, daß dort Priester, die in Basisgruppen arbeiten, den Grundsatz aufstellen, was nicht mit dem Volk ist, ist gegen das Volk.

OXENIUS: Wenn ich das richtig sehe, könnte möglicherweise der Hauptunterschied sein, daß Dorothee Sölle sagt, der Mensch ist ein Mangelwesen, und solange er das ist, brauchen wir etwas, um ihm da zu helfen, das heißt, er muß sich selber helfen. Und Oskar Negt sagte, der Mensch ist eigentlich kein Mangelwesen, im Gegenteil, er ist ein reiches Wesen, und wir müssen ihn sozusagen nur restituieren, wir müssen ihn dahin bringen, zu zeigen, daß er wirklich vernünftige Vernunft anwenden kann, damit er überhaupt wieder wird, was er eigentlich ist.

SÖLLE: Wenn man die volle Entfaltung des Menschen zum Maßstab nimmt, ist er sicher ein Mangelwesen. Wenn man ewiges Leben zum Maßstab nimmt, ist Endlichkeit eine Mangelerscheinung.

SÖLLE: In bestimmter Hinsicht ist er ein Mangelwesen auch aufgrund seiner anthropologischen Ausstattung, die allerdings nicht frei von seiner eigenen Geschichte ist. Daß er anthropologisch festsitzt in seiner Gestalt, in seinen konkreten Ausprägungen, ist unwahrscheinlich. Den zweiten Punkt, den Sie anführen, kann man eigentlich daran sehen, in welcher Weise Phantasie in dieser Gesellschaft behandelt wird. Es ist überhaupt kein Geheimnis, das offizielle Schulsystem ist auf Unterdrückung, Diskriminierung alles dessen gerichtet, was produktive Phantasie darstellt. Schon beim Kind, schon in der Familie, in der auch die Eltern Angst haben vor scheinbar irrationalen Ausdrucksformen dieser Phantasie, in der Schule wird dieser Prozeß noch einmal stabilisiert. Und Phantasie ist ja ein Stück dieses Transzendierens, Bewegungsmöglichkeit des Kopfes, der Sinne vor allem. Das Training des Verstandes unter Vernachlässigung aller übrigen sinnlichen Qualitäten bedeutet eine Einschränkung der Gesamtphantasie des Menschen, so daß er tatsächlich nur noch im Kopf Phantasien entwickeln kann, nicht mehr in seinen Sinnen.

SÖLLE: Zum Beispiel auch nicht mehr gestisch, was in der Religion eine große Rolle spielt . . .

NEGT: Und ich glaube deshalb auch, daß die Religion bestimmte Verarmungserscheinungen aufgreift, daß es ihre Stärke gerade deshalb ist, weil die Realität sie nicht entwickelt. Aber gleichwohl würde, von der Kindererziehung angefangen bis zur Bewegungsmöglichkeit des Erwachsenen, die Entfaltung dieses Phantasiespielraums ungeheuer stark diese Bilder verweltlichen, also die Realitätsauffassung des Menschen verweltlichen, ohne daß die Realität dann arm wird durch den Verlust der Religion.

SÖLLE: Die wirklichen religiösen Bilder sind weltlich, was ist denn das Land Kanaan, da Milch und Honig fließt? Was ist denn das Reich Gottes, wo die Zöllner und Dirnen zu Tisch liegen und sich bedienen lassen, was ist das? Das sind doch weltliche Bilder. Sie gehen sozusagen von der korrupten Form aus, in der das rein Jenseitige eine abstrakte Formel ist. Wo immer Religion in diesem Sinn kreativ, das heißt projizierend vollzogen wird, sind das weltliche Bilder und weltliche Sprache und weltliche Bedürfnisse, die sich ausdrücken und gegen deren Verstümmelung ich mich wehre. Noch etwas zum Mangel und Reichtum: Du hast es auf eine Alternative gebracht, aber der Punkt ist doch wohl, daß es ein dialektisches Verhältnis ist. Theologisch könnte man sagen, der größte Mangel des Menschen ist sein größter Reichtum, seine Unabgefundenheit oder, mit einem etwas altmodischen Wort, seine Sehnsucht ist seine Stärke, das macht ihn gerade menschlich, läßt ihn offen, läßt ihm die Fähigkeit der Transzendenz. Ein realer Sozialismus, den ich mir vorstellen kann, würde uns viel fähiger machen, Sehnsucht zu haben, und sie nicht etwa abschaffen. Er würde uns unsere Sehnsucht konkreter, sinnlicher, gerechter, wahrer machen und sie nicht klein halten.

NEGT: Die Sehnsucht wäre nicht mehr auf ein Jenseits verwiesen, die Sehnsucht könnte anschaulicher und bildlicher werden. Das ist der einzige Unterschied zwischen uns, daß ich meine, diese religiösen Bilder, der irdische Kern der religiösen Bilder könnte in solch einer Situation wieder sichtbar werden, und damit könnte die Schale der Transzendenz auch abfallen.

SÖLLE: Der verdinglichten Transzendenz, nicht des Transzendierens.

»Gerade an der Größe des Menschen kann man die Größe Gottes zeigen«

Gespräch mit Ezzelino von Wedel über Rudolf Bultmann und die Anfänge der Politischen Theologie

An der Theologie von Rudolf Bultmann ist eines sehr bemerkenswert: Er genießt immer noch den Ruf, einer der großen Theologen dieses Jahrhunderts zu sein, neben Tillich und neben Barth. Und auf der anderen Seite ist es so still um ihn geworden, daß man kaum noch etwas von ihm hört. Das einzige, was noch herumgeistert, ist der Begriff der Entmythologisierung, der erst nach dem Krieg eine explosive Wirkung entfaltet hat, obwohl die Sache selbst ja schon viel früher thematisiert war bei Bultmann. Und dieser Begriff könnte heute wieder interessant werden, daher sollten wir vielleicht mit dem Stichwort »Entmythologisierung« beginnen, um uns ein bißchen an die Theologie heranzutasten. Frau Sölle, was war die Absicht Bultmanns, was wollte er eigentlich mit Entmythologisierung, was hat er damit gemeint?

Ich möchte autobiographisch etwas dazu sagen: Ich stamme aus dem liberal-aufgeklärten Bürgertum, bei uns zu Hause hat man Goethe und Lessing gelesen – nicht so sehr die Bibel –, und als junger Mensch, in der Schule noch, kam ich mit dem Christentum in Berührung. Ich war äußerst kritisch, hielt das alles für mythisches Zeug, bestimmt für Leute, die nicht klar denken konnten. Zugleich fühlte ich mich auch angezogen vom Christentum und von seiner Ernsthaftigkeit und Wahrheit. Aber ich konnte die my-

Das Gespräch wurde 1985 von Radio Bremen ausgestrahlt; in schriftlicher Form unveröffentlicht.

145

thischen Inhalte, also: »Du mußt glauben, daß Jesus von einer Jungfrau geboren ist, daß er Wunder getan hat, daß er lebendig aus dem Grab hervorgekommen ist, sonst bist du kein Christ« – das konnte ich überhaupt nicht fassen, daß jemand mir so etwas zumutet und daß das außerdem mit meiner Fähigkeit, Gott als Liebe zu erfahren und zu leben, zusammenhinge, daß ich erst meinen Verstand aufgeben müßte, ehe ich überhaupt in dieses Christentum hineinkäme. Das war für mich radikaler Konflikt, und Bultmann hat mir ungeheuer geholfen. Er hat gesagt: Du mußt deinen Verstand nicht aufgeben. Es ist gar nicht wahr, daß nur Leute Christen sein können, die dieses merkwürdige Bild mit drei Stockwerken: Himmel, Erde, Hölle haben. Also: Aufklärung und Christentum waren versöhnbar. Und das ist, glaube ich, die historische Leistung, darin ist Bultmann, wenn ich das richtig sehe, ein Erbe der 200jährigen Geschichte historisch-kritischer Bibelforschung, die auch mit dem Namen Lessing verbunden ist. Er hat diese Dinge, die seit 200 Jahren von Gelehrten gesagt wurden (und von der Kirche bekämpft und unterdrückt), noch mal – und sehr viel klarer – gesagt. Das empfinde ich als einen befreienden Akt in der Theologie, nämlich, daß man Bibel kritisch nicht nur denken darf, sondern muß, daß man nicht das Wort, wie es geschrieben ist, als Ganzes oder überhaupt nicht akzeptieren muß, sondern daß man einen kritischen Ansatz behält.

Das Wort »Entmythologisierung« ist vielleicht etwas mißverständlich, weil es so klingt, als ob man den Mythos entfernen wollte. Aber Bultmann wollte ja nicht den Mythos quasi rausschmeißen, sondern er wollte ihn verstehbar machen, deuten – ist das richtig?

Ja. Er wollte ihn so übersetzen, daß er auch für »Kinder des wissenschaftlichen Zeitalters« – um einen Ausdruck von Brecht zu benutzen – verständlich würde. Nicht als irgendeine vollständig märchenhafte Aussage, sondern als etwas, was uns auch jetzt betrifft. Insofern war die Entmythologisierung mindestens so sehr Rettung des Mythos, wie sie Kritik des Mythos war. Das ist die einzige Haltung, die man heute zum Mythos haben kann. Wie weit brauchen wir heute nicht doch den Mythos? Es kann doch im Ernst nicht darum gehen, daß wir uns fröhlich, kritiklos, blind, irrational in irgendwelche Mythen stürzen, zu deren Beurteilung wir dann gar keine Kriterien mehr haben. Wir brauchen Kriterien, um Mythen, gute und böse – Hitler hat auch einen Mythos geprägt, und der unterscheidet sich bekanntlich von dem Jesu Christi –, herauszuarbeiten. In diesem Sinne, meine ich, ist dieses

Stück Erbe der Aufklärung, Rationalität, Klarheit unverzichtbar.

Sie nannten eben Kriterien, mit denen man den Mythos beurteilt, also Mythen unterscheidet. Bei Bultmann war offensichtlich die Existenz-Philosophie von Heidegger sehr bestimmt – also der Existenzbegriff selbst als begrifflicher Zugang, um Mythen zu übersetzen. Wie hat er das denn gemacht? Was hat Bultmann mit Existenz eigentlich gemeint?

Er hat versucht, das Religiöse als das zu begreifen, was uns unbedingt angeht – so wie Tillich über Gott gesagt hat: »Gott begegnet uns in der absoluten Forderung und in dem absoluten Geschenk, das wir in unserem Leben wahrnehmen.« In solchen Augenblicken unseres Lebens können wir sagen: Hier spricht Gott mit mir, oder hier begegnet mir Gott, hier existiere ich. Das heißt, ich gehe über mein gewöhnliches Gelebtwerden, was ja mehr oder weniger ein technisches Funktionieren ist, hinaus oder stehe darüber hinaus, was das Wort *existere* eigentlich bedeutet, und transzendiere dieses gewöhnliche, routinemäßige Gelebtwerden in die Begegnung mit Gott. Das ist das Existieren, etwas, war wir erst leisten müssen, was nicht einfach da ist, was nicht mit dem biologischen Leben gegeben ist. Um das wirkliche Leben, sagt Bultmann, auch das authentische Leben geht es eigentlich. Wo findet das statt? Oder welche Sprache benutzt es? Deswegen ist die existentiale Interpretation des Mythos ein Versuch, den Mythos so anzuzeigen, daß er für uns lebendig wird.

Es ist ja immer wieder die Frage gewesen: Wenn man einen Begriff wie zum Beispiel den Begriff Existenz aus einer Philosophie übernimmt, übernimmt man damit nicht auch bestimmte Inhalte dieser Philosophie und vermischt sie mit einer eigenen Theologie? Es wird immer gesagt, Bultmann habe das nicht getan, es sei ein rein formaler Begriff.

Ja, insofern, als sich Bultmann sicher nur auf den frühen Heidegger gestützt hat, mit dem späteren Heidegger aber in einer Diskussion war, die keine Früchte mehr getragen hat. Die Philosophie ist allerdings eine Magd der Theologie, die kann man da mal anstellen, das Haus zu säubern – es ist wichtig, daß das mal passiert, aber man muß sich nicht abhängig von ihr machen. Das hat Bultmann eigentlich nicht getan. Ich glaube, es ist gerechter zu sagen, daß die Wurzeln von Bultmanns Existentialismus im Pietismus liegen, in der großen pietistischen Tradition, also auch der Frömmigkeit im Protestantismus. Alle wichtigen Kirchenlieder von Paul Gerhardt sind in diesem Sinn pietistisch-existentialistische Lieder: »Meine Sünden haben dich geschlagen« – es ist nicht irgend jemand oder etwas Objektives, das bin ich. Ich stehe auf dem Spiel. Meine Lebensgeschichte wird deutlich, wenn ich das, was in der Passion Jesu Christi geschieht, verstehe. Das, was hinter einer Theologie steht, sind ja nicht nur die Wörter, es steht ja auch ein Stück Frömmigkeit dahinter, und gerade bei Bultmann ist das ganz deutlich. Von den ihm folgenden Männern ist es oft unterschlagen worden, so als wenn es gar nicht da wäre. Ich kann es auch an etwas anderem zeigen: Bultmann hat immer sehr scharf unterschieden zwischen Theologie als Reflexion über den Glauben und Predigt. Er hat immer gesagt: In der Vorlesung predige ich nicht – und das ist etwas ganz anderes. Die Menschen, die jedoch zu seinen Füßen saßen, die empfanden das überhaupt nicht. Ich erinnere mich, daß ich das selber so erlebt habe: Wir empfanden das als die beste Predigt, die wir überhaupt zu hören bekamen, viel besser als das, was die Leute in der Kirche uns erzählten. Weil es so existentiell war und weil sich diese angeblich formale Trennung de facto überhaupt nicht machen ließ. Bultmann war ein ganz frommer Mann und steht in der besten Tradition des deutschen Pietismus, und er hat den Existentialismus benutzt, um das klar und zeitgemäß zu formulieren.

Wenn wir jetzt dabei sind, die verschiedenen Elemente seiner Theologie zu zeigen, dann kommt noch das dritte, die sogenannte dialektische Theologie, dazu. Er gilt als ein Vertreter der frühen dialektischen Theologie, wie drückt sich das in seiner Theologie aus? Das hat doch etwas mit diesem Pietismus, mit dieser Frömmigkeit zu tun.

Es war die Entdeckung der dialektischen Theologie nach dem Ersten Weltkrieg, daß Gott nicht die Krönung einer bestimmten Kultur ist, sondern etwas ganz anderes, das von außen hereinbricht und ein ganz anderes Wort den Menschen zuruft als das, was sie in ihrer Kultur schon haben. Das stammt im wesentlichen von Barth, aber Bultmann ist ihm darin gefolgt und hat die Andersartigkeit Gottes oder die Fremdheit Gottes auch in Anknüpfung an die reformatorische Theologie Luthers zu deuten, zu artikulieren versucht. Das ist vielleicht der Punkt, an dem ich am kritischsten Bultmann gegenüber bin, und zwar deswegen, weil das so schnell wieder vollständig formalisiert worden ist als das andere, Fremde, nicht von uns Kommende und damit geradezu eine Übertheologisierung und fast so einen antihumanistischen Trend bekommen hat, den ich für sehr gefährlich halte. Den Menschen so schlecht, madig, schwach wie überhaupt nur möglich zu machen, um die Größe Gottes darzustellen – das halte ich für ein ganz schlechtes theologisches Verfahren. In Wirklichkeit kann man die Größe Gottes gerade an der Größe des Menschen darstellen und zeigen. Aber das ist in der dialektischen Theologie oft zugrunde gegangen. Ich glaube, daß die dialektische Theologie von den Elementen in Bultmanns Theologie das ist, was am wenigsten Nachfolge hat.

Bultmann hat also eine Synthese geleistet aus diesen drei Elementen: die historisch-kritische Forschung, die Existenzphilosophie und dann die dialektische Theologie. Das sind die drei entscheidenden Elemente seiner Theologie. Dann haben vor allem seine Schüler – ich denke etwa an Ernst Käsemann oder auch an Ernst Fuchs – Bultmann kritisiert: seine Theologie sei eigentlich doch individualistisch orientiert, er verstehe das Heil als ein Heil für den einzelnen und nicht als das Heil für alle, für die Welt und für die Gesellschaft, sondern immer nur persönlich bezogen. Im Gefolge kam der Vorwurf auf, er habe das Evangelium entpolitisiert, indem er es privatisiert habe. Nun ist interessant, daß Sie als Enkelin Ende der sechziger beziehungsweise Anfang der siebziger Jahre ein Buch veröffentlicht haben, »Politische Theologie. Auseinandersetzung mit Rudolf Bultmann«, und in Auseinandersetzung mit Bultmann eine politische Theologie entwickelt haben.

Ich habe nie einsehen können, daß sowohl dieser aufklärerische Zug bei Bultmann wie der pietistisch-fromme notwendig zur Individualisierung führen muß. Ich habe eine Inkonsequenz bei Bultmann festgestellt: Wenn man Aufklärung und Bibelkritik in der Schärfe und Klarheit betreibt, in der Bultmann das gemacht hat, führt das notwendigerweise auch zu Herrschafts- und Kirchenkritik. Man kann mit dem kritischen Geschäft ja nicht irgendwo aufhören. Es ist das Wesen der Kritik, daß es, wenn man sich einmal darauf einläßt, alles zu hinterfragen, keine anderen Tabus mehr gibt. Insofern kann man schon sagen, daß Bultmann vielleicht inkonsequent darin war, daß er bestimmte Tabus stehengelassen hat, etwa die der bürgerlichen Gesellschaft und der Annahmen, die sie so mit sich bringt, all diese ideologischen Vorgaben der bürgerlichen Existenz. Ich meine aber, daß aus Bultmanns Ansatz selbst das gar nicht unbedingt zu folgern ist, sondern nur eine Inkonsequenz oder eine gewisse historische Blindheit eines Menschen darstellt, der als Kind des Bürgertums gelebt hat und sich verhalten hat. Das ist eine Schwäche. Aber ich sehe nicht notwendig ein, daß man von diesem Denkansatz aus nicht zu den weiteren Schritten der Kritik kommen muß. Das, was ich versuche, ist, in die große Linie der Aufklärung Marx einzubeziehen, statt ihn einfach links liegenzulassen, wie das deutsche Bürgertum – und Bultmann ist ein Repräsentant dieses Bürgertums – das gemacht hat.

Also, um das mal an einem Beispiel zu illustrieren: Wenn man einen biblischen Begriff nimmt, etwa »Gehorsam«, dann kann man diesen Begriff analysieren, welche Stellung er innerhalb der neutestamentlichen Theologie hat, aber man könnte darüber hinaus auch die Begriffsgeschichte innerhalb der Kirche und der Theologie weiterverfolgen. Das hat Bultmann offensichtlich nicht getan, wenn ich Sie richtig verstehe. Das heißt, er ist in seiner Kritik im Neuen Testament geblieben und ist dann unvermittelt in die Gegenwart gesprungen, hat den ganzen Bereich der Geschichte und die Verquickung von Kirchengeschichte und Politik außer acht gelassen.

Ja, das würde ich so sehen. Er hat eigentlich die Zerstörung des Evangeliums durch die Korruptionsgeschichte der Kirche nicht genügend reflektiert. Er hat, auch in der Freude des Entdeckers des Evangeliums, eine Unmittelbarkeit hergestellt, die für die meisten Menschen nicht gegeben ist, weil sie eben unter den Zerstörungen, die die Kirche ihnen antut, leiden. Und das ist in der Bultmannschen Theologie viel zuwenig reflektiert – wie in aller dialektischen Theologie, das ist ein Sprung zwischen dem Jetzt-Augenblick und der Zeit Jesu. Und alles, was dazwischen ist, wird eigentlich nicht einbezogen. Das ist sicher ganz gefährlich.

Politische Theologie – das ist jetzt dreizehn Jahre her, und wir haben ja seitdem den Vorwurf hören müssen: Die Theologie soll sich nicht in die Politik einmischen. Was ist eigentlich »Politische Theologie« – wie verstehen Sie das?

Es ist sicher eine Antwort auf diesen Vorwurf, daß wir sagen: Alle Theologie ist politisch, auch die sogenannte unpolitische Theologie nimmt entweder durch Schweigen oder durch »Über-andere-Dinge-Reden« Stellung zu bestimmten politischen Fragen. Man kann das Neue Testament nicht lesen, ohne davon berührt zu sein, daß auf jeder Seite über Armut gesprochen wird oder daß das Wort »Frieden« ständig aufkommt. Man kann eigentlich gar keine sinnvollen Aussagen machen, wenn man sich angeblich so politikrein hält. Das halte ich für eine völlig unmögliche Angelegenheit. Ich persönlich finde den Ausdruck »Politische Theologie« heute nicht mehr weitgehend genug. Das war für mich eine Übergangslösung. Ich bin dankbar, daß die Schwestern und Brüder aus der Dritten Welt inzwischen den Begriff der »Befreiungstheologie« geprägt haben, und würde mich lieber darunter verstehen. Es war eigentlich eine Phase des Tastens – innerhalb der deutschen Theologie mit Moltmann und Metz zusammen habe ich das damals gemacht, wir suchten etwas Neues und nannten das erst mal »Politische Theologie«. Ich war aber sehr dankbar, als der klarere Begriff der »Theologie der Befreiung« aufkam.

Sie haben vorhin angedeutet, daß Sie mit Ihrer politischen Theologie einige Konsequenzen, die in Bultmanns Ansatz da waren, quasi zu Ende gedacht haben – oder weitergedacht haben, je nachdem. Hat denn Bultmann jemals auf Ihre Veröffentlichungen, auf die »Politische Theologie« selber reagiert?

Ja. Er hat mir einen langen, langen Brief geschrieben – handgeschrieben – wo er auf einige Dinge eingeht, sie erwägt und versucht, sich damit auseinanderzusetzen – in seiner großen Genauigkeit. Da ist dann Anknüpfung und Widerspruch. Er sagte: »Hier stimme ich mit Ihnen überein – und in anderen Fragen nicht.« Ich glaube, die wesentlichen anderen Fragen waren die, die sein Verständnis des Kerygma betreffen – also der Botschaft, die er weltunabhängig gemacht hatte, während ich meinte, daß das Kerygma genau wie andere Gegenstände der Theologie Fleisch geworden, das heißt den realen historischen Bedingungen unterworfen ist. Da war sicher der Punkt des Dissens.

Vielleicht eine kurze Erklärung: Was heißt Kerygma für jemanden, der kein Theologe ist? Wie könnte man das erklären?

Es bedeutet Botschaft von der befreienden Gnade Gottes an alle Menschen.

Das hat aber bei Bultmann einen ganz bestimmten Stellenwert, das Kerygma, nicht wahr?

Für ihn ist es ein zentraler Begriff. Diese Botschaft ist gegeben in der Auferstehung Jesu Christi und wird von den Menschen empfangen. Vielleicht liegt darin auch ein Unterschied zwischen seiner und meiner Position, daß das reine Hören und Empfangen mir nicht deutlich genug ist. Ich möchte ein Partizipieren an dieser Botschaft erreichen. Und wenn wir eben von Befreiung sprechen, wenn sie der Inhalt der Botschaft ist, dann kann man Befreiung nur so denken, daß die Menschen, die da befreit werden sollen, nicht wie irgendwelche Sklaven aus einem Gefängnis herausgeholt werden, sondern daß sie selbst mitbeteiligt sind an dem

Akt der Befreiung. Das ist – glaube ich – in der christlichen Botschaft gemeint. Jesus Christus beteiligt uns an dem Ereignis des Freiwerdens in unserem Leben.

Wie ist es dann eigentlich mit Ihnen und Bultmann weitergegangen? Hat Bultmann Sie dann in den weiteren Jahren nach 1971, nach dieser Veröffentlichung, noch beschäftigt? Haben Sie sich weiter mit ihm auseinandergesetzt?

Eigentlich relativ wenig. Ich habe das, was für mich lebensnotwendig war an Aufklärung, verwertet. Der Versuch, dann eine Theologie der Befreiung auch gerade für die Erste Welt zu entwickeln, den ich als meinen theologischen Versuch beschreiben würde, der verlief dann relativ unabhängig davon. Mir ist jetzt noch mal aufgegangen: Wenn die Frauen eine Befreiungstheologie machen, dann brauchen sie ein größeres Maß an Bibelkritik als zum Beispiel die Armen in Lateinamerika oder die Schwarzen. Als Frauen müssen wir das Instrumentarium einer sachbezogenen Bibelkritik entwickeln, weil die Bibel ein patriarchalisches Buch ist. Das stört die Schwarzen und die Armen nicht unbedingt – sofern sie Männer sind. Aber wenn sie Frauen sind, dann stört sie diese Insuffizienz in der Bibel, die man nicht evangelistisch überspielen kann. In der Bibel stehen schreckliche Sachen, die dem Geist Jesu Christi widersprechen. Diese immanente Bibelkritik muß entwickelt werden. Und da kommt mir der aufklärerische Bultmannsche Ansatz wieder sehr nützlich vor, weil der eben auch die Befreiung vom »Biblizismus« enthält.

... Also wieder Enthmythologisierung ...

Es ist ein Stück Entmythologisierung, Entpatriarchalisierung.

Und Ideologiekritik. Das wäre also ein Analogbegriff zur Entmythologisierung.

Ja, der dann eben auch entfaltet werden kann. Ideologiekritik heißt ja Kritik an zumeist unbewußten Annahmen, an der Männerherrschaft, am Sexismus oder an der Vorstellung, daß der Mann der Mensch sei, das ist eine fast vollständig unbewußte Vorstellung, über die sich auch vernünftigere Männer gar nicht klar sind. Die wollen die Frauen nicht unterdrücken, sie tun es nur ständig, weil sie nur als Mann denken. Das wird in der Theologie dann ganz deutlich.

Was, glauben Sie, hat Bultmann für eine Zunkunft? Gibt es da noch etwas Unabgegoltenes, noch nicht Entdecktes, noch nicht Eingelöstes in seiner Theologie?

Ich meine, daß die Methode Bultmanns in der Analyse in ihrer Redlichkeit unüberholbar ist. Wir müssen in dieser Methode weitermachen, wir können das nicht aufgeben zugunsten einer älteren Gottesnaivität, die es nicht mehr gibt. Wir müssen damit weiterleben. Das ist sein Vermächtnis. Ob seine Theologie nun in ihren Inhalten weitergetragen wird, das halte ich gar nicht für so wichtig. Ich sehe den Bultmann wie einen außerordentlich guten, soliden Handwerker, der an diesem Haus mitgebaut hat. Und wenn wir dieses Haus bewohnen wollen, dann müssen wir solche Handwerker haben, sonst fällt es uns über dem Kopf zusammen und bietet uns gar nichts mehr an Schutz, Hilfe oder Wärme. In diesem Sinn ist Bultmann einfach ein Teil der abendländischen, christlich-jüdischen, aufklärerischen Tradition, die wir unter gar keinen Umständen aufgeben dürfen, auch dann nicht, wenn wir sie heute an vielen Punkten kritisieren.

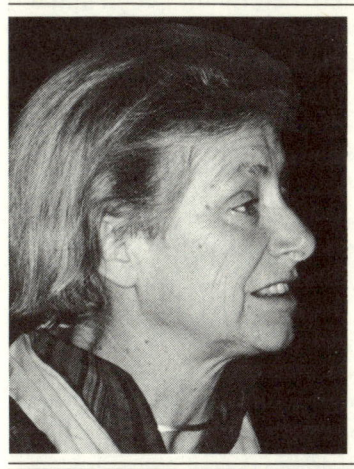

»Es ist notwendig, daß die Kirche aufwacht aus ihrer Apartheidstheologie«

Gespräch mit Christiaan Beyers Naudé über Südafrika, Bekehrung und das Lernen der Feindesliebe

INTERVIEWER: Zwei sehr verschiedenartige Persönlichkeiten: Professor Dorothee Sölle, jetzt Dozentin für Theologie am Union Theological Seminary in New York, und Dr. Christiaan Beyers Naudé, Generalsekretär des Südafrikanischen Kirchenrats. Aber eins ist ihnen gemeinsam: Für viele Menschen auf der ganzen Erde ist ihr bloßes Dasein ein Zeichen der Hoffnung; anderen dagegen – darunter befinden sich alte Freunde und Verwandte – gelten sie als gefährlich: irregeleitet in ihren Hoffnungen, abwegig in ihrem Lebenslauf, ja Verräter an den besten Traditionen der christlichen Kirche: als Häretiker, um das mindeste zu sagen.

Frau Dr. Sölle, wie gut kennen Sie diesen Rev. Beyers Naudé, und warum ist es Ihnen so wichtig, ihm zu begegnen?

SÖLLE: Ich glaube, die Bedeutung unserer Begegnung hat etwas zu tun mit unserem christlichen Erbe und dessen Zukunft. Als ich über einiges von dem, was Sie, Beyers, getan und erlebt haben, las, habe ich mich gefragt, wie Sie wohl innerlich geworden seien und sich entwickelt haben mögen – aber das sind so die üblichen Ausdrücke. Was ich eigentlich meine, ist viel spiritueller. Man nennt es Bekehrung, Konversion; es heißt, sich von dem einen Weg ab- und sich einem andern zu-wenden; das ist, glaube ich,

Das Gespräch wurde am 20. Juni 1985 von der holländischen ökumenischen Rundfunkgesellschaft IKON-TELEVISIE aufgezeichnet; Interviewpartner war Professor Dr. Lammert Leertouwer. Als Buch veröffentlicht: *Christiaan Beyers Naudé/Dorothee Sölle*, Südafrika – Hoffnung für den Glauben, Zürich 1986 (pendo Verlag).

155

das, was mich am meisten interessiert – an Ihrem Leben und am Leben aller meiner Mitchristen und auch an meinem eigenen: Wie wirkt Gott in uns in unserer Zeit, und wie bekehrt Er uns von unsern Irrwegen?

INTERVIEWER: Dann mag dies das erste Thema unserer Unterhaltung sein. Ich möchte Ihnen, Frau Dr. Sölle, ein Bild zeigen. Erkennen Sie hier links diesen typischen afrikanischen Pastor, ein Mitglied des »Brüderbundes«, fest verwurzelt in der Gesellschaft Südafrikas? Und können Sie verstehen, daß es derselbe ist, mit dem Sie sich jetzt unterhalten?

SÖLLE: Es fällt mir nicht leicht!

INTERVIEWER: Herr Dr. Naudé, was ist dem Mann auf diesem Foto widerfahren?

BEYERS NAUDÉ: In der Tat, ich könnte Dorothee keinen Vorwurf machen, wenn sie sagte: »Ich kenne den Mann nicht, und ich verstehe überhaupt nicht, was mit dir passiert ist.« Ich sollte vielleicht erklären, daß ich aus einem sehr konservativen, tief religiösen afrikaanischen Elternhaus stamme. Mein Vater war ebenfalls ein Diener des Wortes, ganz durchdrungen von calvinistischer Überlieferung, mit einem starken, einem sehr starken Gefühl für Treue zu seinem Volk, ein Patriot im besten Sinne des Wortes – wie es die Afrikaaner verstehen. Er kämpfte im britisch-burischen Krieg auf der Seite der Buren, war fest befreundet mit einem der Generäle namens Christiaan Frederick Beyers – darum ist mein Name kein Familienname: ich wurde nach dem General Beyers genannt, welcher kurz vor meiner Geburt starb. In diesem Sinne ist also mein ganzes Herkommen geprägt von tief religiöser, stark nationalistischer afrikaanischer Tradition.

Ich weiß, daß viele Leute Mühe haben zu verstehen, wie es möglich ist, für einen mit diesem Herkommen, mit meiner ganzen Erziehung, mit meiner früheren Stellung in der Niederdeutschen Reformierten Kirche, der NGK, wo ich zum Moderator einer der regionalen Synoden gewählt wurde, und trotz der Tatsache, daß ich 23 Jahre Mitglied einer afrikaanischen Geheimorganisation war – des Afrikaanischen Brüderbundes –, wie es für so einen möglich war, das zu werden, was ich heute bin. Was ist mit mir geschehen?

Ich glaube, es sind hauptsächlich drei Dinge, die zu meiner Bekehrung beigetragen haben. Das erste ist ein theologischer Grund. Als ich sah, was nach dem Zweiten Weltkrieg in Afrika vor sich ging: der ganze Prozeß der Dekolonisation, womit Freiheit – politische Freiheit – nach Afrika kam, der Schrei von Millionen von Afrikanern auf dem ganzen Kontinent, die das Joch des Kolonialismus abwerfen wollten, und bei meiner starken Anteilnahme an der Mission, der Evangelisation und an der Jugendarbeit der Kirche – da fragte ich mich: »Was hat das uns in Südafrika zu sagen?«

Natürlich kannte ich die Stellungnahme meiner Kirche zur Apartheid. Und das führte mich zu einem selbständigen Überdenken der herkömmlichen Argumente, mit denen die NGK die ganze Apartheidspolitik biblisch rechtfertigte. Ich betrieb dieses Studium neben meiner Amtsausübung. Und ich kam zum Schluß, daß ich in keiner Weise die ganze Apartheidspolitik mit biblischen Argumenten rechtfertigen konnte, wie meine Kirche es tat. Ich konnte in keiner Weise deren Auslegung gewisser Stellen des Alten und des Neuen Testamentes teilen. Diese wurden unbewußt oder absichtlich so entstellt, so einseitig gewichtet und politisch oder ideologisch begründet, daß ich zum ersten Mal in meinem Leben – Sie kennen das – in so eine theologische Krise geriet.

Aber ich scheute davor zurück, das bekanntzugeben, denn ich wußte, wenn ich in meiner führenden Stellung in der Kirche, in meiner Stellung im Brüderbund anfinge, diese neuen Überzeugungen öffentlich zum Ausdruck zu bringen, dann würde das zu einem gewaltigen Sturm, zu Reaktionen, Protesten, zu Zorn und Ablehnung führen.

SÖLLE: Darf ich Sie hier unterbrechen und Ihnen eine Frage aus meinem eigenen Herkommen stellen? Ich bin Deutsche, nach Auschwitz, und als Sie soeben erzählten, wie Ihre Kirche aus ihrem Herkommen die Apartheid theologisch rechtfertigte und legitimierte, da erinnerte ich mich, wie in meinem Lande die »Deutschen Christen« den Nationalsozialismus rechtfertigten und versuchten, ihren Rassismus und ihr Führerprinzip auf eine falschverstandene christliche Tradition zu stützen. Würden Sie das als Parallele gelten lassen?

BEYERS NAUDÉ: Ohne Zweifel. Damals, während meiner Studien, wußte ich das noch nicht. Aber im Verlaufe meiner Untersuchungen kam ich zu dem schockierenden Schluß, daß es viele Parallelen gab, peinliche Parallelen, beängstigende Parallelen zwischen dem, was zur Zeit von Nazi-Deutschland geschehen war, besonders innerhalb der Kirche, und dem, was wir jetzt versuchten, um eine rassistische und ungerechte Politik zu rechtfertigen. Zuerst sträubte ich mich, es zuzugeben – es tat weh, es tat zu weh –, aber schließlich sah ich mich dazu gezwungen. Ich sage nicht, es sei dasselbe, aber es bestehen Parallelen, und das führte mich schließlich zu der Erkenntnis, daß ich es nicht länger unterstützen könne. Aber ich behielt es für mich. Ich fürchtete mich sehr davor, es öffentlich zu bekennen.

Und dann denke ich an ein zweites Ereignis in meinem Leben, oder an eine Reihe von Ereignissen, in denen ich hinterher, wenn ich so sagen darf, die Hand Gottes am Werk sah, die mich in eine neue Richtung führte. Es war der Umstand, daß ich zum geschäftsführenden Moderator der Synode des Transvaals gewählt wurde, und in dieser Stellung kamen junge Seelsorger – weiße Prädikanten im Dienste afrikaanischer, farbiger und indischer Gemeinden – zu mir mit den Problemen, die sie innerhalb ihrer eigenen Gemeinden erlebten, den schmerzlichen Erfahrungen ihrer eigenen Leute mit den Apartheidsgesetzen. Und wenn sie zu mir kamen und schilderten, was sie selbst erlebt hatten, wollte ich ihnen nicht« glauben. Ich kannte sie zu gut, denn sie waren Studenten gewesen, als ich Studentenseelsorger in Pretoria war. Unter uns bestand ein sehr schönes, offenes, warmes Verhältnis, und ich sagte ihnen: »Das ist unmöglich, das kann nicht sein.« Und dann forderten sie mich auf, ihre Gemeinden zu besuchen. Was ich auch tat. Ich lernte ihren Kirchenrat kennen, ich lernte Mitglieder ihrer Gemeinden kennen, ich lernte Familien kennen, die tief gespalten waren, zum Beispiel wegen des Gesetzes, das Mischehen verbietet, und wegen des Gesetzes über die getrennten Wohn- und Lebensräume, und ich war erschüttert. Es war eine Erfahrung, die mich dahin brachte, daß ich mich vollkommen ratlos fühlte.

Und dann kam Sharpeville – das war das dritte Ereignis. Am 21. März 1960 wurde ein friedlicher Protestmarsch dadurch abgebrochen, daß 69 Personen erschossen wurden, die meisten von hinten, auf der Flucht, und das trieb die ganze Situation in gewissem Sinne auf die Spitze. Und es gab für mich nun keinen Ausweg mehr.

SÖLLE: Und zu denken, daß sie es dieses Frühjahr wieder getan haben!

BEYERS NAUDÉ: Hinterher erkannte ich darin den Weg, auf dem mich Gott gewissermaßen die ganze Zeit geführt und zu mir gesagt hatte: »Na schön, ich lasse dir Zeit zum Nachdenken, zur Besinnung«, aber plötzlich war die Krise da, und es gab keine andere Wahl mehr, als zu dem zu stehen, was ich damals als wahr erkannt hatte.

INTERVIEWER: Sie haben von Krise und Angst erzählt, und so

158

können wir Sie, Frau Dr. Sölle, fragen, was dem Mädchen aus dem liberalen höheren Mittelstand widerfuhr, das zu Dorothee Sölle geworden ist? Sie müssen Angst erlebt haben und waren tiefgreifenden Gefahren ausgesetzt.

SÖLLE: Ich glaube, eine Wurzel meines Wandels und meiner fortwährenden Änderung hat mit meiner Nationalität zu tun: damit, daß ich Deutsche bin und es niemals verleugne, daß ich mit diesem schrecklichen Erbe, wovon ich mich nicht reinwaschen kann, lebe. Es ist einfach ein Teil meines Lebens, Deutsche zu sein, in dieser Sprache zu denken, sie zu sprechen und zu wissen, was dem jüdischen Volk »im Namen des deutschen Volkes« angetan wurde. Ich kann nicht anders: Ich muß an die Menschen denken, die in den Gaskammern und den Konzentrationslagern umgebracht wurden. An sie zu denken ist ein lebenslanger Lernprozeß, eine Art von Wahrheitssuche. Warum ist das geschehen? Warum haben die netten Leute, die Cello spielten und Goethe lasen, all das getan oder es mindestens geduldet? Was war los mit ihnen? Was waren die tiefsten Gründe? Es war nicht einfach ein einzelner Bösewicht namens Adolf Hitler – das wäre lächerlich. Ich frage nicht nur mein Land, sondern meine Klasse – das Bürgertum: Wie kommt es, daß dieser Stand so häufig vorgab, von nichts zu wissen, nichts damit zu tun zu haben? Wie hängt das mit unserem gegenwärtigen Zustand zusammen?

Und ich möchte zur Apartheid etwas anmerken – was ich darunter verstehe. Vor drei oder vier Jahren begegnete ich zwei jungen weißen Studenten aus Ihrem Land, Beyers, in den Vereinten Staaten. Wir unterhielten uns ein bißchen, und ich fragte sie nach der Situation in Südafrika und nach der Situation der Schwarzen und insbesondere, ob sie Soweto kennten, ob sie dort gewesen seien, ob die Leute dort Wasser in den Hütten oder Baracken hätten oder nicht, ob sie Elektrizität oder Öl hätten oder nicht – lauter sehr präzise Fragen. Und sie hatten keine Ahnung. Sie kannten die Golf- und Tennisplätze, wo sie spielten. Sie kannten ihre kleinen Schulen, sie wußten, wie schön ihr Land sei. Sie redeten, als sprächen sie im Auftrag eines Reisebüros. Sie erzählten mir, wie schön das Land sei, und sie gingen auf meine immer präziser werdenden Fragen überhaupt nicht ein, weil sie nichts wußten. Sie kannten einfach nicht die Wirklichkeit ihres eigenen Landes. Es gibt eine unsichtbare Mauer, die viel schlimmer ist als die Berliner Mauer – eine ganz schreckliche Mauer.

Ich glaube, die meisten meiner Landsleute leben hinter einer solchen Mauer, denn Apartheid ist kein bloß südafrikanisches

Problem. Es ist ein Problem der reichen Welt und der sogenannten Ersten Welt, daß wir in Apartheid leben, daß wir hinter dieser Mauer leben, und wir kennen zwar die leckeren billigen Bananen und den guten Kaffee, die wir aus diesen armen Ländern kriegen, und wir kennen eine Menge Dinge, die wir haben und kaufen und besuchen können, aber unsere Sicht bleibt die Sicht eines Touristen und ist nicht die Sicht einer Schwester oder eines Bruders.

BEYERS NAUDÉ: Darf ich hier einstimmen und dazu einige Bemerkungen machen? Sie mahnen mich an einen der schmerzlichsten Züge unseres Lebens in Südafrika: Wir wissen nicht.

Ich frage mich dauernd, wie ist es möglich, daß eine Gemeinschaft – in diesem Fall eine Gemeinschaft von Weißen, eine tief religiöse, die beansprucht, aus frommen Christen zu bestehen, ihr Leben und auch ihre politische Struktur auf die Anerkennung von Gottes Oberherrschaft zu bauen, wie unsere Verfassung es festhält – wie ist es möglich, daß wir, beispielsweise, dreieinhalb Millionen Menschen zwingen konnten, ihr Land, ihre Wohnsitze, ihre Siedlungen, wo sie als Gemeinschaft glücklich waren, aufzugeben, und sie in dürre, abgelegene Gebiete zwangen, wo die Möglichkeit für den Lebensunterhalt, ein Einkommen, eine Existenz tatsächlich so gering sind, daß sie praktisch einem langsamen Tod entgegenblicken?

SÖLLE: So ist es tatsächlich, und wie beantworten wir unsere Frage?

BEYERS NAUDÉ: Und wissen Sie, ich muß das Quälende dieser Frage besonders empfinden, weil ich weiß, daß die Leute, die an der Macht sind und die diese Dinge tun – das sind meine Leute. Ich kann nicht leugnen, daß ich Afrikaaner bin. Ich will es auch nicht leugnen. Wie könnte ich? Ich bin nichts anderes als Afrikaaner. Und doch – in diesem Sinne sehe ich mich nicht dort – und dann das Quälende dieser Trennung. Welches sind die Wurzeln solchen Unrechts, solcher Ungerechtigkeit? Wie können wir dergleichen weiterhin rechtfertigen – und das angesichts der Tatsache, daß die ganze übrige Welt wie Südafrika wird? Es ist falsch, es ist unwahrscheinlich, und es ist böse. Ich ringe noch stets, denn ich finde zwar gewisse Antworten, empfinde aber doch hier drinnen, das sei noch nicht die volle Antwort. Es muß eine tiefere Sicht auf menschliches Dasein, auf die menschliche Rechtfertigung solcher Handlungsweise geben, die ich noch nicht erkannt habe.

SÖLLE: Ja, ich glaube fest, daß es ein theologisches Problem ist und nicht bloß ein politisches oder gesellschaftliches, wie man uns immer weismachen will.

INTERVIEWER: Sind Sie damit einverstanden?

BEYERS NAUDÉ: Völlig.

SÖLLE: Es ist eine Glaubensfrage und nicht bloß eine Vernunftsfrage. Diese Fragen berühren unseren Glauben. Und ich frage mich – und ich möchte Sie fragen: Als Sie zu einem Kämpfer gegen diese Apartheid bekehrt wurden und Seite an Seite mit Ihren schwarzen Brüdern und Schwestern gingen und gleichzeitig eine Art Befreiungstheologie entwickelten, wie sie sich aus dem Ringen ergibt, warum sind Ihnen da nicht andere Menschen in Ihrer Kirche gefolgt, oder warum blieben sie, wo sie waren, fast unbewegt?

So frage ich auch meine Kirche und mein Land zur Zeit der großen Erweckung, wie ich die Friedensbewegung in meinem Land seit 1979 nennen möchte, als Millionen von Menschen auf die Straße gingen, um gegen jene allgemeine Apartheid zu kämpfen, die in dieser Welt Reiche und Arme trennt. Wozu brauchen wir so viele Bomben und Gas und Todeswaffen, fragten sie. Sie verstanden sehr wohl, wofür sie auf die Straße gingen. Aber die Kirche war auch da gespalten, und viele junge Leute gingen auf die Straße, und viele junge Pastoren, aber viele kirchliche Synoden und Gruppen und Hierarchien standen abseits oder blieben unentschieden in einer »Jein«-Haltung. Aber warum ist das so? Warum konnten wir sie nicht erreichen, warum konnten wir nicht miteinander als eine einzige Gruppe vorgehen? Es ist einer meiner innigsten Wünsche, das noch in meinem Leben Wirklichkeit werden zu sehen.

BEYERS NAUDÉ: Ich glaube, der erste Grund ist – von mir aus gesehen – der, daß in der Gesellschaft der Afrikaaner ein tiefes Gefühl der Treue zu einer falschen Weltanschauung herrscht. Treue zum eigenen Volk, Treue zum eigenen Land, Treue und Vaterlandsliebe sind in gewissem Sinne zu tief religiösen Werten geworden; sie sind zu tief religiösen Werten verwandelt worden. So daß ein jeder, der seiner Nation, seinem Volk untreu zu werden scheint, nicht nur als Verräter gilt, sondern in einem tieferen Sinn des Wortes Gott zu verraten scheint. Er verrät die tiefsten Werte des skizzierten Glaubensverständnisses. So ist denn das grundlegende Problem wiederum kein wirtschaftliches oder kulturelles oder soziales, obwohl all diese Faktoren im tiefen Gefühl für die Einheit des Volkes der Afrikaaner eine Rolle spielen.

Zwar darf es unter Afrikaanern Meinungsverschiedenheiten

geben, aber nur bis zu einem gewissen Grad. Man muß die Grenze kennen, muß wissen, wie weit man mit seinen abweichenden Absichten gehen darf. Sobald man diese Grenze überschreitet – und diese Linie ist sehr fein gezogen und unsichtbar –, sobald man sie überschreitet, steht man draußen. Man ist geächtet, auf die Seite gestellt, gilt als Verräter und wird, menschlich gesprochen, nie mehr aufgenommen. Und in meinem Fall war es der Tatsache zuzuschreiben, daß die Afrikaaner sich selbst als Minderheit sehen, sich bedroht fühlen und daß ihre ganze Geschichte auf Angst beruht. Gefahr drohte, wie Sie wissen, von der schwarzen Überzahl, vom britischen Imperialismus und noch von anderen. Daher ihre Belagerungs-Mentalität, die »Lager«-Mentalität, die unsere Leute meinen läßt, wahre Vaterlandsliebe und wahre Treue heiße, deinem Volke beizustehen ohne Rücksicht auf Recht und Unrecht.

SÖLLE: Ich bin, wenn ich mein eigenes Land betrachte, ganz mit Ihnen einig. Es gibt ein tief wurzelndes Mißverständnis der Absichten Gottes mit uns, ein Mißverständnis des Heils als Heilung von einzelnen, die von dieser mehr oder weniger schlechten Welt, die nun einmal nicht zu ändern ist, befreit werden. Diesem Verständnis geht es nicht um das Reich Gottes; es geht ihm um das Heil des Ego auf eine Weise, daß Individualismus eigentlich das Herz dieser Art von Religion ausmacht.

Im Verständnis des Nationalismus gibt es, glaube ich, einige Unterschiede, denn ich bin überzeugt, daß in Westeuropa, oder wenigstens in Deutschland, der Nationalsozialismus 1945 gestorben ist, mehr oder weniger; damals erhielten wir statt dessen eine neue Identität, die daraus bestand, zum Westen zu gehören, vor allem wirtschaftlich, militärisch und, hinsichtlich unseres politischen Systems, auch politisch. Sobald wir von westlicher Kultur und westlichen Idealen abrücken, kriegen wir Schelte, sind wir schlechte Deutsche, schlechte Demokraten oder was immer. Der nächstliegende Vorwurf, den sie gegen jene schleudern, die nicht gleicher Meinung sind oder die Widerspruch anmelden, ist natürlich – genau wie in Ihrem Falle –, daß wir alle Kommunisten seien, im Solde Moskaus, wie jedermann weiß! Sobald man gegen dieses goldene Kalb der wirtschaftlichen und militärischen Ordnung etwas einzuwenden hat und sagt: »Nein, das ist nicht der Gott, der uns aus Ägypten geführt hat, das ist nicht unser Gott«, dann bist du für sie ein Kommunist.

BEYERS NAUDÉ: Stimmt.

SÖLLE: Das bekommt man immer wieder zu hören, in mehr oder minder freundlicher Weise.

INTERVIEWER: Sind Sie schon geächtet worden, wie es Dr. Beyers Naudé von sich erzählt hat?

SÖLLE: Ja, ich könnte das so nennen. Ich meine, ich lehre nicht in meiner Heimat, sondern in einem, theologisch gesprochen, liberaleren Land, was die Vereinigten Staaten in mancher Weise noch immer sind.

INTERVIEWER: Möchten Sie heute gern Professor der Theologie in Deutschland sein?

SÖLLE: Vor Jahren hatte ich diese Idee, diese Absicht – aber aus verschiedenen Gründen kam es einfach nicht dazu. Einer war sicher der, daß ich eine Frau bin. Dazu kamen die politischen und theologischen Fragen. Ich bin darum nicht verbittert; so ist nun einmal das Leben. Ich glaube, meine Entwicklung als Theologin hat einen großen Schritt vorwärts gemacht, als ich von meinen Brüdern und Schwestern in der Dritten Welt einiges lernte. Was ich suchte oder in den Griff bekommen wollte, war eine Art politische Theologie, aber sie haben mir diesen schönen neuen Begriff einer Theologie der Befreiung geschenkt, und seither versuche ich, Befreiungstheologie für Bewohner der Ersten Welt in meiner Heimat zu machen. Das bringt es selbstverständlich mit sich, daß man geächtet wird; man kriegt Schwierigkeiten mit der Familie und mit Freunden und vielen andern Leuten und mit den Medien usw. Sie machen dich einfach zur Un-Person.

BEYERS NAUDÉ: Richtig.

INTERVIEWER: Kennen Sie dergleichen?

BEYERS NAUDÉ: Allerdings. Und sobald es ihnen gelingt, dich zur Unperson zu machen, verliert daher alles, was du sagen magst, jede Wichtigkeit und Bedeutung, und so machen sie alles wertlos, was du auch sagst, und damit beseitigen sie die Gefahr, daß die Ideen und Gedanken, die du vorträgst, eine Wirkung haben. Ich glaube, das war der Sinn des Bannbefehls, den sie gegen mich erließen. Sieben Jahre lang, wissen Sie. Die Deutschen haben ein schönes Wort dafür, eine lebhafte Beschreibung der Sache: Man wird »mundtot« gemacht. Kein Wort, kein Lebenszeichen. Nichts rührt sich. Nur so werden sie damit fertig.

Aber was mir wirklich ein Rätsel ist – und vielleicht könnten Sie mir da helfen –, das ist, daß Sie Redefreiheit genießen, zum Beispiel in der deutschen Gesellschaft und in der Kirche. Sehen Sie sich doch all die Publikationen an, all die Zeitungen, die Medien – jedermann ist frei, seine oder ihre Meinung zu äußern. Und ich spüre das, wenn ich, zum Beispiel, an den Kirchentag denke. Ich habe dort Tausende junger Leute zusammenkommen sehen, die aufrichtig nach Wahrheit suchten, nach einem sinnvollen Leben, der Beziehung ihres christlichen Glaubens zu ihrer Lebensweise und zu den Problemen auf der ganzen Welt. Ich meine, vormittags, wissen Sie, habe ich sechs- bis siebentausend junge Leute in acht verschiedenen Hallen über Bibelstudien sitzen sehen – und doch höre ich gleichzeitig in ganz Deutschland klagen, die Jungen seien nicht mehr in der Kirche. Nun, da stellt sich mir sofort die Frage: nicht, was ist mit den jungen Leuten los? sondern: was ist an der Kirche verkehrt?

SÖLLE: Aber sicher. Es ist notwendig, daß die Kirche aufwacht aus ihrer Apartheids-Theologie, wie ich das nennen möchte – es ist ja fast wie in der Scholastik, als die Theologen darüber debattierten, wie viele Engel auf einer Nadelspitze Fuß fassen könnten. Und so halten wir die Theologie von der Wirklichkeit, von unseren heutigen Problemen fern, wenn man sie mit Begriffen des 16. Jahrhunderts betreibt. Wirkliche theologische Fragen heute sind: Wie und wo wollen wir, zum Beispiel, unser Geld anlegen? Sollen wir es vertrauensvoll bei einer Bank anlegen, die ihren Profit aus dem Geschäftsleben Südafrikas zieht? Kaufen wir weiterhin südafrikanische Outspan-Orangen, oder protestieren wir und sagen unseren Leuten, sie schmeckten nach Blut?

Das sind Fragen, die wir in unsere kirchlichen Vereine und Organisationen hineintragen wollen. Das sind Dinge, die wir mit den Leuten diskutieren; wir verkünden ihnen, daß Christus heutzutage auf diese Weise gekreuzigt wird und daß man keinerlei Frömmigkeit entfalten kann außerhalb und unabhängig von all dem, indem man sich an der Wirklichkeit die Hände nicht schmutzig macht. Ich glaube, es gibt ein tiefes religiöses Bedürfnis oder ein Verlangen, mehr über Religion zu lernen, zu hören und zu verstehen, worum es dabei geht. Es gibt einen echten Durst nach Religion. Aber mit Apartheidstheologie kann er nicht gelöscht werden; dafür genügt kein Coca-Cola. Und es gibt eine Art kirchliches Coca-Cola, aber die Leute fangen endlich an zu begreifen, daß ihnen das nicht hilft.

BEYERS NAUDÉ: Aber die jungen Leute – die sind zu schlau, die haben das innere Gespür, die sind von Grund auf ehrlich, ja sie haben die schonungslose Ehrlichkeit, mit der sie zuhören und erwägen und überlegen und mit der sie am Ende zu dem Schluß kommen, daß das, was diese Person da sagt, in keiner Weise die Wirklichkeit spiegelt, wie ich sie sehe, wie ich sie erlebe und für wahr halte. Und das ist mein Grundproblem auch im Hinblick auf das, was sich in unserm Lande abspielt.

INTERVIEWER: Wie steht es denn um die Jugend in Ihrem Lande?

BEYERS NAUDÉ: Ja, so oft mir eine Frage nach meinem Land gestellt wird, muß ich immer zunächst mit einer Gegenfrage antworten: Von welchem Bevölkerungsteil reden wir, dem weißen oder dem schwarzen? Denn die Trennung reicht so tief, daß praktisch alle Antworten, Werte und auch Bewertungen bekanntlich grundverschieden sind. Was die jungen Weißen betrifft, so lebt die Mehrzahl in Unkenntnis dessen, was in Südafrika vor sich geht, oder selbst wenn es ihnen bewußt ist, bleiben sie unbeteiligt, es betrifft sie nicht, es berührt sie nicht so tief, und selbst wenn es das tut, fürchten sich manche davor.

INTERVIEWER: Das können also nicht die Jungen sein, auf die Sie so große Hoffnungen setzen?

BEYERS NAUDÉ: Nein, sicher nicht. Wenn ich in Südafrika meine Hoffnung auf die Jugend setzen soll, dann meine ich vorab die schwarze Jugend, die mitmacht, die ihr Leben einsetzt, die Südafrika und der Welt etwas sagen will, auf eine Weise, die für viele schockierend, ganz unleidlich, schmerzhaft ist. Sie sagen: »Es tut uns leid, aber wir verstehen euer christliches Leben und euren christlichen Glauben, so wie ihr sie darstellt, nicht. Für uns sind sie belanglos und ohne Sinn. Wir wollen ein konkretes, lebendiges Beispiel für Gerechtigkeit, für Rechtschaffenheit, für Liebe, Wahrhaftigkeit und Freiheit sehen.« Sobald sie etwas davon an einem Pastor oder einem Priester sehen oder an irgendeiner Person, die sich Christ oder Christin nennt, machen sie mit.

Wenn es sich nun aber so verhält, dann frage ich mich: Warum hören auch wir als Kirche in Südafrika nicht darauf – warum sind wir dafür nicht empfänglicher und gehen darauf ein, statt zu warten, bis eine Konfliktsituation entsteht, wo junge Menschen gezwungen sind, zu Steinen zu greifen und sie zu werfen, Molotow-Cocktails herzustellen und zu verwenden, und dann von einem großen Teil der christlichen Gemeinde, innerhalb und außerhalb des Landes, wegen ihres Handelns verurteilt werden? Warum verhalten wir uns so, statt uns zu fragen: Sind im Grunde genommen nicht wir zu tadeln, weil wir es zugelassen haben, daß eine Situation entstand, wo diese jungen Menschen ihrerseits zu einem solchen Handeln gezwungen waren?

SÖLLE: Dabei fällt mir ein, daß Gandhi, der Apostel der Gewaltlosigkeit, einmal gefragt wurde, ob er auch gegen Hitler gewaltlos kämpfen würde, und er sagte, nein, das könnte er nicht, denn gegen Hitler müßte er Gewalt anwenden. Und das hat der Held der

Gewaltlosigkeit gesagt, und ich glaube, der ANC (African National Congress, Nationalbewegung der Schwarzafrikaner) sagt das gleiche. Sie haben sich ernstlich bemüht – das ist eine schreckliche Geschichte, die Geschichte des afrikanischen Freiheitskampfes in Ihrem Lande: wie lange sie die Gewaltlosigkeit durchhielten und wie blutig sie niedergeschlagen wurden, genau wie Gandhis Leute immer wieder niedergeschlagen wurden, die harmlosen Leute, die nichts taten – wie in Sharpeville. Und das Schlimmste an Sharpeville ist, daß es weitergeht. Eben dieses Jahr ist es wieder passiert – die gleiche Geschichte, als sei nichts geschehen.

BEYERS NAUDÉ: Und zwar genau am gleichen Tag, wissen Sie, das machte es so schrecklich, genau am gleichen Tag, 25 Jahre danach, am Gedenktag von Sharpeville: zwanzig Menschen, unterwegs zu einem friedlichen Begräbnis, werden erschossen und getötet. Da stellt sich die Frage: Lernen wir denn nie etwas? Und wie reagiert die christliche Gemeinde?

Apropos ANC: Man weiß im allgemeinen nicht, daß der ANC 1912 gegründet wurde, zwei Jahre nach der Südafrikanischen Union; er wurde aus Protest gegen die Gründung der Union gebildet, wo die legitimen Rechte der schwarzen Gemeinschaft einschneidend beschränkt, in Tat und Wahrheit abgeschafft wurden.

48 Jahre bestand der Afrikanische Nationalkongreß als völlig friedliche politische Organisation, die versuchte, den Widerstand friedlich aufzubauen – Luthuli, wissen Sie, der bekannte Führer des ANC, der Nobelpreisträger, bis zu seinem Todestag ein Anwalt der Gewaltlosigkeit. Und wissen Sie, das folgende hat sehr tief in mein Leben eingegriffen: Zum ersten Mal begann ich die Geschichte des ANC zu lesen, und zu meiner Schande muß ich gestehen, daß ich bis 1960 nicht einmal wußte, daß es den ANC überhaupt gab. Es ist schrecklich, aber wahr!

Und als ich nun zum ersten Mal anfing, davon zu lesen, war meine erste Frage: Gab es während dieser 48 Jahre irgendeine Kirche in Südafrika, die offiziell diese Zielsetzung unterstützte und das Streben nach Gerechtigkeit und nach Freiheit seitens der Mehrheit des Volkes? Soviel ich weiß, gab es keine einzige Resolution, die von irgendeiner Kirche oder von irgendeiner Synode während jener 48 Jahre gefaßt worden wäre, um eine moralische Unterstützung auszudrücken. Von einzelnen ja, aber nicht von einer Kirche als ganzer. Und das warf für mich wieder die schmerzliche Frage auf: Was ist verkehrt an unserem Glaubensverständnis und -bekenntnis, daß wir in so einer Art Kokon leben, in den wir uns einspinnen, mollig warm eingekuschelt, und die Welt da draußen – mach dir nichts draus, das ist ihr Problem!

INTERVIEWER: Sie scheinen beide sehr enttäuscht zu sein von der Kirche, von Ihren eigenen Kirchen und von der Kirche als solcher. Hat diese Kirche eine Zukunft?

SÖLLE: Wissen Sie, ich bin überzeugt, daß wir in einer Zeit leben, wo diese Ehe zwischen der Kirche und der kapitalistischen Ordnung zerbricht. Die Scheidung ist noch nicht vollstreckt, aber das kommt noch. Die Zeit arbeitet für die Trennung von Kirche und Kapitalismus, und wir müssen innerhalb dieses Vorgangs wirken und die Kirche vom Würgegriff des Glaubens an die Werte des Kapitalismus befreien, damit sie Gott außerhalb dieses Systems am Werk sehen kann. Und ich bin nicht ganz ohne Hoffnung. Ich bin skeptisch gegenüber meiner eigenen Kirche in Westdeutschland wegen ihrer sehr eigenartigen Stellung als »Volkskirche«, mit all dem Geld im Hintergrund. Ich denke, meine Kirche wird vielleicht die letzte sein; nachdem sich alle andern Kirchen zu Jesus Christus bekehrt haben, wird sogar die Westdeutsche Kirche zu Jesus bekehrt werden. Wenn ich mich umsehe, nach Osten blicke, nach Ostdeutschland, und was sie in der Kirche über den Frieden sagen, und nach Holland – unsere zwei Nachbarn, die sind uns, meiner Kirche, weit voraus. Was unsere Kirchen sagen, ist schwach, unklar, unsicher, gibt dem Volk keine klare Richtung an. Sie sind nicht imstande zu verurteilen, was heutzutage verurteilt werden muß. Sie sind nicht imstande zu sagen, daß es eine Sünde ist, Kernwaffen zu bauen, geschweige denn sie einzusetzen, usw. Bei alledem bin ich weniger skeptisch gegenüber dem Wirken Gottes anderswo. Aber ich glaube, es fängt wieder an wie im Neuen Testament: bei den Armen und nicht bei den Reichen.

BEYERS NAUDÉ: Wenn ich auf Ihre Frage eingehen darf: Ich finde, es hängt davon ab, was wir unter »Kirche« verstehen. Wenn wir hauptsächlich die Institution meinen, die Struktur, die sichtbaren, herkömmlichen Symbole, dann glaube ich, daß die Kirche in diesem Sinne eine Krise nach der andern durchmachen muß, bis sie einsieht und anerkennt, daß die Kirche im eigentlichen Sinn des Wortes dort ist, wo das Volk Gottes ist, wo das Leben neu entdeckt wird, der wahre Sinn von Liebe, von menschlicher Gemeinschaft, von wechselseitiger Rücksicht aufeinander, von Sorge um die Menschen, von der Suche nach wahren, sinnvollen Beziehungen, nach Verständnis unter den Menschen, nicht nur unter Christen, sondern unter allen. Darum bin ich in diesem Sinne voller Hoffnung angesichts dessen, was geschieht, nicht nur in unserem Land, sondern auch in andern Ländern, denn es öffnen sich neue Perspektiven des christlichen Glaubens und der Wahrheit, die von so vielen kleinen Gruppen entdeckt und sozusagen durchlitten werden. Ungeheuer ermutigende Einsichten und Beispiele zeigen sich. Wenn ich an Südafrika denke, dann macht mir Mut, daß manchmal die sinnreichsten Enthüllungen eines neuen Verständnisses des christlichen Glaubens und der christlichen Kirche und der christlichen Gemeinschaft uns von den Ärmsten kommen, von Gemeinschaften, die in der Regel nicht als maßgebend oder mächtig angesehen werden, oder sie kommen uns von denen, die in der Regel selber niemals glauben, sie hätten wirklich etwas zu sagen. Aber wenn man einmal anfängt, auf das zu hören, was sie sagen, ist es einfach wunderbar; und dann gewahrwerden, wie wenig ich weiß und wie sehr ich es nötig habe, ständig bekehrt zu werden, mit meinem ganzen Verständnis, mit meiner ganzen Bereitschaft; und daher in wahrer Demut zu Füßen solcher Menschen sitzen und lernen und hören! Und in diesem Sinne glaube ich, daß es für die Christenheit auf der Welt eine ungeheure Zukunft gibt.

SÖLLE: Das glaube ich auch ...

INTERVIEWER: Aber nur, wenn sie sich zum wahren Evangelium bekehrt?

SÖLLE: Ja, aber wer ist die Kirche? Ich glaube, die wahre Kirche wächst heute nicht von innen her, sondern von außen, von den Friedensgruppen, von den Frauengruppen her, von Gruppen, die in gewissen Bereichen der nach-christlichen Kultur leben und denken und immer besser den Sinn des Evangeliums verstehen und es denen wegnehmen, die beanspruchen, die Herren des Evangeliums zu sein, nämlich jenen weißen, männlichen Theologen der Mittelklasse. Denen nehmen sie es weg und brauchen es genau so, wie Sie es beschrieben haben, indem sie nämlich unser Leben im Licht des Evangeliums teilen und gemeinsam verstehen.

Ich setze meine Hoffnung nicht so sehr auf die Jugend als solche – ich halte das für eine Art Mythos –, sondern ich setze meine Hoffnung vielmehr auf Frauen, auf Frauengruppen in der Ersten Welt. Frauen, die so verzweifeln an der Kultur, in der wir leben, an der Apartheid, dieser kulturellen Apartheid, der Brutalität, dem Ungeist des Wettbewerbs und dergleichen Faktoren unserer Lebensweise, daß sie sich davon absetzen müssen – einfach, um

menschlich zu bleiben oder es zu werden. Glaube wächst in neu-
en Formen auf der ganzen Welt, und gewisse Anzeichen dafür
sind geradezu klassisch. Ich meine Basis-Gemeinden und als
zweiten Faktor – aber dazu haben Sie mehr zu sagen als ich –
Martyrium, eines der klassischen Zeichen, wo immer die Kirche
lebt und wächst. Wir in der Ersten Welt, in relativer Freiheit, erfahren Martyrium im strengen Wortsinn nicht. Aber ich glaube,
wir sollten uns und andere in unserer Mitte auf zunehmende Ein-
schränkungen und Diskrimination gefaßt machen. Der Preis fürs
Christsein wird in den nächsten zwanzig Jahren steigen; es wird
immer mehr kosten; es wird härter werden, ein echter Christ zu
sein.

INTERVIEWER: Und werden auch die Löhne steigen, was meinen
Sie? In Holland denken wir kommerziell. Wir wollen wissen, in
was wir investieren.

SÖLLE: Christus hat uns nicht den Sieg versprochen. Ich glaube,
das wäre eine Illusion. Christus hat uns Leben versprochen, und
das schließt den Tod ein. Christus hat nicht gesagt, wir würden
gewinnen. Das sagen uns andere immerzu, aber ich finde, so zu
denken wäre zu oberflächlich. Wir hoffen zu gewinnen; wir
kämpfen, um zu gewinnen und uns und andere zu befreien; aber
ich glaube nicht, daß wir unser Ringen mit den Begriffen Erfolg
und Mißerfolg richtig erfassen.

INTERVIEWER: Dr. Naudé, Sie sind jetzt siebzig, Sie müßten es
wissen.

BEYERS NAUDÉ: Dürfte ich dazu wohl anfügen, daß eine der
wunderbarsten Entdeckungen, die ich auf meines Lebens Pilger-
fahrt gemacht habe, darin besteht, daß der Augenblick kommt,
wo man gar nicht mehr nach dem Lohn fragt; er verliert seine
Wichtigkeit. Was wichtig ist, das ist die Erfahrung von Leben, von
innerem Frieden, von Glaubenskraft, von Ausdauer im Engagement, wie schwach dieses auch sein mag, und von eben diesem
Vergessen, von diesem Nichtachten der herkömmlichen Wertsysteme, die man in dir und um dich aufgerichtet hat und die dir
nun nichts mehr bedeuten. Geld? Nun, freilich braucht man
Geld, um zu leben. Aber Geld in dem Sinn des Wortes, daß es ein
Symbol für Sicherheit und Geltung wird? Nein. Popularität? Der
Beifall der Welt? Es gehört vielleicht zu den sinnvollsten Lebens-
erfahrungen dieser Pilgerreise, auf der ich mich befinde, daß so
viele der überkommenen Werte, die mir vor Augen gehalten wurden – unbewußt; ich glaube nicht, daß meine Eltern es absichtlich taten, denn sie waren zutiefst fromme Menschen, und ich

achte sie, weil sie uns das Allerbeste mitgaben, wie sie es verstanden, ... Aber ich mußte herausfinden, daß so viele dieser Werte für mich einfach ihren Sinn verloren, und daraus gewann ich einen inneren Seelenfrieden, auch eine Furchtlosigkeit, so daß – auch wenn mich jemand fragte, angenommen, du könntest zurück, angenommen, jetzt, wo du in Gefahr bist, wo du morgen dein Leben verlieren kannst – meine Antwort ist: Nun, wenn es dazu kommt, was soll's? Ist denn dann nicht der Tod, den du als Resultat dessen erlebst, was du im tiefsten Sinne des Wortes sein willst, ist der dann nicht gewissermaßen eine Krönung deines ganzen Lebens und dessen, was du mitzuteilen versuchst?

Ich werde oft gefragt: Aber werden Sie denn nicht müde? Sie kämpfen jetzt doch immerhin schon – wieviel Jahre? – seit 1960. Seit nunmehr 25 Jahren! Meine Frau hat mich schon oft gefragt: Beyers, du wiederholst dauernd dasselbe Anliegen, trägst dieselbe Überzeugung vor, setzt dich dafür ein – wirst du denn nicht müde? Dann antworte ich ihr: Natürlich werde ich zuweilen müde, körperlich müde; aber wenn du mich fragst, ob ich im Geist oder in meinem Wesen, ob ich zuinnerst müde werde, dann muß ich sagen: nein. Denn in mir steckt eine tiefe Überzeugung von der ungeheuren Kraft der Wahrheit und der Liebe, der menschlichen Gemeinschaft und der Bereitschaft zu lernen und besonders von der unscheinbarsten Person zu lernen. Und wo solche Weisheit zum Vorschein kommt und wo ich immer wieder verblüfft dastehe und mir sagen muß, wie dumm bist du gewesen, Beyers, das nicht zu sehen und dies und das nicht früher zu entdecken, und dann fühle ich mich so ungeheuer bereichert, daß ich spüre: O. K., der nächste Tag mag kommen. Ich bin bereit.

INTERVIEWER: Darf ich Sie, Frau Dr. Sölle, fragen: Sind Sie oft müde?

SÖLLE: Sicher bin ich müde. Ich bin es müde, immer und immer wieder das gleiche zu sagen, das gleiche zu tun. Aber in einem innerlichen Sinn bin ich überhaupt nicht müde. Ich kann der Frohen Botschaft nicht müde werden – das wäre ein innerer Widerspruch. Wenn das Evangelium das Evangelium ist, nährt es mich und stärkt mich, und ich glaube fest, daß meine größte Stärke von den Armen kommt. Die Befreiungstheologie kennt den Grundsatz: Die Armen sind unsere Lehrer. Das Lehren geschieht also nicht in Rom oder Wittenberg oder meinetwegen Amsterdam. Es geschieht anderswo. Und heute geschieht es, wo die Armen sind; auf die Armen zu hören verleiht ungeheure Stärke. Ich habe das Buch Ihrer Landsmännin und Schwester Winnie Mandela

170

durchgelesen – ein wunderbares Buch, wo sie von all der alltäglichen Diskriminierung und Hetze spricht, mit Hilfe der grausamsten Gesetze und gesetzähnlichen Verordnungen, die den Alltag jedes einzelnen dort bestimmen. Und doch finde ich in dem Buch nicht die mindeste Verzweiflung, Frustration, Müdigkeit, nichts von all diesen spätkapitalistischen Stimmungen, denen wir alle unterworfen sind. Nichts von Ohnmacht. Statt dessen finde ich in dem Buch auf jeder Zeile Stärke, Klarheit, Kraft und ein tiefes Gefühl, daß die Wahrheit uns frei machen wird. Sie haben eine andere Beziehung zur Wahrheit als wir.

BEYERS NAUDÉ: Sehr wahr.

SÖLLE: Ich war gerührt, als ich sah, daß Sie an einem Blatt mit dem Namen *Pro Veritate*, Für die Wahrheit, arbeiten, und ich glaube, wir haben nichts nötiger als das, in einer Welt, wo Kinder aufwachsen, die sechs bis acht Stunden täglich vor dem Fernseher sitzen, der sie über Katzenfutter oder die neueste Haarmode oder was auch immer unterrichtet – das lächerlichste Zeug, womit die Leute einer Gehirnwäsche durch die unbewußten Signale unserer Kultur unterzogen werden, die so verheerend wirkt. Ich glaube, wir haben nichts nötiger als Wahrheit, und in diesem Sinne bin ich davon überzeugt, daß die wichtigste Rolle der Kirche heute die der *mater et magistra* ist: Lehrerin zu sein. Die Kirche hat zu lehren.

INTERVIEWER: Mutter sowohl als Lehrerin?

SÖLLE: Mutter sowohl als Lehrerin, ja.

BEYERS NAUDÉ: Ich kann nur aus der Erfahrung unseres Vaterlandes und unserer Gemeinschaft sprechen und sagen, daß eine weitere meiner Entdeckungen besagt, daß uns diese Wahrheit in der Regel nur in Krisensituationen offenbart wird, wo man auf die Probe gestellt wird, wo man eine Wahl treffen muß, wo man Klarheit in sein Denken bringen muß, darüber auf welcher Seite das Recht ist, auf welcher Seite die Freiheit, wo man nicht mehr sagen kann: ich bleibe neutral. In einer Krisensituation gibt es keine Neutralität, oder doch keine wahre Neutralität, und ich glaube, eines der Hauptprobleme der Kirche besteht darin, daß sie in gewissem Sinn dazu erzogen wurde, sich als neutrale Instanz zu sehen. Wir haben auch das Friedenstiften mißverstanden, so daß die Kirche oder doch ein großer Teil der Kirchenleitung glaubt, daß man nur dann als echter Friedensstifter tätig werden könne, wenn man neutral bleibe, und das ist unmöglich.

SÖLLE: Das ist unmöglich.

BEYERS NAUDÉ: Vor allem muß man sich auf die Seite der Wahrheit stellen. Und erst dann kann man wahrhaft zum Friedensstifter werden; denn nun verhilft man dem Gegner zur Einsicht, daß er oder sie die Wahrheit nicht verstanden hat, und sobald beide Seiten entdecken, wo die Wahrheit liegt – auch die Wahrheit von Gottes Liebe, die Wahrheit echten Engagements und echter Gemeinschaft, die Wahrheit von Menschen, die ohne Furcht zusammenleben –; sobald sie das entdeckt haben, ja dann wird das wahre Friedenstiften zu einer motivierenden und erneuernden Kraft.

SÖLLE: Ich möchte ein Beispiel dafür anführen. Am 8. Mai 1985, dem Tag der Kapitulation oder der Befreiung, bezogen auf den 8. Mai 1945 – war ich in Berlin, um in einer Massenveranstaltung zu sprechen, zusammen mit Rev. Jesse Jackson aus den Vereinigten Staaten. Und er hielt eine sehr bewegende Ansprache gegen solche Neutralität, und er machte uns das sehr deutlich, als er sagte, wer gegen das Dritte Reich spricht, muß auch gegen das Vierte Reich sprechen, und mit dem Vierten Reich meinte er Südafrika! Es war eine Rede voll Kraft und Klarheit, die den Leuten Mut machte, gegen diese Form von Ungerechtigkeit zu kämpfen und neu zu lernen, was Liebe und Gerechtigkeit ist.

BEYERS NAUDÉ: Darf ich dazu dieses sagen, daß ich finde, was in dieser Hinsicht in unserem Lande geschieht, ist gewissermaßen eine wahre Prüfung auf Herz und Nieren, der die ganze Kirche in Südafrika unterzogen wird. Ich habe das Gefühl, daß wir dort geprüft werden wie nie zuvor. Und dabei rede ich nicht nur von den drei weißen Niederdeutschen Reformierten Kirchen, die die Apartheid noch immer unterstützen; ich spreche von den Kirchen, die für sich in Anspruch nehmen, Apartheid abzulehnen und eine neue Gemeinschaft zu suchen, aber dennoch in so mancher Hinsicht bekanntlich noch immer nicht bereit sind, den Preis zu zahlen. Und was in dieser Hinsicht dort in Südafrika geschieht, das könnte, glaube ich, bis zu einem gewissen Grad einen Leitfaden oder hoffentlich gar eine Erleuchtung für andere Teile der Welt bedeuten.

Denn wenn wir imstande sind, wieder zu entdecken, was es heißt, Kirche zu sein, christlich zu sein, in wahrer Gemeinschaft und in Mitmenschlichkeit und Verständnis und Liebe und Verzeihung zu leben, eine gerechtere Gesellschaft zu bauen, auch die wahren Wurzeln des Friedens zu entdecken, dann mag es sein, daß wir in dem Schmelztiegel dieser Gesellschaft, die in gewissem Sinne einen Mikrokosmos der ganzen Welt darstellt, wo Menschen verschiedener Kulturen und Sprachen und Bekenntnisse und Religionen und Klassen beieinander wohnen, imstande sind, ein Beispiel zu geben und Hoffnung zu verbreiten. Wenn es auch nur ein kleiner Teil der Gemeinschaft ist – schwarz und braun und weiß, wenn ich mich dieser Rassenbezeichnungen bedienen darf, die ich nicht mag, die sich aber wegen unserer Situation nicht vermeiden lassen . . .

INTERVIEWER: Wir sind alle Farbige!

BEYERS NAUDÉ: Ja, glücklicherweise. Wenn wir imstande sind, das wenigstens ein klein wenig zu entdecken und darzuleben, es sinnvoller in Szene zu setzen, dann hoffe und bete ich, daß daraus eine Botschaft der Ermutigung und der Aufklärung und der Hoffnung wird und auch andere Gemeinschaften erreicht.

SÖLLE: Ja, und ebenso die Macht-Eliten der Ersten Welt. Ich bin zwar überzeugt, daß Gott durch die Armen und mit den Armen wirkt, und daß sie es sind, die die Befreiung fördern. Aber in unserer historischen Situation brauchen sie die Mitwirkung von Christen, von diesen Minderheiten, die wir noch immer sind und vielleicht bleiben. Sie brauchen die Unterstützung der Minderheiten drinnen, mitten im Bauch des Großen Tieres aus dem Abgrund. Zum Beispiel jener meiner Brüder und Schwestern in den Vereinigten Staaten, die an die Grenze Nicaraguas gehen und den eindringenden Contras und ihren Geldgebern sagen: »Bitte, tötet uns zuerst, bevor ihr all die Nicaraguaner umbringt. Wir sind amerikanische Bürger. Hier ist unser Paß.« Das ist in meinen Augen eine wunderbare Zeugenschaft für den Frieden, und ich glaube, es gibt davon mehr, als wir gewöhnlich wissen.

BEYERS NAUDÉ: Es ist das gleiche in Südafrika. Da gibt es zwei größere Hochverratsprozesse, die der Gemeinschaft zur Zeit aufgezwungen werden. Der eine beginnt am 11. Juli, der andere später im Jahr: 16 Personen im einen Fall, wichtige Führer der Gesellschaft für Südafrika, die für Recht und Frieden kämpft; 22 andere, darunter einige der engagiertesten Christen, die ich in meinem Leben je angetroffen habe. Und ich frage mich: Wohin führt uns das? Wie wird das Echo sein seitens der Christenheit innerhalb wie außerhalb Südafrikas? Ich will nicht behaupten, es sei unmöglich, daß diese Gerichtsverfahren Beweise dafür zutage fördern, daß einer oder mehrere von ihnen vielleicht erwogen haben, eine Gewalttat in Betracht zu ziehen oder zu unterstützen.

Aber selbst wenn das der Fall ist – meine Frage lautet: In welchem Grade versuchen wir in Südafrika die Botschaft zu hören und zu verstehen und zu deuten, die diese Menschen sowohl Südafrika wie der Welt draußen mitteilen wollen? Selbst wenn alle

173

verurteilt werden, selbst wenn alle 38 ins Gefängnis kommen, mit Gefängnisstrafen von möglicherweise 5 bis 15 oder 20 Jahren – ich bin überzeugt, daß der unzähmbare Geist dieser Menschen kein bißchen gedämpft oder gebändigt wird. Sie werden tiefer überzeugt aus dem Gefängnis kommen, mit innerer Kraft – und ohne Haß. Das ist etwas, was mich die schwarze Gemeinschaft Südafrikas gelehrt hat: Junge Menschen werden gefangengesetzt, gefoltert, mißhandelt, kommen heraus, und ich frage sie: Haßt ihr uns Weiße jetzt nicht, nach allem, was ihr an Schmerzen und Leiden erfahren habt? Und dann kommt die Antwort: Am Anfang hatte ich Angst, und da haßte ich, und dann fand ich heraus, nein, ich bin der Starke, denn ich muß Mitleid haben mit diesem Menschen. Er ist ein Opfer, er ist gefangen in seiner eigenen tragischen Weltanschauung, und darum ist er der Unfreie und ich bin der Freie. Und wissen Sie, wenn man das einmal gehört hat von einem Menschen, der schwer gefoltert wurde, und etwas mitbekommt von der ungeheuren Wärme dieses Geistes der Liebe und der Gemeinschaft und der Verzeihung, dann fängt man an zu verstehen, daß es eine ganz neue Sicht auf den christlichen Glauben gibt, die diese Menschen in gewissen Krisensituationen vermitteln können.

INTERVIEWER: Und darum sind die Armen unsere Lehrer?

SÖLLE: Ja, darum könnte uns das keiner lehren außer denen, die das alles durchgemacht haben und uns wirklich etwas darüber sagen können, was es heißt, seinen Feind zu lieben. Ich meine, die Feindesliebe sei vielleicht das Schwierigste am Christentum, am christlichen Glauben. Als ich jung war, mit meiner bürgerlichen Erziehung, dachte ich immer: Ich hab' keine Feinde. Was für eine seltsame Vorstellung! Ich glaubte wirklich, ich hätte keine Feinde, und das war meine Lösung des Problems: Ich hab' keine Feinde. Das war sehr typisch für ein junges Mädchen, das aus dieser Kultur stammte, und ich brauchte eine ganze Weile, bis ich verstand, daß Jesus etwas anderes meinte. Er hat uns nicht eine nette bürgerliche Illusion geschenkt. Wir haben Feinde. Es gibt heute Feinde der Menschheit, die verschiedene schreckliche Anschläge auf das Menschengeschlecht planen. Es ist lächerlich, davor die Augen zu verschließen. Den Feind lieben heißt nicht, in freundlich optimistischer Weise Illusionen hegen, sondern es heißt darauf vertrauen, daß der in Panzerwagen und Kernwaffen und SDI-Kriegsvorstellungen usw. gefangene Feind – daß selbst dort etwas von Gott verborgen steckt, daß dieser Mensch befreit werden kann. Ich meine, es bezeugt einen viel tieferen Glauben, die Wirklichkeit von Haß und Feindschaft, die wirklich genug sind, nicht zu leugnen, sondern sie zu überwinden und darüber nachzudenken, wie Menschen sich ändern können.

BEYERS NAUDÉ: Aber ich möchte Ihnen die folgende Frage stellen, Dorothee: Sehen Sie eine Möglichkeit, daß aus all dieser Spannung und Qual und dem Zusammenstoß und der Gereiztheit und der Angst so vieler Gemeinschaften rund um die Welt – sehen Sie die Möglichkeit, daß aus all dem eine, lassen Sie mich es eine bekennende Gemeinschaft, eine bekennende Bewegung nennen, hervorgeht? Glauben Sie, es könne eine Gemeinschaft geboren werden, wo die Menschen – nun, vorab solche, die Christus verkünden und Christus bekennen – auf dem Grund ihrer Erfahrungen und ihrer Einsichten, sei es intuitiv, sei es bewußt, zu leben beginnen und einen tieferen Sinn im Leben entdecken, im Lieben, im Teilen, im Verstehen, im Verzeihen, in der Bereitschaft auch, für ihre Überzeugungen einzustehen und wenn nötig zu leiden und zu sterben? Und vielleicht könnte daraus auf der ganzen Welt so eine bekennende Bewegung hervorgehen?

Ich frage mich das, zum Beispiel, im Zusammenhang mit den Friedensbemühungen hier in Holland und in Westdeutschland und in andern Ländern. Woher kamen die? Ich meine, ganz plötzlich sind da Tausende, ja Millionen Leute. Irgend etwas war in ihnen geschehen, und eine tiefe Überzeugung hat sie alle zusammengebracht. Meine Frage lautet nun: Ist es unmöglich, zu hoffen und zu erwarten, daß etwas Ähnliches geschieht im Hinblick nicht nur auf alles, was mit Frieden zu tun hat, sondern auch mit Gerechtigkeit, mit der Beseitigung von Angst? Wäre es nicht möglich, daß die Menschen dahin kommen zu sagen, unsere Wertsysteme, die wirtschaftlichen, sozialen und kulturellen, die sind in manchen Hinsichten so verzerrt, daß wir spüren: So hat Gott das Leben auf Erden nicht gemeint? Das war die Botschaft, die ich am Kirchentag sehr stark gespürt habe, wissen Sie – im Hauptthema: »Die Erde ist des Herrn und alles, was sie erfüllt«, und es gab eine gänzlich neue Schau, die einige der jungen Leute nicht nur aufnahmen, sondern uns vermittelten mit ihrem Verständnis und ihrer Deutung. Und natürlich ist ihre Interpretation meilenweit entfernt von der theologischen Interpretation, die man bekommt, wenn man die Studierstube von Theologen betritt und eine theologische Dissertation nach der andern herauszieht – himmelweit verschieden –, aber ist sie nicht bedeutungsschwerer, ist sie nicht existentieller, ist sie der Wirklichkeit nicht näher?

SÖLLE: Dem kann ich nur aus vollem Herzen beipflichten. Jeder wahre theologische Satz schließt eine Verurteilung ein, eine negative Seite. So bedeutet »Die Erde gehört dem Herrn« zugleich, daß die Erde nicht General Motors gehört oder der United Fruit Company oder wem auch immer unter denen, die die Erde in Besitz nehmen. Aber man muß diese Besitzer der Erde eigens nennen. Sie gehört nicht dem Pentagon, auch wenn uns dieses die meisten Wälder und Erholungsgebiete wegnimmt und zu seinem Land macht, auch wenn es uns unsern Boden nimmt.

Aber wenn Sie mich fragen, wäre es nicht möglich – dann möchte ich antworten: Sie sehen doch so gut wie ich die Zeichen der Zeit, und es geschieht bereits vor unsern Augen, daß die Blinden zu sehen beginnen. In meinem Land wächst die Friedensbewegung langsam, aber Schritt für Schritt tief in den konservativen Sektor der Gesellschaft hinein. Die Blinden fangen an zu sehen. Das beweist, daß die Leute verstehen, was auf dem Spiel steht, wie Friede und Gerechtigkeit zusammenhängen und daß man den Frieden nicht auf Militarismus errichten kann, sondern nur auf Gerechtigkeit. Es gibt keinen andern Weg, den Frieden zu bauen. Und das geschieht, glaube ich, an vielen, vielen Orten auf der ganzen Welt. Helder Câmara nennt sie die Abrahamitischen Minderheiten, und das ist die »Gestalt« dieser Bewegung zur Zeit – aber ich glaube, sie wächst und wird sichtbarer – auch in Koalitionen mit andern Menschen verschiedenen Herkommens, vielleicht nicht Anhängern des christlichen Glaubens, sondern anderer humanistischer oder religiöser Traditionen. Parallel dazu habe ich stark den Eindruck, daß in den letzten Jahren der Respekt vor uns Christen, die in der Bewegung arbeiten, sehr gewachsen ist. Nicht vor der Kirche als solcher, aber vor denen, die versucht haben, diese neuen Gemeinschaftsformen zu leben und das Risiko und die Wahrheitssuche und das Ringen um Gerechtigkeit und Frieden.

INTERVIEWER: Wird es eine neue Bekennende Kirche geben?

SÖLLE: Ja, ich glaube, irgendwie. In der Befreiungstheologie – die ist ja nicht bloß eine neue Theologie, sondern eine neue Bewegung, aus der eine neue Form von Theologie hervorgeht – da haben wir bereits eine Veränderung an der Amtskirche oder der dominanten Kirche. Das geschieht durch eine gewisse Polarisation, was oft traurig ist, weil wir dabei Freunde und Brüder und Schwestern verlieren; aber ich glaube, es ist im Gang und es wächst. Ich finde, manche der Proklamationen des Weltkirchenrats haben bereits Bekenntnischarakter. Wenn man aufrichtig sagt, es sei eine Sünde gegen den Schöpfer, den Erlöser und den Geist,

Kernwaffen zu bauen und zu testen, dann ist das eine überaus deutliche Glaubensaussage und nicht bloß eine der Vernunft.

Und wenn gesagt wird, man könne Arme nicht mit Bomben ernähren, es brauche dafür anderes, dann ist das noch so eine Aussage, die sehr deutlich ist ... Und dergleichen kommt immer häufiger vor. Ich denke an die Gemeinschaft der Wissenschaftler und Ingenieure, eine wichtige Gruppe von Leuten, die eine Bekehrung von ihrer sinn- und zwecklosen Forschungsarbeit für Ich-weiß-nicht-Was brauchen – eine blinde Arbeit, höchst irrational im Namen der höchsten *ratio*. Es ist so seltsam. Und ich glaube, das ist schon im Begriff sich zu ändern. Wenn Sie an die MIT-Konferenz von 1979 denken, wo die Naturwissenschaftler alle eingestanden, sie wüßten nicht, wie weiter. Das ist ein sehr interessantes Zeichen der Zeit, und ich glaube, wir bewegen uns in Richtung auf eine Bekennende Kirche, die eine Kirche des Widerstands ist. Das ist das erste, was zu tun ist. Vielleicht war sich nicht einmal die historische Bekennende Kirche in Deutschland darüber genügend klar, was Widerstand wirklich bedeutet. Die meisten denken an Bonhoeffer, wenn sie von der Bekennenden Kirche hören. Das ist in Ordnung. Wenn sie an alle übrigen denken, ist es nicht in Ordnung.

INTERVIEWER: Es bedeutete immerhin: die Hälfte des Klerus im Gefängnis, Schikanen seitens der Regierung, kein Geld mehr vom Staat und dergleichen?

SÖLLE: Ja, das sagt etwas über das Gefängnis aus: ein anständiger Ort für einen, der in einem Unrechtsstaat lebt, wie Thoreau fand.

INTERVIEWER: Waren Sie je im Gefängnis, wie Beyers Naudé sieben Jahre im Bann war?

SÖLLE: Nein, das nicht. Ich habe verschiedenes durchgemacht und bin zu einer Geldstrafe verurteilt, die zwanzig Tagen Gefängnis entspricht. Und ich bin stolz darauf, Fakultätsmitglied am Union Theological Seminary zu sein, wo 18 meiner Kollegen kürzlich für kurze Fristen ins Gefängnis kamen – wegen Südafrika.

BEYERS NAUDÉ: Das ist mir bekannt.

SÖLLE: Das ist für mich ein schönes Zeichen, denn manche meiner Kollegen gehen, offen gestanden, sehr ungern auf die Straße und lassen sich nur widerwillig auf solche Dinge ein; sie sitzen viel lieber in der Bibliothek und verfassen Fußnoten. Aber die Begeisterung ist jetzt so stark, daß sie diese Leute mitreißt. Sie können einfach nicht beiseite stehen und neutral bleiben. In gewissen

Situationen ist das unmöglich, und die Leute verstehen das und handeln entsprechend.

INTERVIEWER: Ich glaube, dies war das erste Mal, daß Sie beide Gelegenheit hatten, einander sehr schwierige Fragen zu stellen. Nehmen wir an, es sei auch das letzte Mal, daß Sie sich begegnen – ich hoffe es nicht, aber es könnte so sein. Welches wäre dann die dringendste Frage, die Sie stellen möchten?

BEYERS NAUDÉ: Sie meinen, eine Frage, die wir einander stellen möchten?

INTERVIEWER: Wechselseitig.

BEYERS NAUDÉ: Die Frage, die ich Ihnen stellen möchte, wäre die folgende: Fühlen Sie in sich die Kraft, alles durchzustehen, was an Enttäuschungen auf Sie zukommen mag, an Zurückweisung, an Nicht-Anerkennung, an Warten, vielleicht Ihr ganzes Leben lang, ohne teilnehmen zu können am Sieg der Wahrheit, für die Sie eintreten? Glauben Sie, daß Sie durchhalten werden durch all die Jahre bis zum Ende?

SÖLLE: Mir fällt die Antwort eines Freundes darauf ein, als ich verzweifelt war und das Gefühl von Sinnlosigkeit hatte und daß ich doch nichts erreiche. Da sprach er von den Kathedralen des Mittelalters. Die Bauzeit der meisten dauerte 200, bei manchen gar über 300 Jahre, und viele Arbeiter an diesen Kathedralen haben nie das ganze Gebäude gesehen, haben nie darin gebetet, haben nie die Scheiben bewundert und all die schönen Dinge, wofür sie ihr Leben einsetzten. Und dann sagte mir dieser Freund: »Hör mal, Dorothee, wir, die wir an der Kathedrale des Friedens bauen, werden sie vielleicht auch nie sehen. Wir werden sterben, bevor sie vollendet ist, und doch bauen wir daran. Wir machen weiter, auch wenn wir in dem Gebäude niemals wohnen werden.« Ich glaube, das ist wahr, und irgendwie paßt es zu dem, worum ich Sie bitten wollte. Es ist eigentlich keine passende Antwort fürs Fernsehen ...

INTERVIEWER: Das ist nun doch einmal ein sehr ungewöhnliches Interview ...

SÖLLE: Ich wollte Sie um Ihren Segen bitten, mein Bruder. Ich brauche ihn.

BEYERS NAUDÉ (nimmt ihre Hände in die seinen): Darf ich? – Vater, der uns liebt! Das ist ein Augenblick tiefen und bedeutenden Zusammenseins. Ich danke Dir, daß ich weiß, Dein Segen ruht auf uns beiden und auf allen, die auf der Suche nach Wahrheit und Liebe und Frieden für die ganze Welt sind. Schenk sie uns. Hilf uns, sie zu empfangen und nie zu verlieren. Amen.

»Man kann nicht wirklich glauben, wenn man nicht zweifelt«

Gespräch mit Ursa Krattiger über Frausein, Bewahrung der Schöpfung und die Bewegung für Frieden und Gerechtigkeit

Ich versuche, Theologie zu betreiben im Sinne einer Befreiungstheologie für die Menschen in der Ersten Welt. Die Befreiungstheologie kommt ja aus der Dritten Welt zu uns – also von den Armen, den Schwarzen und von den Frauen – und ist bei uns ein Stück Gegentheologie gegen die der herrschenden Kirchen und der in ihnen herrschenden Gremien von Männern. Ich versuche eigentlich, ein Stück Religiosität oder Spiritualität zu artikulieren, so daß es hier wirksam wird und unser Leben mitbestimmt und nicht nur so ein Nebenbereich ist, was man nach Feierabend macht, sondern etwas, was wirklich mit unserer Realität zu tun hat.

Ist das ein Grund, daß Sie dafür eigentlich zwei Formen wählen, also die theologischen Schriften, aber auch die Gedichte?

Wenn man kritisch analytisch spricht und versucht, die katastrophale Lage, in der wir uns befinden auf dieser Erde, zu analysieren, dann genügt die Sprache der Prosa dazu. Es gibt sehr gute Instrumente, um eine vernünftige Analyse zu betreiben. Wenn man, was das Evangelium eigentlich will, Mut machen oder Widerstand aufbauen will und nicht nur sagen: Ja, ja, so schrecklich ist es!, sondern sagen kann: So muß es nicht sein, so muß es nicht bleiben, und es hat vor uns andere Menschen gegeben, die anders gelebt haben, und es gibt auch heute welche, die anders leben und

Das Gespräch wurde am 29. Dezember 1986 vom schweizerischen Radio DRS ausgestrahlt; in schriftlicher Form unveröffentlicht.

179

die kämpfen und leiden, dann werde ich immer mehr gedrängt dazu, ein Gedicht zu schreiben oder auch ein Gebet zu formulieren. Das ist für mich eine wichtige Erfahrung, weil es Dinge gibt, die wahrscheinlich in der kursorischen Sprache nicht benennbar sind. Diese Sprache allein rührt die Menschen nicht an und drückt das auch eigentlich nicht aus, was ich meine.

Und das alles, die diskursive Sprache und die poetische, schreiben Sie als eine Frau, die Mutter ist.

Ja, als eine Frau, die als Mutter von vier Kindern sicher mit sehr viel Verspätungen gelebt hat und lebt, während männliche Karrieren ja normalerweise glattgehen – also zum Beispiel in der Universität oder auch im Journalismus, im Schreiben. Denn erst geht man zur Schule, dann studiert man, dann macht man das und steigt dann da so langsam auf. Das ist das Normale. Und für die meisten Frauen ist es ganz anders: die heiraten zwischendurch, haben Kinder, möglicherweise werden sie geschieden, leben in anderen Beziehungen. Der normale Durchgang durch das Leben, der ist soviel komplizierter, weil man als Frau immer tiefer abhängig ist. Für mich war meine Mutter beim Kinderhaben als eine primäre Mithüterin wichtig, oder auch Freundinnen. Das alles ist so: Man ist wie ein Vogel auf dem Land, so ungeschickt wie eine Ente geht man auf diesem Männer-Land. Und so wenig flott ist man.

Sie haben gesagt: Die Männerkarrieren sind so glatt, und das deutet an, daß es bei Ihnen mehr Brüche gab. Könnten Sie denn so ein paar Phasen sagen? Jetzt sind Sie Professorin, ein halbes Jahr in Amerika, ein halbes Jahr in Deutschland – wenn ich das richtig verstanden habe.

Ich bin nicht Professorin in Deutschland – aus gutem Grund –, ich bin in einer sehr liberalen theologischen Schule in den USA, habe dort eine Lehrtätigkeit angeboten bekommen und habe das gern gemacht. Aber es ist sicher kein Zufall, daß innerhalb der deutschen Situation – obwohl ich diese erforderlichen Schritte dazu gemacht habe, promoviert und mich habilitiert habe –, ich eben nie eine Professur bekommen habe. Das hängt sicher mit dieser Verspätung und auch diesem nicht ganz ordentlichen Weg zusammen. Das ist natürlich auch eine andere Art des Schreibens, die ich suche. Ich will nicht ein Buch durch unnötig viele Fußnoten belasten, ich will nicht mein Wissen dokumentieren, sondern meinen Denkprozeß. Das ist ein ganz anderes Interesse.

Sie sind eigentlich nicht brav akademisch in der Art, wie Sie schreiben.

Bin ich sicher nicht.

Und da denken Sie, dafür werden Sie auch gestraft, ein Stück weit.

Ja, sicher. Der herrschende Zwang ist ja ein Beweiszwang, daß man immer möglichst viele Autoritäten hinter sich bringt, statt etwas zu riskieren. Und dann sagen mir die Leute auch: Das ist ja eine sehr gewagte These, die Sie da wieder äußern – und dann spüre ich schon die Nervosität.

. . . also wenig abgesichert.

Ich glaube, daß das Sicherheitsbestreben eigentlich dem Selbstausdruck und der Kreativität entgegensteht. Man muß sich irgendwann im Leben überlegen, was man eigentlich will. Ob man Sicherheit um jeden Preis, mit jeder Fußnote und mit jeder Verbeugung vor jeder Autorität, ob man das will in seinem Leben. Oder ob es nicht andere Zugänge zur Realität gibt und auch zur Verdeutlichung der Realität, die vielleicht weniger abgesichert sind, aber doch auch mehr Chancen haben, zu wachsen und Menschen zu verändern, indem man sich auch selber verändert.

Glauben Sie, daß es Ihnen als Frau leichter gefallen ist, solche Wege der Abweichung zu gehen?

Ja, in gewissem Sinn ist das Frausein eine der Beschädigungen, die zugleich produktiv sind wie vielleicht ein Schwarzer in einer weißen Kultur natürlich beschädigt ist, aber immer als etwas Besonderes angesehen wird. Ich bekomme das manchmal zu hören von ganz naiven Leuten, die sich wundern, daß ich, obwohl Frau, über eine gewisse Intelligenz verfüge. So furchtbar peinliche Sachen sagen die dann. Ich habe es erst im Laufe vieler Jahre richtig verstanden: das Handikap als Stärke zu sehen. Ich finde das heute wichtiger als je. Ich glaube wirklich, nur bei den Verwundeten, den irgendwo ein bißchen Beschädigten ist überhaupt noch Hoffnung. Alle glatten Karrieristen – wenn ich von Menschen höre, die haben lauter Einser in allen Examina – davor kriege ich richtig Angst. Da muß ja irgend etwas vollkommen kaputt sein.

. . . daß diese Anpassung so leicht geht.

Und daß eigentlich gar keine Umwege gegangen werden, sondern immer der schnellste, kürzeste, effektivste Weg ins Ziel. Und das finde ich sehr problematisch.

Ich habe im Vorwort Ihres Buches »lieben und arbeiten« gelesen, daß die amerikanische Theologin Elisabeth Schüssler-Fiorenza gesagt hat, Ihr Buch sei eigentlich implizit feministisch, obwohl das weder im Titel noch im Untertitel steht – würden Sie sich als eine Feministin bezeichnen?

Ja. Eigentlich immer mehr. Also wenn man darunter den be-
wußten Teil der Frauenkultur versteht, die nicht nur die gleichen
Rechte verlangt wie die bürgerliche Frauenbewegung, sondern
eine andere Welt, die anders strukturiert ist – also wir wollen
nicht die Hälfte des Kuchens, sondern wir wollen ganz neue Ku-
chen backen. In diesem Sinn denke ich feministisch und lebe ich
feministisch und würde sogar rückwirkend sagen, daß einige Bücher von mir und Entwürfe, die ich vor einer Begegnung mit
Frauen hatte, unbewußt schon feministisch waren zu einem Zeitpunkt, wo mir das selber gar nicht so klar war. Ich habe zum Beispiel in den sechziger Jahren eine sehr starke Kritik an dem Gott,
der alles in Ordnung hält und regiert, einer Supermacht, die auch
solche Dinge wie Auschwitz erlaubt oder betrachtet, geschehen
läßt, formuliert. Eine Theologie nach dem Tode Gottes, weil ich
diesem Gott kein Stück Brot mehr abnehmen wollte und konnte.
Und es war mir damals nicht so klar, daß das eigentlich eine feministische Theologie war – und ich habe das Wort auch nicht gebraucht – und daß mein Frausein mit diesem theologischen Ansatz und dieser Kritik zu tun hatte. Mein Weg ist vielleicht etwas
anders gegangen als der vieler jüngerer Frauen. Ich bin aufgewachsen als ein Kind des Faschismus, und meine erste geistige
Auseinandersetzung geschah mit meinem Land, mit Deutschland, mit den Verbrechen meines Landes, mit dem Nationalsozialismus und mit der Frage, warum das Bürgertum, aus dem ich
stamme, das alles mitmachte. Das hat mich ungeheuer betroffen
und nachdenklich gemacht, und daraus ist auch eine starke Auseinandersetzung mit dem Judentum erwachsen. Ich geriet in eine
kritische Bewegung hinein, und der Vietnam-Krieg hat sicher
noch einen anderen Bruch bei mir bewirkt; zum erstenmal habe
ich begriffen, was die Erste Welt der Reichen mit den armen Ländern tut. Nämlich: Sie vergasen, das ist das, was sie mit denen tun.
Und das hat für mich bedeutende Konsequenzen gehabt und hat
mich zu einem demokratischen Sozialismus gebracht, in den ich
dann immer mehr hineinwuchs.

Es ist ein Teil von Ihnen geworden . . .

Ja, es ist ein Teil meiner Geschichte, meiner lebendigen Biographie, so daß ich das jetzt ganz verwoben miteinander sehe. Wenn
man irgendwann einmal auch nur ein paar Tropfen Freiheit ge-
trunken hat in einer Welt der Sklaverei, der Verdummung und
des Kleinhaltens, dann führt das notwendigerweise dazu, mehr
zu schreien. Und dieses Rufen nach mehr Freiheit ist ein so leben-
diger Antrieb, daß dann die verschiedenen Formen, die die Be-

wegungen des Protests und des Widerstands heute haben, sich integrieren. Wenn wir uns mal anschauen, was wir seit den achtziger Jahren die neuen sozialen Bewegungen nennen, die Frauenbewegungen, die Friedensbewegung, ökologische Bewegungen, Solidarität mit der Dritten Welt, stelle ich fest: die wachsen in meinem Leben, in meiner Beobachtung immer mehr zusammen. Wenn man an einem Punkt anfängt, das herrschende System zu bezweifeln, dann purzelt das ganze System auseinander. Man bemerkt immer deutlicher, wo die Propaganda dieses Systems lügt, wo man uns Sicherheit verspricht, wo in Wirklichkeit Vergiftung ist. Wo man uns verspricht: Das kann bei uns nicht passieren! Und in Wirklichkeit passiert es ständig. Man erlebt es auch bei vielen Frauen, die einmal so einen Faden aus diesem Teppich herausziehen, daß dann das Ganze auseinanderfällt.

Und die Zusammenhänge von diesen Fäden werden immer bewußter . . .

Ja. Immer klarer!

Ich habe kürzlich ein Interview gelesen, das Sie letztes Jahr gegeben haben und das in einem Buch veröffentlicht wurde, da gibt es fast eine Widmung: Der Rest meines Lebens gehört dem Frieden, da will ich mich für den Frieden einsetzen! Wir stehen jetzt am Ende des Jahres 1986 und haben Tschernobyl erlebt und haben Chemiekatastrophen erlebt. Ich habe mich gefragt: Würden Sie das auch noch so sagen, oder müßten Sie fast die Zielsetzung des Engagements verlagern in Richtung Ökologie, in Richtung auf ein Wirtschaften und Konsumieren, das uns die Natur und damit unsere Lebensbasis erhält?

Ich sehe den Zusammenhang sehr stark. Ich kann nicht Frieden mit meinen Nachbarn schließen und meine Mutter, die Erde, mit Krieg überziehen. Und das ist es ja, was unsere Chemie tut. Dieser aggressive, gewaltförmige Umgang mit der Welt, mit der Natur, mit den Frauen, mit den Menschen in der Dritten Welt – das ist eine einheitliche Struktur. Und wenn man gegen Gewalt ist, Gewalt für die Nichtlösung der Probleme hält, dann überträgt sich das auf alle Gebiete. Was wir in den Kirchen heute einen konziliaren Prozeß nennen – also einen Prozeß der Versöhnung –, bezieht sich auf Gerechtigkeit, Frieden und die Bewahrung der Erde. Und ich finde die Reihenfolge auch schön. Ich möchte gern an meinem sozialistischen Verständnis von Gerechtigkeit festhalten und sagen: Ich will nicht mit meinem Kaffeekonsum meine Schwester in El Salvador betrügen oder ausbeuten. Warum soll ich das denn? Wer zwingt mich eigentlich dazu, ständig Unrecht zu tun und andere Menschen zu zerstören?

Also: Ich bin beispielsweise bereit, einen Preis zu zahlen?

Ja, einen Preis zu zahlen, einen gerechten Preis, oder eine Weltwirtschaftsordnung zu befürworten, in der die Ärmsten ein Sagen haben, in der die Rohstoffe anders bewertet werden, in der die Diktatur, die die sogenannte »freie Welt« ausübt, die Wirtschaftsdiktatur ein Ende hat. Und das führt dann zugleich dazu, daß die Ausbeutung, die bei uns ja durch den Militarismus gesichert wird, abgeschafft wird. Weil wir so blutig ausbeuten, müssen wir so viele Bomben haben, damit wir, wann immer irgendwo ein kleines Land sich regt, es kaputtmachen können – wie Nicaragua jetzt. Die Friedensbewegung hängt zusammen mit dieser Bewegung für mehr Gerechtigkeit. Und wenn wir »Frieden« denken, dann denken wir natürlich auch »Frieden« mit der Welt, in der wir leben, mit der Umwelt – das ist ein Wort, das ich nicht sehr gern mag. Aber mit der Lebenswelt. Mit meinen Geschwistern, den Vierbeinern, oder den Fischen. Mit meiner Schwester, dem Wasser, und mit meinem Bruder, dem Feuer – wie der heilige Franz das ausdrückte. Ich empfinde die Zusammengehörigkeit immer stärker. Um ein Beispiel zu nennen: Bei uns kämpfen viele Menschen gegen Wackersdorf und eine neue Atomfabrik. Es ist uns immer klarer geworden, daß die Ursache, warum die bayerische Landesregierung nicht auf Wackersdorf verzichten will (auch nach Tschernobyl und was sonst noch alles passiert) darin liegt, weil sie auf das Plutonium hofft, das dabei herausspringt, mit dem Atomwaffen gemacht werden können. Im Jahr 1990 läuft der Vertrag aus, daß Westdeutschland keine Atomwaffen haben darf – das ist ein Erbe des Zweiten Weltkriegs, das dann zu Ende geht – dann kommt eine neue Phase, die wird heute schon vorbereitet mit der Wende, mit dem neuen Nationalismus, der neuen Wehrhaftigkeit, also der Auferstehung der furchtbarsten industriellen, militaristischen, wissenschaftlichen Elite, die sich verbündet, um das durchzusetzen. Das ist die Zerstörung der Erde, die Kaputtmachung der Armen, die immer ärmer werden müssen, zugleich die Aufrüstung bis zum Geht-nicht-Mehr.

Mögen Sie das Wort »Umwelt« vielleicht auch darum nicht, weil das immer noch so aussieht, als wären wir draußen. So eine Subjekt-Objekt-Spaltung: Wir, der Mensch – und irgendwie daneben oder darunter die Umwelt.

Ja, als sei das nur Staffage, wie eine Umgebung auf einer Bühne. Da gibt es Bühnenbildner – und das ist vielleicht die Natur –, aber wir agieren, wir sind die Leute, die handeln. Das finde ich vollkommen falsch. Denn die Birke agiert auch, und der Fisch, wenn ich ihn eben nicht kaputtmache und nicht zerstöre. Das ist eine gewaltförmige Ansicht des Lebens. Da ist schon die Gewalt vorausgesetzt, nämlich, daß der Mensch besser oder höher ist oder mehr Recht hat als die anderen Lebewesen, weil er mehr Gewalt hat. Diese Brutalität, die ja die Naturzerstörung mit sich bringt, der Industrialismus ist ganz tief in unserer Sprache verankert. Wenn wir sagen »Umwelt«, dann bin ich die Welt, und Umwelt, das ist nicht so wichtig, das ist zweitrangig, das ist das Bühnenbild. Ich glaube, daß es heute auch so ein Stück Demut gibt, das wir wieder lernen: Wir sterben nach einer begrenzten Lebenszeit, genau wie die Tiere. Wir leben nicht ewig. Wir geben das, was wir haben, weiter an andere. Vor uns waren welche, nach uns sind welche. Wir sind einfach ein Glied in der Kette, und die ganze Idee, daß wir nur allein – also die Idee des Eigentümers, das ist eigentlich das Verbrechen – so tun, als gehörte die Erde uns, ist das Unfromme daran. Der Eigentümer ist ja das Gegenbeispiel zum frommen Menschen. Der Mensch, der überhaupt weiß, was Spiritualität ist, sieht sich selbst nicht als Eigentümer von anderen Leuten, von Handelsbeziehungen, von Naturvorgängen, sondern als einer, der hinhört, der antwortet, der sich in einem Gewebe von Leben mitteilt oder Stück in dem Netzwerk ist und nicht der Macher, der das alles besitzt und dann auch ausbeutet.

Sie kommen ja von einer christlichen Kritik an diesen Zuständen und an diesem Umgang her. Und was ich so kenne – eben auch Kritik an unserer Zivilisation, an dieser Kultur, die ist patriarchalisch, die hat sich auch mit dem ganzen naturwissenschaftlichen Zugriff auf die Welt und dem technischen Zugriff auf die Welt entwickelt aus einer jüdisch-christlichen Tradition, die unseligerweise sich mit der griechischen verknüpft hat – also auch die Kritik an den Zuständen heute. Sie ist auch Patriarchatskritik und zum Teil eine Kulturkritik, die sagt: Ja, das kommt halt eben dabei heraus, wenn wir ein Gottesbild haben, das sagt: »Macht euch die Erde untertan«, und wir das verstehen und das damit machen. Und die dann auch sagen, wenn wir innerhalb dieser Denkmuster, dieser patriarchal-jüdisch-christlich-griechischen Tradition bleiben, die das Unheil verursacht hat, dann können wir damit das Heil nicht bewegen. Also müßten wir uns – sei es, wie New-Age-Menschen zum Teil durch die Tradition der Indianer – inspirieren lassen. Ein Teil der Frauen will die matriarchalen Traditionen wiederbeleben, die von der Einbettung des Menschen in die Naturvorgänge ausgehen. Was halten Sie von dieser Kritik, daß eben gerade auch unsere Tradition diese Naturbeherrschung bewirkt hat – gerade auch die jüdisch-christliche?

Ich würde die nicht ganz teilen. Es hat ja doch immer auch innerhalb des jüdisch-christlichen Ansatzes Gegenströmungen gegeben. Ich habe eben Franziskus erwähnt – er ist vielleicht ein starkes Symbol für eine naturhafte Frömmigkeit, Demut, für Liebe zu allem, was lebt. Und ich glaube auch, daß die Herren dieser Welt, also die Machos, sich zunehmend von dieser Religion abstoßen und sie gar nicht mehr als Herrschaftsinstrument benutzen. In meiner Erfahrung ist es so, daß Teile der christlichen Kirchen heute in diesen konziliaren Prozeß hinein erwachen und damit notwendigerweise in Widerspruch und in Widerstand zur herrschenden Kultur geraten. Und es wird zunehmend ganz klar werden, daß Christsein heißt: im Widerstand leben gegen die herrschende Kultur. Ich glaube nicht, daß man das gesamte jüdisch-christliche Erbe sozusagen auf den Abfallhaufen werfen soll. Das jüdische und christliche Erbe hat Dinge formuliert, ohne die ich eigentlich nicht leben möchte. Die Heiligkeit des Lebens, das »Du sollst deinen Nächsten lieben, er ist wie du«, die Barmherzigkeit, die Gnade, die Liebe zum Feind, die Möglichkeit, Wunder zu tun, die Kranken zu heilen, die Blinden sehend zu machen – das sind nur einige Beispiele, die für mich wichtig sind. In diesem Prozeß leitet das Christentum zum Widerstand an, wenn es richtig verstanden wird, und zwar auf der ganzen Erde: auf den Philippinen und in El Salvador und auch in Wyhl am Rhein und in Basel. Es drängt uns immer stärker dahin, für die Schöpfung und für den geschundenen Menschen aufzustehen. Mir geht es eigentlich so, daß die Bilder der Tradition und ihre Inhalte – also der Gedanke, daß alles geschaffen ist – für mich eine ganz klare antikapitalistische Spitze hatten. Das heißt, daß es nicht besessen ist von irgendwelchen Leuten, die sich einbilden, sie hätten das gemacht. Die Natur ist das, was die Menschen nicht gemacht haben, das ist das allererste, was man mal festhalten muß. Aber sie können sie kaputtmachen. Wir haben keinen zweiten Planeten zur Verfügung für diese Herren. Und auch die müssen das irgendwann begreifen.

Sie werden dann sagen, daß so ein Satz wie »Macht euch die Erde untertan« mit dem, was jetzt nun in zweitausend Jahren daraus geworden ist, mißverstanden oder überstrapaziert worden ist.

Es gibt natürlich im Christentum oder in der Kirche zwei verschiedene Strömungen. Die eine ist erdfeindlich, unterdrückerisch, frauenfeindlich, tierfeindlich, antisexuell, mit einem Wort: repressiv. Und diese Strömung müssen wir erkennen, entlarven und bekämpfen. Dann gibt es eine andere Tradition, und die ist frauenfreundlich, subversiv, anarchistisch, gewaltfrei, das sind die Hebammen, die den Moses gerettet haben, obwohl der Befehl bestand, die kleinen Kinder sofort zu töten, sobald sie das Licht der Welt erblickten. Da haben sich Frauen verbündet über die nationalen und religiösen Grenzen hinweg und haben gesagt: Da machen wir nicht mit. Die Bibel ist voll von solchen Widerstandsgeschichten; sie ist eine große Kraft des Widerstands. Ich glaube, das Schöne der letzten zwanzig Jahre der Kirchengeschichte ist, daß immer mehr Menschen diese Widerstandsqualität des Christentums und dieser jüdisch-christlichen Tradition begreifen, sie nicht wegwerfen, sondern sie verändernd benutzen. Die armen Frauen in Lateinamerika haben mich am meisten gelehrt in den letzten Jahren. Das ist einfach unglaublich, wie diese Menschen beten, leiden, kämpfen, einander helfen. Es ist einfach ein Faktum, daß in den blutigsten Diktaturen, zum Beispiel in Argentinien, in Guatemala heute, zunächst die Frauen Widerstand leisten, die Mütter von der Plaza di Mayo, das sind die wirklichen Helden der Menschheit heute. Nicht auf irgendwelche dekorierten Generäle oder Chemiekonzernleiter, sondern auf diese Mütter kommt es an; sie verkörpern die Hoffnung, indem sie sich ein weißes Kopftuch umbinden und schweigend um den Platz des Verbrechens herumgehen. Das reicht schon, dabei setzen sie ihr Leben aufs Spiel. Das sind für mich die großen Menschen, die ich liebe, bewundere, über die wir sprechen müssen.

Erleben Sie nie die Anfechtung, daß Sie nach der Sinnhaftigkeit dieses Einsatzes, dieser Kämpfe fragen: Ist nicht alles heute viel zu komplex, ist es nicht zu spät, haben wir uns nicht verrannt? Müßten wir nicht an so vielen Fronten zugleich kämpfen – Dritte Welt, Frauen, Umwelt? Schaffen wir das denn noch, wenn die Eigendynamik dieser zerstörerischen Prozesse schon so weit gediehen ist? Kommt das nie an Sie heran, oder sagen Sie, selbst wenn das so ist, es ist für mich nicht relevant, ich muß mich einsetzen?

Ja natürlich – der Zweifel ist ein dunkler Bruder des Glaubens. Man kann nicht wirklich glauben, wenn man nicht zweifelt. Sonst wird man eine Maschine, eine Kirchenmaschine. Ich glaube, daß es natürlich so etwas gibt wie die dunkle Nacht der Angst, daß alles hoffnungslos ist, daß es zuviel ist und daß man doch nichts machen kann. Und daß die Menschen vielleicht zum Unglück auf die Welt geboren sind und nicht zum Heil. Solche Fragen stelle ich mir auch. Wenn ich mir überlege, von woher ich Kraft bekomme in diesem Kampf, möchte ich zwei Sachen nennen: Das eine sind wirklich die Schwestern und Brüder in der Dritten Welt. Ich habe zum Beispiel von Winnie Mandela gelesen, in ihrer Autobiographie »Ein Stück meiner Seele ging mit ihm«, die sie nicht hat schreiben dürfen – auf Tonband hat sie erzählt aus ihrem Leben. Das ist ein Buch, wo eine Niederlage nach der anderen beschrieben wird. Also ein Verbrechen dieser Apartheid-Leute, die sich immer neue Gesetze ausdenken, um die Menschen zu knebeln, ihnen das Land und die Kinder wegzunehmen, die Familien kaputtzumachen: Rassismus im schlimmsten Sinn dieses Wortes. Das beschreibt sie alles. Und trotzdem – man liest dieses Buch, und in jeder Seite ist Kraft. Man weiß ganz genau, daß das Apartheids-Regime, auch wenn alle Banden der Welt hinter ihm stehen und alle Militaristen der Welt, trotzdem zusammenbrechen wird. Das weiß man einfach. Wie wir singen: »We shall overcome« – die können sich auf den Kopf stellen, sie können die Wahrheit nicht leugnen. Sie können die Sonne nicht verhaften. Die Realität ist mit uns, das Leben selbst, daß die Sonne scheint, daß die Bäume, die wir haben, wieder blühen, daß Kinder geboren werden, das sind Realitäten, die sie nicht völlig zerstören können. Und der Kampf dagegen, gegen die Zerstörer und gegen die Feinde des Lebens, ist ein Element, in dem wir leben. Ich glaube, unsere Schwierigkeit in der Ersten Welt ist die Illusion der Neutralität. Es gibt bei uns immer noch Menschen, die denken, sie könnten, wenn sie sich ein bißchen ducken und klein machen, so tun, als hätten sie nichts gesehen oder nichts gehört, als könnten sie dann friedlich überleben. Als könnten sie unparteiisch sein in diesem Kampf zwischen Leben und Tod. Das halte ich für eine furchtbare, betrügerische Illusion. Diese Art von Privatheit ist sicher auch eine besondere Frauengefahr, daß Frauen nicht den Mut haben, in die Realität hineinzugehen, sondern sich in ihr Schneckenhäuschen zurückziehen, sich dort einrichten, lieb sind und meinen, das sei ihr Beitrag. Aber das ist er nicht. Von uns ist wirklich etwas anderes verlangt. Es wird verlangt, daß wir aufstehen. Das andere, was mir Hoffnung gibt, ist die Bibel. Ich finde dieses Buch immer besser. Die Stärke dieses Buches trägt mich sehr. Man kann es nicht im Interesse der Herrschenden lesen, das ist einfach unmöglich. Es gibt dort so viele Geschichten von kleinen und unbedeutenden Frauen, die plötzlich die Träger der Weltgeschichte werden. Die die Auferstehung bemerkt haben, nachdem die Männer alle weggelaufen waren. Es ist voll von Geschichten von der Stärke der Schwachen, und man muß sich für das Neue Testament ganz realistisch vorstellen, wie diese Jesusfreundinnen und Jesusfreunde in einem brutalen Weltreich lebten, in einem Imperium, das bis in den letzten Winkel die Leute terrorisierte. Torturen, Steuergesetzgebungen, bestimmte Handelsverträge – die Leute sollten kleingehalten werden, und sobald sie sich wehrten, wurden sie gekreuzigt, zu Tode gefoltert. Genau das, was heute in der Dritten Welt geschieht. In diese Welt sind Christen als Widerstandsmenschen hineingegangen, gegen diesen Tod, und haben gekämpft, gelitten und weitergemacht. Ich glaube, daß unsere Situation am Ende des Jahrtausends der urchristlichen immer ähnlicher wird. Die Idee, daß das Christentum harmonisch mit dem Imperium zusammengeht, ist nicht mehr haltbar. Das merken auch die dümmsten Kirchenfürsten allmählich, daß das nicht geht.

Ein anderes Beispiel, das mich beeindruckt hat, auch in mehreren Texten von Ihnen, ist die Kritik an unserer Konsumhaltung, an der Währung, an all den Illusionen, die in diesen Bilderbüchern und Bildern auf uns zukommen. Sie schreiben oft davon, daß es eigentlich auch darum geht, daß wir verzichten auf das Überflüssige, daß wir das alles nicht brauchen, daß wir versuchen zu trennen, was ist notwendig, was ist überflüssig, was ist Luxus. Und mir selber fällt diese Unterscheidung manchmal sehr schwer. Ich habe oft das Gefühl, was ich am nötigsten habe, ist ein Luxus, vielleicht eine Rose oder ein heißes Bad. Sie machen auch so überflüssige Dinge wie Gedichte. Wo ist für Sie die Trennung zwischen Luxus, Überflüssigem und Notwendigem? Ist es so einfach, das zu klären? Wo ist Ihr Maßstab?

Das ist gar nicht ganz leicht, genau zu sagen, wo der falsche Konsum anfängt. Henri Thoreau, der den Begriff des bürgerlichen Ungehorsams geprägt hat und von dem wir viel lernen, hat gesagt: »Überflüssige Dinge machen das Leben überflüssig«, und es gibt manchmal Luxuswohnungen von Leuten, wo ich das Gefühl habe, das Leben ist hier eigentlich schon überflüssig geworden, es stört nur noch. Die Schönheit, die Erlesenheit und die totale Perfektion einer solchen Innenarchitektur erschlägt einen.

Ich möchte die Frage nicht da ansetzen, was erlaube ich mir, was erlaube ich mir nicht. Das ist so eine Über-Ich-Frage. Aber meine Erfahrung ist, wenn man sich in bestimmten Bewegungen engagiert, dann ändert sich der Lebensstil von selbst.

Ich habe mal eine alte Frau getroffen nach einem Vortrag, die hat zu mir gesagt: »Ich möchte mich bei Ihnen entschuldigen.« Ich verstand das erst gar nicht. Und dann sagte sie: »Ja, ich bin erst so spät dabei, ich bin jetzt erst seit vier Monaten bei der Friedensbewegung.« Und dann fing sie an zu erzählen: »Mein ganzes Leben hat sich verändert. Mein Kaufmann an der Ecke behandelt mich viel weniger höflich. Einige Verwandte rufen mich nicht mehr an, einige Bekannte schneiden mich. Zugleich ist mein Kühlschrank immer leer, und meine Telefonrechnung hat sich total verändert. In meinem Haus sind ständig irgendwelche Leute, die ein und aus gehen und ein Flugblatt entwerfen, eine Aktion planen, über die ich mich manchmal auch ärgere, herumtelefonieren.« Sie hat ganz konkret am Detail ihres Lebens beschrieben, wie ihr Schritt aus der sogenannten Neutralität in den Frieden ihr Leben verändert hat.

Eine letzte Frage, die ich Ihnen noch stellen möchte, die nach dem Älterwerden. Sie sind dieses Jahr 57 geworden, und ich kann mir eine Dorothee Sölle im Ruhestand gar nicht vorstellen – der ist ja auch noch nicht da –, aber was bedeutet das für Sie, jetzt älter zu werden?

Ich bin im vorigen Jahr Großmutter geworden, das ist ein sehr schönes Ereignis, das mir sehr viel Glück und Anteilhabe und auch eine neue Beziehung gibt. Ich finde das so schön, daß es mir das Älterwerden sicher leichter macht. Daß ich – wie jeder Mensch – Angst davor habe, langsamer zu werden, nicht mehr irgendwelche Berge erklimmen zu können, also die physische Angst, Kraft zu verlieren – sicher, das ist klar. Ich glaube, daß wir in dieser Zivilisation viele Möglichkeiten haben, damit umzugehen, langsamer zu leben, Zeit zu haben. Ich möchte noch ein bißchen mehr dazulernen, eine andere Beziehung zur Zeit gewinnen, und in diesem Zusammenhang müßte es eigentlich auch leichter sein, älter zu werden, mit anderen zusammen zu leben und deren Zeitgefühl zu teilen. Und auch ein bißchen von dem weiterzugeben, was für meine Generation wichtig war. Ich möchte nicht, daß der Faschismus eine »Wegwerferfahrung« wird. Ich will nicht, daß mein Volk das vergißt! Das ist die größte Katastrophe in der Geschichte meines Volkes, und ich wehre mich dagegen, daß das jetzt eingeebnet wird und so getan wird, als sei es gar nicht gewesen und die anderen hätten es ja auch gemacht. Das ganze Gewäsch, das darüber verbreitet wird, finde ich furchtbar. In diesem Sinn sträube ich mich wirklich gegen das Älterwerden und sage: Es gibt Sachen, die kann man nicht vergessen! Da verlierst du deinen eigenen Verstand, wenn du die vergißt . . .«

. . . und Vergessen würde ja auch die Gefahr von Wiederholung bedeuten . . .

Natürlich. Das ist ja die Vorbereitung des Dritten Weltkrieges: Man muß den Zweiten erst mal schön unter den Teppich kehren. Dann kann der Dritte ganz reibungslos vorbereitet werden. Dann können eben die meisten atomaren Waffen der Welt in meinem Land stationiert werden. Dann kann neues Giftgas gelagert werden, und so weiter und so fort. Das alles braucht notwendigerweise die totale Abschneidung von der Vergangenheit. Das ist natürlich für mich älteren Menschen etwas, das ich weitergeben möchte: Vergeßt nicht! Nur wer Erinnerung hat, hat auch Zukunft und Hoffnung. Ich sehe mich als Glied in der Kette, als Welle in einer großen Wellenbewegung: Ich bin nicht alles, ich bin ein Teil. Nicht ich trage die Wurzel, die Wurzel trägt mich. Da werde ich ganz gelassen. Also darin: Es geht weiter. Die Enkel fechten's besser aus.

»Man muß die Kraft der Wahrheit in sich selbst spüren«

Gespräch mit Hanni Schilt über Christentum und Sozialismus, Schwesternschaft und das Lernen von Arbeiterinnen und Armen

MARTI: Ich begrüße Sie alle ganz herzlich hier, ich begrüße vor allem die beiden Frauen, Frau Dorothee Sölle aus Hamburg und Frau Hanni Schilt aus Langnau. »Es wär' Zit, noch ebis z'wage – Es wäre Zeit, noch etwas zu wagen!«, so hieß eine Porträt-Sendung, die ich vor fünf Jahren mit der damals 64jährigen Hanni Schilt gemacht habe. Hanni Schilt erzählte darin aus ihrem Leben als Arbeiterin, als Wasch- und Putzfrau, als Mutter von drei Kindern – indessen ist sie Urgroßmutter –, und sie erzählte auch von ihrem Kampf für die Nöte des Menschen, der seine Wurzeln in ihrem christlichen Glauben hat. Bei diesem Gespräch fielen mehrmals zwei Namen, die den Weg von Hanni Schilt mitbestimmt haben: Leonhard Ragaz und Dorothee Sölle. Damals bereits entstand die Idee, Hanni Schilt und Dorothee Sölle zu einem Gespräch zusammenzuführen. Es freut mich, daß es jetzt nach fünf Jahren möglich geworden ist. Zuerst werden diese beiden Frauen sich selber kurz vorstellen, um dann ein direktes Gespräch miteinander zu führen. Ich möchte beginnen mit Hanni Schilt und sie bitten, uns zuerst etwas von ihrem Weg zu erzählen.

SCHILT: Zu meiner Erleichterung habe ich da etwas aufgeschrieben, weil Schriftdeutsch oder hochdeutsche Sprache für mich fast eine Fremdsprache ist. Ich werde im nächsten Sommer 70 Jahre

Das Gespräch wurde am 8. Dezember 1986 in Bern vom schweizerischen Radio DRS aufgezeichnet; Interviewpartner war Lorenz Marti. In schriftlicher Form veröffentlicht in: Neue Wege 81 (1987) 11.

alt. Wir haben drei Söhne, acht Enkel, und seit einem halben Jahr bin ich Urgroßmutter. Ich komme aus einer Arbeiterfamilie. Der Vater war Ofenbauer. 1932, mit 15 Jahren also, kam ich als Dienstmädchen ins Pfarrhaus unseres Dorfes. Ich erinnere mich, wie damals lange Reihen von Arbeitslosen am Pfarrhaus vorbei ins Gemeindehaus zum Stempeln gingen. Meine eigenen Brüder waren auch darunter. Auch mein Vater war arbeitslos, aber ohne Unterstützung. Doch ich hatte nie bemerkt, daß die Pfarrfamilie davon Notiz genommen oder der Pfarrer in einer Predigt diese sozialen Zustände erwähnt hätte. »Der Mensch lebt nicht vom Brot allein«, predigte man damals denen, die fast keines hatten.

Im Pfarrhaus staunte ich immer über die Wände voller Bücher, wenn ich den Boden der Studierstube des Pfarrers auf den Knien reinigte. Möglichst schnell verrichtete ich diese Arbeit, damit ich jeweils noch etwas Zeit fand, in einem dieser Bücher zu lesen. Wie eine Diebin kam ich mir vor. Denn bei uns zu Hause sah ich nur eines: die Bibel.

Das politische Bewußtsein meiner Brüder hat damals meine Gesinnung beeinflußt und geprägt. Sie nahmen mich mit zu Versammlungen der Sozialdemokratischen Partei, zu den Maifeiern, zu den Naturfreunden und auch zu kulturellen Anlässen vom Arbeiterbildungskreis. Trotz sozialer Not spürte ich in dieser Zeit, was Gemeinschaft, gegenseitige Hilfe, bewußtes politisches Mitdenken bedeuten können. Aber unsere besten Hoffnungen wurden damals schon auf die traurigste Weise enttäuscht. Die Bemühungen um Arbeitsbeschaffung von seiten der Gewerkschaften und Sozialdemokratischen Partei blieben erfolglos. Hingegen wurde 1936 die Wehranleihe innerhalb sehr kurzer Zeit um ein Mehrfaches überzeichnet. Arbeitsbeschaffung durch Rüstung, das empörte uns damals schon. Aber wir spürten auch die Ohnmacht diesem Geschehen gegenüber, und dann kam ja auch dieser unselige Weltkrieg, den ich, jung verheiratet, mit drei kleinen Kindern mit Millionen anderen Ungefragten durchzustehen hatte.

Ich suchte nach einer neuen Orientierung. Es war für mich wie eine Befreiung, als ich den Schriften von Professor Leonhard Ragaz begegnete, die mir zeigten, daß die Botschaft vom Reich Gottes Gültigkeit haben soll für diese Welt, für alle Lebens- und Arbeitsbereiche, daß wir aufgerufen sind, Kämpfer, nicht Zuschauer der Geschichte zu sein. Von da an spürte ich auch wieder Kraft und Mut, in verschiedenen Gruppen und den notwendigen Demonstrationen mitzuwirken bis heute. In dieser Arbeit haben mich die Bücher von Dorothee Sölle als Verbündete begleitet.

SÖLLE: Ich bin ganz beschämt von dem, was Hanni Schilt gesagt hat, weil ich genau aus der anderen Klasse komme, die den Menschen wie Hanni Schilt und ihren Brüdern so viel Leid und Unrecht angetan hat – der bürgerlichen Klasse. Mein Vater war Professor für Recht an der Universität Köln, und ich stamme aus einer gebildeten Bürgerfamilie. Ich habe mich dann im Laufe meines Lebens von dieser Klasse sehr weit entfernt und stehe heute in einem tiefen Zwiespalt zum Beispiel zu meinem Bruder und meiner Schwester, die Repräsentanten dieser Klasse und auch in ihr verwurzelt sind. Ich habe mich immer weiter weg von dieser Welt bewegt, nicht von den guten Seiten der Bildung, der Unabhängigkeit, der geistigen Freiheit, wohl aber von dem Pakt mit den Kräften, die Sie auch angesprochen haben, nämlich dem Militarismus und dem Kapital. Diese beiden furchtbaren Mächte, mit denen das Bürgertum sich verbunden hat, sind mir durch den Krieg zerstört worden. Ich habe sehr viele Jahre meines jungen Erwachsenenlebens, als Schülerin und später Studentin, damit verbracht, herauszufinden, warum das so gekommen war. Und wieso die Welt meiner Eltern und ihre Kultur diese furchtbaren Dinge hat tun können, wieso in Auschwitz SS-Offiziere, wenn sie vom Vergasen nach Hause kamen, sich hinsetzten und Cello spielten. Sie spielten denselben Schubert, der bei uns gespielt wurde, das konnte ich überhaupt nicht zusammenbekommen. Daran habe ich mich sehr lange Zeit abgearbeitet und versucht, weiterzukommen. Im Verlauf dieser Auseinandersetzung bin ich auf die tiefste Gegenkraft gegen diese Zerstörung gekommen, das Christentum, der christliche Glaube, den ich in einem radikaleren Sinn begriff als meine Eltern, die ihn in der oberflächlich-bürgerlichen Weise verstanden.

Je mehr ich mich davon entfernte, um so viel näher kam ich den Menschen, die am meisten benachteiligt waren. Und da gibt es noch ein anderes Ereignis in meinem Leben, das mich klarer in die Richtung des Sozialismus und des Christentums gedrängt hat, da waren noch andere Arme, ganz weit weg von Europa: Reisbauern und Reisbauerfrauen in Vietnam. Und dieser Krieg hat mir die Augen geöffnet und mein Leben wirklich verändert. Ich bin noch heute tief dankbar für das, was das vietnamesische Volk für uns alle in der ganzen Welt getan hat, indem es die scheinbar unbesiegbare Macht von Bomben, Napalm und Kapital besiegt hat. Das sind historische Erfahrungen, die man nie vergessen kann und die mir sehr viel geholfen, mich in einem anderen Christentum verwurzelt haben. Übrigens hat mich das damals auch ganz oft mit Arbeitern zusammengebracht, die in der Bewegung gegen den Vietnamkrieg waren. Ich weiß, daß ich mich immer ein bißchen geniert habe, wenn mich einer gefragt hatte: Was machst du eigentlich so beruflich? und ich dann sagen mußte: Ach weißt du, ich bin in der Theologie, Kirche – und dann habe ich das Gefühl gehabt, als müßte ich immer so ein kleines »aber« dranhängen, weil es mir so peinlich war. Das finde ich jetzt, zwanzig Jahre später, etwas einfacher. Ich sage nun etwas getroster, daß ich als Theologin arbeite.

MARTI: Dorothee Sölle und Hanni Schilt, Sie haben es gespürt: Bei allen Unterschieden in der Biographie dieser beiden Frauen gibt es eigentlich schon sehr viele Verwandtschaften. Und ich möchte noch etwas näher auf diese Verwandtschaften eingehen. Frau Schilt, Sie haben gesagt, daß die Bücher von Dorothee Sölle für Sie wichtige Gefährten auf Ihrem Weg geworden sind. Könnten Sie uns sagen, was Sie da angesprochen hat?

SCHILT: Ich fand in ihren Büchern eine Schwester, die nachvollziehen kann, was ich in meinen Lebenssituationen erlebt habe. Immer wenn ich an Diskussionen teilnahm, habe ich gelesen, und dann ging ich so sicher hin, weil Sie den Menschen nicht verletzen ließen und mir den Wert und das Bewußtsein gaben, daß man dafür kämpfen muß. Und daß Sie sagten: Wir müssen auch am eigenen Leib spüren, was andere leiden. Das habe ich nicht vergessen. Ich habe stundenlang darüber nachgedacht und diesen Prozeß in mir wirken lassen, und daß dann dieses Leid doch wieder Kraft gab – das können Sie in Ihren Büchern formulieren.

MARTI: Hanni Schilt hat erzählt, was sie von Ihnen gelernt hat, Frau Sölle. Man spürt aus Ihren Büchern, daß Sie auch sehr viel von der Begegnung mit den sogenannten einfachen Leuten gelernt haben.

SÖLLE: Eine Sache, die ich gelernt habe, ist dieser Hunger, der in Hanni Schilt gewesen ist, daß sie beim Schrubben des Fußbodens vom Herrn Pfarrer sich ein bißchen Zeit gestohlen hat, um zu lesen. Das ist etwas, was ich immer wieder bei Arbeiterinnen, Arbeitern und Arbeitslosen gefunden habe. Das hat mich tief bewegt, wenn Menschen wirklich einen geistigen Hunger haben. Und ich finde es ganz richtig, was Sie sagen: Es hat etwas mit der menschlichen Würde zu tun. Ich empfinde heute oft in der Friedensbewegung, daß wir furchtbare Niederlagen haben einstek-

196

ken müssen. Ich habe am meisten von Arbeiterinnen und Arbeitern gelernt, weil diese viel besser im Aushalten von Niederlagen sind, einen viel längeren Atem haben, weil sie von vornherein gar nicht so leichtsinnig auf Sieg setzen wie viele Bürgerliche. Gerade wenn ich resigniert oder traurig bin oder mich so ohnmächtig fühle, dann tut es gut, etwas von Arbeitern zu hören, zum Beispiel aus der Dritten Welt, die in ausweglosen Situationen weitermachen, weiterkämpfen, auch dann, wenn kein Erfolg abzusehen ist. Das hängt mit der menschlichen Würde zusammen, daß man etwas tut, weil man es tun muß. Weil man sich selbst sonst nicht mehr ins Gesicht schauen kann, wenn man das, was da draußen passiert, duldet und mitmacht. In der Theologie der Befreiung gibt es einen Grundsatz, der heißt: »Die Armen sind die Lehrer.« Dasselbe möchte ich eigentlich jetzt auch von Ihnen, Hanni Schilt, sagen – Sie sind eine Lehrerin.

SCHILT: Ich bin froh, daß Sie in Ihrem letzten Buch »Lieben und arbeiten« so deutlich diesen Herrscher-Gott entthront haben. Das gibt uns den Mut, als Mitschöpfer mit ihm zusammen an dieser Schöpfung teilzuhaben. Man kann sie nur loben, wenn man an ihr teilnimmt. Es müßte die Achtung vor dieser Schöpfung wieder gefunden werden. Und da müssen wir wahrscheinlich ansetzen, glaube ich.

SÖLLE: Wir müssen sie wieder entdecken und lernen, die Schöpfung zu lieben. Ich habe manchmal den Eindruck, im Protestantismus kommt ein bißchen zu kurz, daß wir Gott lieben können. Es wird oft davon geredet, daß Gott uns liebt – von oben nach unten. Die Gottesliebe kommt zu kurz, und die drückt sich ja vor allem aus in einer tieferen Liebe zu allem, was lebt, was geschaffen, was schön ist. Damit hängt auch zusammen, die Arbeit zu lieben. Mein Buch wollte versuchen, ein bißchen zu lehren, die Arbeit zu lieben. Vor zwei Tagen hat mir eine junge Frau hier in der Schweiz erzählt – sie hat sich für dieses Buch bedankt –, »es hat mir geholfen, wieder zu arbeiten und mich in dieser Arbeit einzuwurzeln«. Das empfand ich als das beste Lob, das ich seit langem gekriegt habe – weil es mehr wert ist als eine literarische Kritik. Daß es einen Menschen ändern kann in dem, wie er sein eigenes Leben anschaut und seine eigene Arbeit – und Stolz für sie wiederfindet, eine wirkliche, eine echte Beziehung zur Arbeit, daß er versucht, die Arbeit zu verändern, damit eine echte Beziehung zu ihr möglich ist.

SCHILT: Ich ging selbst einige Jahre in die Fabrik, und damals habe ich gemerkt, daß meine Mitarbeiterinnen nicht gerne mit mir zu einem Arbeiterbildungsabend gingen. Sie waren viel eher anzutreffen bei einer Veranstaltung, wo ein Conférencier irgend etwas zum Kaufen anbietet. Ich habe dann die Erfahrung gemacht, daß es fast unmöglich ist, in der Freizeit zu denken, nach diesen Werten zu suchen und damit nachher wieder an die Arbeit zu gehen, wo Tausende Arbeiter und Arbeiterinnen wirklich nur als mechanische Rädchen gebraucht werden. Aber wie beenden wir das, wenn so eine große Masse in großen Fabriken von dieser Arbeit abhängig ist? Wie geht das jetzt? Bringen wir das fertig, daß wir in der Freizeit doch zu denken anfangen und gleichwohl diese Arbeit tun?

SÖLLE: Also, für mich gilt: Das Menschsein kann man nicht verschieben auf die Zeit nach fünf. Man kann nicht von neun bis fünf – oder wie lange auch immer – unmenschlich als Maschinenteilchen arbeiten und annehmen, man käme nach Hause und wäre dann Mensch. Das ist ein Grundirrtum, die Freiheit in die Freizeit zu verlegen. Wir müssen die Arbeit selber in dem Sinn humanisieren, daß wir darüber nachdenken, was die Arbeit mit dem Arbeitenden tut, was sie ihm antut, ob sie seinen Geist erweitert oder kleiner macht. Ich finde, viele Arbeit hat den Charakter, daß sie die Menschen viel kleiner macht, als sie eigentlich sind, wie wenn man in eine Schachtel gesteckt wird, die vorn und hinten zu klein ist. Die Menschen sind gar nicht so dumm, wie ihre Arbeit sie erwartet, so phantasielos, so geistlos, so organisationsunfähig.

SCHILT: Aber ich glaube, wir können einfach nicht warten, bis diese Arbeitsbereiche humanisiert werden. Es muß vorher etwas geschehen, in der Freizeit muß etwas geschehen, gerade gegen diese furchtbare Rüstung – ich muß das ins Spiel bringen – und auch diese Chemie-Katastrophen jetzt. Ob das nicht die Menschen zum Erwachen bringt. Also ich glaube, wir müssen doch mit der wenigen Freizeit jetzt etwas anderes machen. Ich denke immer: In unserem kleinen Land mit seiner Demokratie hätte man ja das Recht, ein anderer zu sein.

Ich kam nie von meiner Kirche los, obwohl ich oft gedacht habe: Ja, was erwarte ich da eigentlich noch? Da konnte ich doch jetzt in meinem Alter in der Evangelischen Schweizerischen Synode – ich habe jetzt da vier Jahre mitgemacht, ich habe das jetzt noch erlebt – wirklich die Ängste um diese zerstörerischen Kräfte ausdrücken und die Schreie der Dritten Welt, alles ist da jetzt gesammelt worden und hat Heimat bekommen in der Kirche. Es ist meine große Hoffnung, daß mit unserer Kirche zusammen – ökumenisch – diese Gefahren sichtbar werden. Und daß wir einander Mut machen und wieder zu unserem ursprünglichen Schöpfer zurückfinden. Ich bin froh, ich habe die Kirche nie aufgegeben!

SÖLLE: Ich auch nicht. Ich glaube auch, daß es etwas besser geworden ist mit der Kirche – wenn ich das mal so simpel sagen darf. Die Kämpfe haben sich verschärft. Es gibt immer mehr Bewegung an der Basis, für Gerechtigkeit in den Handelsbeziehungen mit der Dritten Welt, auch in der Friedensfrage, und sie läuft – glaube ich – sehr oft über die Kirche. Nicht gerade zur Freude der in der Kirche Herrschenden, aber die Konflikte in den Kirchen sind oft sehr stark, sie sind ein Zeichen von Leben. Und führend in diesem Kampf, jedenfalls bei uns in Westdeutschland, sind die Frauen, und zwar die evangelischen Frauen, von denen ich vor 15 Jahren angenommen hätte, die strickten hauptsächlich Socken. Jetzt haben sie sich organisiert angesichts bestimmter realer Probleme und Phantasie entwickelt, Aktionen durchgeführt, sie haben zivilen Ungehorsam begangen. Es ist eine Bewegung, die an vielen Stellen der Welt stark ist. Aber ich bin froh, daß das bei uns ganz stark von Frauen getragen wird. So empfinde ich das immer wieder: Die Frauen heute, die haben mit dem Herzen vollkommen begriffen, daß man arme Leute nicht mit Bomben und Giftgas füttern kann. Daß dieser Zustand, in dem wir leben, dieses himmelschreiende Unrecht, das immer weitergeht und immer schlimmer wird, ein entsetzliches Verbrechen ist. Das wissen die Frauen im Herzen. Aber ihr Gehirn ist so entsetzlich gewaschen durch das Fernsehen, daß sie ihrem eigenen Herzen gar nicht mehr trauen, gar nicht glauben, daß das die Wahrheit ist, was sie empfinden. Genau an dieser Stelle haben dann Leute, die versuchen, in dieser Bewegung zu arbeiten, eine gewisse Rolle zu spielen. Ich versuche, den Menschen, die das mit dem Herzen schon längst begriffen haben, ein paar Argumente zu geben, damit die Gewißheit der Wahrheit größer wird. Die Wahrheit macht uns frei, »truth will make us free«, das ist nicht irgendein Lied, das man nur so singt, das steht in der Bibel. Das muß man spüren in sich selbst, diese Kraft der Wahrheit, gegen die versammelte und laut gesprochene Lüge.

MARTI: Ich möchte Hanni Schilt und Dorothee Sölle herzlich danken für dieses Gespräch. Ich muß mir einen Titel ersinnen, und da ist mir ein Gedanke gekommen – ich weiß nicht, wie Sie den finden: »Zwei Schwestern«.

»Unser Kampf hat seine tiefsten Wurzeln im Glauben an die gute Schöpfung«

Gespräch mit Franz Hinkelammert über Gesetz und Befreiung, Lieben und Arbeiten, Glück und Reich Gottes

VEIT: Ich begrüße euch alle herzlich zu dieser Veranstaltung; sie ist eine Veranstaltung in zwei Teilen. Zuerst haben wir eine Diskussion zwischen Dorothee Sölle und Franz Hinkelammert über »Lieben und Arbeiten; das Thema von Dorothee Sölles Buch zur Theologie der Schöpfung. Franz Hinkelammert, Autor des Buches »Die ideologischen Waffen des Todes« wird sie anfragen und mit ihr über die Thematik sprechen. Vielleicht wundern sich einige von ihnen, daß die Veranstalter, die für ihren Einsatz für Abrüstung bekannt sind, sich heute so ein friedliches Thema wie »Lieben und Arbeiten« gewählt haben. Dies macht darauf aufmerksam, daß das Nein zur Hochrüstung ja nicht das einzige ist, was wir zu sagen haben, und auch nicht das letzte. Sondern das Nein zur Hochrüstung und Kriegsvorbereitung soll gerade den Weg bahnen für das Ja zum Leben.

Der zweite Teil dieser Veranstaltung ist ein Friedensgottesdienst, in seiner Mitte steht die Schöpfung, die biblische Schöpfungsgeschichte.

SÖLLE: Liebe Schwestern und Brüder, ich habe leider eine Grippe, die mich in meiner Fähigkeit zu lieben und zu arbeiten ein bißchen beeinträchtigt, ich hoffe nicht vollständig, denn ich habe mich sehr auf diesen Abend gefreut, weil er für mich ein Glück

Das Gespräch mit Franz Hinkelammert und Marie Veit wurde im Rahmen einer Großveranstaltung des 22. Deutschen Evangelischen Kirchentages in Frankfurt am 18. Juni 1987 geführt. Veröffentlicht in: Christen für Abrüstung, Heft 3/1987.

201

darin hat, daß zwei Freunde von mir, Franz und Marie, hier auf dem Podium sitzen. Es ist ein Ausdruck unserer Liebe zueinander, daß wir hier miteinander nachdenken über das, worum wir eigentlich kämpfen, was eigentlich das Glück ist, was wir wollen, für alle.

Ich möchte zunächst etwas über die Schöpfung sagen, weil ich glaube, daß unser Kampf seine tiefsten Wurzeln in diesem Glauben an die gute Schöpfung hat. Daß das, was gemeint war mit dieser Welt und uns und mit der menschlichen Geschichte, gut ist, sehr gut, das sagte Gott.

Gott schuf den Menschen Gott zum Bilde, als zwei gleiche und doch verschiedene, aufeinander bezogene Wesen.

Wenn ich übersetze, Gott schuf den Menschen Gott zum Bilde, und nicht einfach sage, Gott schuf den Menschen ihm zum Bilde, dann möchte ich ein weitverbreitetes Mißverständnis ausschließen. Ihr wißt alle, welches ich meine, nämlich das Mißverständnis des Patriarchats, die Einbildung, daß Gott ein Mann sei, die falsche Idee, daß die Ebenbildlichkeit nicht auf zwei verschiedene menschliche Wesen bezogen sei, und die wird unterstrichen, wenn wir da einfach »ihm« sagen, so blind, wie das Patriarchat halt redet. Wir müssen etwas genauer auf unsere eigenen Traditionen achten und damit umgehen, notfalls korrigierend.

Gott schuf den Menschen Gott zum Bilde, als zwei gleiche und verschiedene, aber in jedem Fall aufeinander angewiesene Wesen. Sexualität und Arbeit, Arbeiten und Lieben sind Grundelemente dieser Ebenbildlichkeit. Weil wir im Bild Gottes geschaffen sind, darum realisieren wir dieses Geschaffensein in guter Arbeit, in guter Sexualität, in der Erfüllung unseres Lebens. Das gehört dazu, daß wir in diesen Fähigkeiten unser Mitschöpfersein verraten oder verwirklichen.

Wir können unser Mitschöpfersein, nämlich unsere Liebesfähigkeit, unsere Freude daran, etwas herzustellen, zu schaffen, verraten, zerstören, verkümmern lassen, aber es gibt auch die andere Möglichkeit, die in der Schöpfung angelegt ist, daß wir es verwirklichen, daß wir frei werden, wirklich liebes- und arbeitsfähig zu sein, und dann sagen können: Es war sehr gut.

Ich möchte gern übereinstimmen mit Gott an dem Punkt, ich möchte nicht mit den Verwaltern des Todes übereinstimmen, die meinen, nur in einem neurotischen Verhältnis zur Sicherheit könnten sie den Menschen verstehen und das, was Menschen ihr Leben wichtig macht, bewahren.

Ich möchte sagen, daß wir zum Glück geschaffen sind, zu dieser Darstellung unseres Lebens, in Arbeit und Liebe, daß alles sehr gut war.

HINKELAMMERT: Ich würde gern auf diese Frage des Mitschöpfertums und der Verweigerung gegenüber den Verwaltern des Todes eingehen, und zwar von einer Geschichte aus der Bibel, die kurz nach der Schöpfungsgeschichte folgt und die gerade das Verhältnis von Leben und Tod am Bild von Vater Abraham und seinem Sohn Isaak darstellt.

Ich glaube, die Reflektion hierüber kann uns sehr viel weiterführen, um die Frage des Mitschöpfertums jetzt von der Seite der Mitmenschlichkeit anzugehen.

Die Situation damals: Abraham zieht mit seinem Sohn Isaak auf den Berg, um ihn zu opfern. Das heißt, der Vater zieht auf den Berg, um seinen Sohn zu töten. Er wird seinen Sohn töten, um das Gesetz zu erfüllen. Er steht unter einem Gesetz, dieses Gesetz befiehlt zu töten. Abraham unterwirft sich dem Gesetz, zieht auf den Berg, und in dem Moment, wo er seinen Sohn zu töten hat, bekehrt er sich, und aus dem gesetzestreuen Abraham wird ein glaubender Abraham.

Der glaubende Abraham wird sagen, Gott will meinen Sohn, aber er kann ihn nicht als Toten wollen, er kann ihn nur als Lebenden wollen. So wird auf einmal der Glaube Abrahams die völlige Relativierung des Gesetzes, völlige Relativierung in bezug auf das Lebenkönnen seines Sohnes und seiner selbst.

Abraham zieht also auf den Berg als Gesetzestreuer und kommt zurück als Glaubender. Das Gesetz kann nur soweit gelten, als es das Leben respektiert, soweit das Gesetz den Tod verlangt, ist das Gesetz nicht gültig, nicht legitim.

Gott ist ein Gott der Lebenden, nicht der Toten; alles das beginnt von der Glaubenssituation Abrahams her, die Illegitimität des Gesetzes, soweit das Gesetz eine tödliche Dimension hat, und der Glaube als Konfrontation mit dem Gesetz, indem er diese tödliche Dimension des Gesetzes ablehnt.

Es ist interessant, daß diese Form, die Geschichte von Abraham und Isaak zu erzählen, eigentlich überraschend ist. Die konservative Auslegung ist anders, genau umgekehrt: Abraham zieht auf den Berg, Abraham glaubt, und weil er glaubt, ist er bereit, seinen Sohn zu töten. Der Glaube Abrahams ist also, das Gesetz zu erfüllen, auch wenn es den Tod bringt.

Das ist die traditionellste Auffassung vom Glauben Abrahams. Der gute Wille, seinen Sohn zu töten, wird ihm angerechnet, und er braucht ihn nicht zu töten.

Ich denke, die tatsächliche Glaubenssituation Abrahams ist genau umgekehrt. Wir haben uns zu fragen: Warum ist eigentlich der Glaube als Bereitschaft, seinen Sohn zu töten, soweit gefestigt, warum ist diese Interpretation so weit verbreitet?

Ich würde es gern noch auf einen anderen Fall ausdehnen, nämlich auf die Interpretation der Kreuzigung.

Wir haben da genau dasselbe, wir haben einen Vater und wir haben einen Sohn. Wir haben eine konservative Auffassung, die besagt, der Vater bringt seinen Sohn um, um uns zu erlösen.

Wir haben wieder Abraham, jetzt als Gott, der viel größere Abraham, und der macht jetzt etwas, was der Abraham nicht gemacht hat, er bringt seinen Sohn tatsächlich um. Daraus ist die Erlösung geworden.

Auch hier ist wieder ein Problem des Glaubens angesprochen. In der Interpretation der Evangelien ist das genau umgekehrt: Wenn Jesus sich mit den Pharisäern auseinandersetzt, sagen sie zu ihm: Wir sind Söhne Abrahams. Und Jesus antwortet ihnen: Ihr seid nicht Söhne Abrahams, ihr wollt mich umbringen, Abraham aber hat nicht getötet.

Der Glaube besteht darin, zu erkennen: Das Gesetz ist nicht legitim, wenn es den Tod befiehlt.

Auch hier haben wir die konservative Interpretation: Der Glaube besteht darin, das Gesetz zu erfüllen, auch wenn es den Tod befiehlt.

Wir haben durchaus eine Polarität, die wir jetzt sehr weitgehend auf die Situation unserer gegenwärtigen Gesellschaft anwenden können. Was ist unser Gesetz? Welches Gesetz befiehlt der konservative Glaube zu erfüllen, auch wenn es den Tod befiehlt?

Was ist unsere Glaubensposition gegenüber dem Gesetz? Es ist immer eine Glaubensposition, die das Leben, nicht nur das menschliche Leben, die Gott als Gott von Lebenden, nicht von Toten gegenüber dem Gesetz durchsetzt, dem Gesetz entgegenstellt und daraufhin ein Leben zu gestalten versucht.

VEIT: Ich würde dich gerne noch fragen, wie du die Kreuzigung interpretierst, Franz, nachdem du die traditionelle Interpretation abgelehnt hast.

HINKELAMMERT: Die Kreuzigung geht aus dem Gesetz hervor. So steht es im Johannesevangelium: Wir haben ein Gesetz, und nach diesem Gesetz muß er sterben. Es ist das Gesetz, was kreuzigt, die Anwendung eines Gesetzes. Vor allem das Johannes-Evangelium geht darauf ein, und es stellt die Gesetzlichkeit als den Grund der Kreuzigung heraus. Nicht Kreuziger, der und der Mensch, sondern der Glaube an die Gesetzlichkeit, die Blindheit, das Vertrauen in die Gesetzlichkeit bis in den Tod, das ist der Grund der Kreuzigung, und es ist nicht Gott, der seinen Sohn tötet. Ich glaube, das ist es.

SÖLLE: Ich sehe das auch so. Ich möchte eine Deutung der Kreuzigung hinzufügen, die ich in Nicaragua von Miguel D'Escoto, dem Außenminister, gehört habe.

Er sagte, wenn wir mit dem Willen des Vaters übereinstimmen und tun, was Gottes Wille ist, das heißt: die Hungrigen satt machen, für die, die nichts lernen dürfen, Schulen bauen, die Kranken heilen, sobald wir all dieses tun, ist die Antwort der Welt das Kreuz, dann werden wir ans Kreuz geschlagen. Er nimmt sein eigenes Land Nicaragua als politische Realität. Es ist ein kleines Land, das zum ersten Mal in der Geschichte versucht, den Willen Gottes zu tun oder eins zu werden mit dem Willen Gottes, wie Miguel D'Escoto das nannte.

Nun meine Frage, die uns noch weiter in den Dialog führen soll, an dich, Franz: Wie gehen wir hier in der sogenannten reichen Wohlstandsgesellschaft mit diesen Fragen um? Eigentlich zerstört der Kapitalismus doch auch die, die in ihrem Lebensstandard von ihm profitieren. Auch die, denen es in Lebensstandardfragen besser geht als früher. Und viele andere Menschen auf dieser Erde werden zerstört von dem Kapitalismus, den man vielleicht als das Gesetz unserer Zeit ansehen kann, in dem Sinn, in dem du das eben gemeint hast.

HINKELAMMERT: Das scheint mir der Punkt zu sein. Miguel D'Escoto sagt, wenn wir versuchen, den Armen zu helfen, wenn wir eine neue Lebensordnung und Arbeitsordnung schaffen, dann wird man uns das vorwerfen. Was wirft man uns vor? Da ist immer wieder die Gesetzlichkeit; wir vergehen uns, wenn wir das gegen Gesetze machen. Sicher, das Gesetz unserer Gesellschaft ist nicht mehr ein geschriebenes kasuistisches Gesetz. Das eigentlich tragende Gesetz unserer Gesellschaft ist nicht das Grundgesetz, ist auch nicht das Bürgerliche Gesetzbuch, sondern es sind die Funktionsgesetze unserer Gesellschaft.

Auch das Grundgesetz wird auf diese Funktionsgesetze hin befragt und ist nur verfassungskonform in dem Grade, indem es mit ihnen übereinstimmt. Diese Funktionsgesetze sind letztlich immer das Marktgesetz.

Wenn in Nicaragua etwas für die Arbeitslosen, für den Verelendeten getan werden soll, dann geht das nur, indem dieses Marktgesetz relativiert wird.

Was ist dann der Vorwurf? Daß man sich gegen Marktgesetze verhalten hat, und wer sich gegen die Marktgesetze verhält, begeht Gesetzesbruch, ist irrational geworden, hat die Freiheit in Gefahr gebracht.

Der Grund für die Sandinisten, etwas zu tun, ist gerade die Überzeugung, daß das Gesetz eine tödliche Dimension hat. Das Marktgesetz hat eine tödliche Dimension.

Wir können keine Menschen umbringen, um das Gesetz durchzusetzen. Das ist für die Christen eben ein Problem des Glaubens. Das ist nicht ein Problem einfach nur des pragmatischen Denkens. Setze ich das Gesetz durch, auch wenn es tötet, oder relativiere ich das Gesetz, wenn es eine tödliche Dimension entwickelt?

Das Marktgesetz gilt für alle, aber im Namen ihres Lebens, ihres Lebenkönnens muß es relativiert werden. Das aber ist die Entscheidung des Glaubens gegen die absolute Interpretation der Marktgesetze, wie sie nun einmal unsere Gesellschaft kennzeichnet.

Wir können das ausweiten auf alles, was als Sachzwang gilt. Diese Form der Gesetzlichkeit, die wir heute haben, ist tatsächlich Funktionsgesetzlichkeit und nicht geschriebene Norm. Da sind wir auch schnell bei den Fragen des Rüstungswettlaufs und seiner Rechtfertigung aus den Sachzwängen.

Daß das Gesetz eine Dimension hat, in der es den Tod bringt, ist gerade das Problem, aus dem der Glaube entsteht. Glaube ist also nicht einfach »für wahr halten«, Glaube ist eine Haltung gegenüber dem Mitmenschen, und das wiederum ist die Voraussetzung, um Mitschöpfer sein zu können. Ich glaube, Mitschöpfer kann man nur sein, wenn man gleichzeitig diese Option des Glaubens gegenüber dem Gesetz einnimmt.

Ich bin fest überzeugt, daß derjenige, der sich auf die blinde Gesetzlichkeit bezieht, sich innerlich aushöhlt und sich langfristig selbst zum Tode verurteilt, durch den Rüstungswettlauf, durch die Naturzerstörung. Es ist sowohl innerlich wie äußerlich der Tod in der Absolutheit des Gesetzes, die Verabsolutierung des Gesetzes ist nie »die Sicherung des Lebens«.

VEIT: Dorothee, wie würdest du Leben oder Glück definieren angesichts der Option für das Leben gegen das Gesetz, von der Franz gesprochen hat?

SÖLLE: Ich möchte erst noch einmal etwas anderes sagen. Ich habe ein bißchen Angst, Franz, daß du in der Bewertung des Wortes Gesetz einer Krankheit nahekommst, die die Geschichte Europas sehr stark bestimmt hat, und speziell die deutsche Geschichte. Ich habe Angst, daß du in den biblischen Antisemitismus fällst, von dem ja auch das Johannesevangelium lebt. Wir müssen einfach dazu sagen, daß die »Tora« im Alten Testament überhaupt nicht das ist, wovon du sprichst. Ich möchte das einfach mal ganz klarstellen, daß das wirkliche Gesetz Gottes, der Weg, den Menschen zum Leben gehen, gehen sollen, daß der nicht identisch ist mit diesem Sprachgebrauch des Gesetzes, wie wir ihn im Johannesevangelium haben und an manchen anderen Stellen.

Ich glaube, jeder Mensch, der mit offenen Augen die hebräische Bibel liest, wird mit Franz inhaltlich völlig übereinstimmen. Was Gott da meint mit dem Volk, ist nicht ein Gesetz im Sinne einer Ideologie. Du hast eigentlich über eine Ideologie gesprochen, über eine Art von Götzenanbetung, die wir in der Tat betreiben.

Der Kaptialismus ist die Anbetung bestimmter Götzen. Er tut das, er nennt das Sachzwang, Gesetz oder Marktordnung oder wie auch immer. Das ist Anbetung einer bestimmten nicht hinterfragten Größe. Wir haben unendliche Schwierigkeiten, dieses Gesetz des immer wachsenden Einsatzes von Kapital und Produktion zu durchbrechen. Damit bin ich schon bei Maries Frage, wie sollen wir denn Leben definieren? Wie können wir sagen, was es eigentlich ausmacht, wenn wir unter diesem Götzen des Todes, unter diesem Wunsch zu töten, Tod zuzulassen, zu befördern, wenn wir diesem Wunsch den Abschied geben, wenn wir endlich fähig werden, einander zu lieben? Ich gebe die Frage erst mal zurück.

HINKELAMMERT: Ich möchte noch einmal von diesem gleichen Punkt ausgehen. Ich will an einem Beispiel klären, was Gesetz ist, was Tod und Glaube ist.

Wir haben das Verschuldungsproblem der »Dritten Welt«. Wir zwingen die »Dritte Welt«, eine Schuld zu bezahlen, die praktisch unbezahlbar ist und die sie an den Rand des Ruins bringt.

Wir lassen Hungernde eine Schuld bezahlen, und wenn wir die Marktgesetze nicht mehr respektieren, geht es uns allen schlecht, auch denen in der »Dritten Welt« geht es dann noch schlechter.

Wir haben also eine reine Gesetzesideologie. Ich bin überzeugt, das ist eine Ideologie. Sie wird im Grunde zum Töten verwandt, als eine Legitimation zu töten. Gegenüber solchen Gesetzesauffassungen entsteht dann die Glaubensauffassung.

SÖLLE: Ich möchte darauf eingehen und noch einmal sagen, inwiefern uns diese Ideologie daran hindert, zu arbeiten und zu lieben.

Laßt mich das erst an der »Arbeit« sagen. Wenn wir unseren Begriff von Arbeit im Sinn dieser Ideologie, die über uns herrscht, benutzen, dann ist dieser Begriff von Arbeit fixiert auf Produktion. Er hat nichts mehr außerhalb ihrer. Es ist egal, was du produziert, Hauptsache, du produzierst, ob das Bomben sind oder fahrbare Landapotheken, das spielt überhaupt keine Rolle.

Es kommt darauf an, daß produziert wird und mit diesem Produkt dann Kapital erwirtschaftet wird. Was hergestellt wird, darüber hat die große Mehrheit der Menschen überhaupt nichts zu sagen, sie hat keinen Einfluß darauf.

Ich meine, wir müßten in unseren Widerstand, den wir an so einigen Stellen versuchen zu lernen, die mit einbeziehen, die nicht mehr in der Todproduktion arbeiten wollen.

Wir müssen auch lernen, daß unsere Arbeit nicht ausschließlich über die Produktion definiert wird, sondern ein weiteres Verständnis enthält. Wir müssen lernen, ein bißchen klarer zu sehen, wann Arbeit eigentlich kreativ ist, und dazu gehört ein Stück Mitbestimmung und Selbstbestimmung.

HINKELAMMERT: Das ist ein ganz entscheidender Gesichtspunkt, daß wir einen Arbeitsbegriff haben, der einfach auf Produktion von Quantitäten reduziert wird. Ich glaube, wir müssen tatsächlich dahin kommen, Arbeit als den Prozeß zu sehen, der »Lebensmittel« produziert, sagen wir »Mittel zum Leben« im weitesten Sinne.

Ein Arbeitsprozeß, der keine Lebensmittel produziert, ist ein verlorener Prozeß. Eine Arbeit, die nicht Lebensmittel produziert, ist eine nutzlose Arbeit. Gerade darin haben wir ein Sinnkriterium für die Arbeit, und darin enthält die Arbeit ihr Sinnkriterium. Nur das kann doch menschliche Arbeit sein, die unter diesem Sinnkriterium steht: Lebensmittel produzieren heißt »Mittel zum Leben« produzieren, und Leben ist gemeinsames Leben, ist nicht: mein Leben gegen deins.

Wenn ich mich dadurch zu sichern versuche, daß ich dich unsicher mache, dann habe ich aus dem Lebensmittel ein Todesmittel gemacht.

Die Idee der Arbeit, die Sinngebung der Arbeit liegt darin, daß sie als Produkt Lebensmittel hervorbringt. Und dies kann ich nur gewährleisten unter dem Kriterium der Gerechtigkeit. Dann kann ich Sinn der Arbeit und Gerechtigkeit nicht mehr trennen.

Hier bin ich auch wieder bei der Gesetzlichkeitskritik. Denn diese ganze Gesetzlichkeit, vor allem die Marktgesetze, sind ja Arbeitsregelungen, die der Arbeit das Sinnkriterium rauben. Das Produkt interessiert als Voraussetzung von Profit und nicht als sinnvolles Produkt von Lebensmitteln.

SÖLLE: Manchmal hat man den Eindruck, daß das Evangelium, das bei uns so gilt, sagt: Gott schuf den Menschen der Maschine zum Bilde – damit er produziert.

VEIT: Wir haben jetzt über den Aspekt des Arbeitens gesprochen, der Glück und Leben betrifft; vielleicht können wir noch zwei, drei Sätze hinzufügen über das richtige Verständnis von Liebe in dieser Gesellschaft. Dieses ist ja wohl auch mit angekränkelt von der Gesetzlichkeit, von der du gesprochen hast.

SÖLLE: Ich glaube, die Krankheit, von der Marie spricht, liegt darin, daß wir die Liebe von der Gerechtigkeit trennen und so tun, als könne man sexuell Glück erfahren, erleben, losgelöst von der Welt, in der wir sind: in einem Traumreich, auf einer Insel, auf der du und ich allein auf unberührten Stränden spazierengehen können; die Sonne scheint immer, wir sind immer jung und schön, wir haben keine weiteren Verantwortungen ... – ihr kennt das alle.

Diese Grundlüge über die menschliche Sexualität wird uns in die Köpfe gewaschen, von klein an lernen wir über die menschliche Sexualität, daß sie eine Zweierbeziehung ist, die den Genuß voneinander bedeutet, daß es nichts zu tun hat mit dem Reich Gottes, mit der Gerechtigkeit, mit all den Dingen, von denen wir hier reden, sondern eine Restaurierung des Individuums sein soll, dem im harten Leben schon genug mitgespielt wird.

Die Frau ist dann Konsumartikel. Auch in den neueren Versionen desselben Modells, in dem Mann und Frau mit gegenseitigem Konsens einander benutzen, ist das Reich dieser Trivialität noch lange nicht überschritten. Wir haben noch gar nicht verstanden, was eigentlich wirkliche, erfüllte, gelebte Sexualität bedeutet, solange wir sie nicht beziehen auf den großen Horizont unseres Lebens mit der Gerechtigkeit oder dem, was Jesus Christus Reich Gottes nennt.

HINKELAMMERT: Der Glaube ist ohne die Bejahung des lebenden Menschen nicht möglich. Folglich kann man aus dem Glauben Vorstellungen über das Leben des Menschen ableiten. Der Glaube steht dabei immer in Konfrontation zu den Gründen für die Unmenschlichkeit, zur Behauptung von Gesetzmäßigkeiten, die dazu zwingen, den Menschen in der Arbeitslosigkeit zu lassen, in der Verelendung, den Menschen rassistisch zu behandeln, se-

xistisch. Wir haben es jeweils mit Ideologien der Gesetzmäßigkeiten zu tun, die auch mit Analysen der Gesetzmäßigkeiten verbunden werden, die jene Unmenschlichkeit begründen sollen,
denen sich der Glaube entgegenstellt.

Es ist nicht eine Anwendung des Glaubens, die sich dem entgegenstellt, als wenn der Glaube existierte ohne diese Beziehung.
Der Glaube hat hier seinen Ausgangspunkt. Da liegt die Verbindung zur Kreuzigungssituation: Christus ist im Namen der Gesetze gekreuzigt, und das erlaubt uns, in denjenigen, deren
Menschsein heute zerstört wird, den gekreuzigten Christus zu sehen. Das bringt uns dann dahin, zu sehen, daß im Glauben das
Verhältnis zu Christus immer ein Verhältnis zu dem Mitmenschen ist, daß es Christsein nur im Verhältnis zum Mitmenschen
gibt, daß er zum Verhältnis zum Mitmenschen ins Innere hereinkommt und nicht umgekehrt, als hätten wir einen Christen in uns,
um ihn auf den Mitmenschen zu übertragen.

Das lehrt uns verstehen, daß überhaupt der Mitmensch Christus ist. Der gekreuzigte Christus ist eben der Mensch, dessen
Menschsein zerstört wird. Das »Seht, welch ein Mensch« hat immer und in allen Bezügen nur eine Antwort, es ist Christus. Alles
Glaubensleben muß das herausstellen. Die Antwort aus »Seht,
welch ein Mensch« ist der Glaube.

Der Mensch ist Christus, die Antwort darauf ist: Glauben
heißt: Ich muß auf seiner Seite stehen, ich muß die Gründe, die
ihn kreuzigen, bezweifeln, gegen die muß ich vorgehen gegen die
Gesetzlichkeit eines Verhaltens, das zu dieser Unterdrückung
führt, muß ich mich verhalten, im Leben und als Glaubender.
Und da ist dann auch das »Freiheitsproblem« angesprochen.
Der Mensch ist frei, indem er sich über die Gesetzlichkeiten stellt,
die den Menschen entmenschlichen. Er ist nicht frei, indem er
sich dem Gesetz unterwirft. Nicht das Gesetz macht uns frei, sondern die Relativierung auf den Mitmenschen und seine Probleme
hin, eine ständige Relativierung, eine ständige Umorientierung
auf diesen Mitmenschen hin. Das ist die Freiheit des Christen-
menschen.

SÖLLE: Ich möchte jetzt versuchen zu definieren, daß Glück die
Gewißheit ist, gebraucht zu werden und ein Bedürfnis für andere
zu sein. Während das Gesetz, unter dem wir leben, uns einredet,
daß wir Bedürfnisse haben. »Haben«-Bedürfnisse, die werden
uns in die Köpfe gewaschen, alle wirklichen Bedürfnisse, anders
zu sein, ein anderer Mensch zu werden, was die Bibel einmal
nennt: Schaffe in mir, Gott, ein anderes Herz, gib mir einen neuen

210

Geist. Der Wunsch anders zu sein, anders zu lieben, anders zu arbeiten, anders mit meinen Mitmenschen umzugehen, diese tiefen Wünsche, die in uns allen stecken, werden ummanipuliert von der Welt, in der wir leben, und werden auf »Haben«-Bedürfnisse und Wünsche übertragen, so daß, wenn ich mir die und die Dinge kaufe oder die und die Figur verschaffe, käuflich oder durch Training, ich schon geliebt werde und schön und glücklich sein werde usw.

Ich meine, diese Zerstörung unserer ursprünglichen Bedürfnisse, die alle mit unserem Sein und nicht mit unserem Haben zu tun haben, das ist eine Form, in der das Gesetz in unser intimes Bewußtsein hineinregiert, in unsere Liebesfähigkeit und sie kaputtmacht. Es ist ja kein Zufall, daß das, was wir so das psychische Elend nennen, und das Scheitern von Beziehungen und das immer wieder neue Scheitern von Beziehungen, daß das in unserer Welt geschieht, in einem Ausmaß, das erschreckend ist. Das hängt damit zusammen, daß wir alle darauf getrimmt sind, unsere Beziehungen als solche zu verstehen, die durch Haben bestimmt sind, als ob durch mehr Dinge, mehr käufliche Sachen, mehr Erfolge, wir selber anders würden. Während in Wirklichkeit, jedenfalls nach dem Verständnis der Bibel, das Glück eigentlich etwas völlig anderes ist. Glück ist die Erfahrung, gebraucht zu werden; die tiefste Glückserfahrung, die wir kennen, ist die, daß Gott uns braucht für sein Reich. Das, meine ich, sollten wir hier betonen, und das meinte ich vorhin. Die Erfahrung, daß Gott uns braucht für Gottes Reich, wird verhindert durch die Zerstörung unserer Sexualität, indem sie isoliert wird. Wie wenn die Sexualforscher anfangen die Orgasmen zu zählen, weil sie sonst nichts im Kopf haben, weil sie gar nicht wissen, worum es eigentlich geht. Deswegen quantifizieren sie das bis in die physische Liebe hinein, in einer ekelerregenden Weise, die jeden Menschen, der überhaupt noch etwas denkt und fühlt, abstoßen und zur Verzweiflung bringen müßte.

VEIT: Während du jetzt von der Zerstörung der Sexualität und der Liebesfähigkeit gesprochen hast, fiel mir ein, daß ich mit Studenten zusammen Zeitungen untersucht habe nach den Eigenschaften, die vor allem in Heiratsanzeigen vorkommen. Da taucht seit einiger Zeit immer stärker auf, daß er oder sie vorzeigbar sein muß, *vorzeigbar*; also ein Symbol des gehobenen Standards, den man erwerben kann. Daß es sich bei beiden um Menschen handelt, die eigentlich gerne für den anderen leben würden, wenn sie nur noch wüßten, was sie sich am meisten wünschen und woran sie krank werden, das fällt dabei unter den Tisch.

Aber ich möchte nun Franz noch eine Frage stellen. Du sprichst davon, daß das Verhältnis zum anderen verlangt, seine gefährdete Mitmenschlichkeit zu retten, zu beseitigen, was ihn am Leben hindert. Dann heißt das doch – und das wirst du aus Mittelamerika noch besser wissen als wir – daß man sich unter Umständen selber großen Ärger und Schwierigkeiten einhandelt. Mir kommt es vor, als ob eben die Angst vor Ärger und Schwierigkeiten Verhältnisse von Mitmenschlichkeit in unserer Gesellschaft verhindert. Wie siehst du das? Es geht ja wohl, und wir sehen das sehr deutlich, nicht ohne Opfer oder Leiden ab, wenn man sich einsetzen will für Gerechtigkeit und Liebe.

HINKELAMMERT: Glück ist, ein Leben gemeinsam zu leben. Ein Leben so zu leben, daß es keine Ausgeschlossenen gibt und daß man selbst nicht ausgeschlossen ist, was je dazugehört.

Die Gemeinsamkeit des Lebens macht das Glück aus. Wenn ich mich heute für das Glück des gemeinschaftlichen Lebens einsetze, trete ich in einen enormen Gegensatz zur Gesellschaft. Ich werde also sehr schnell in eine Situation kommen, wo man mich sogar verfolgt, wo ich Opfer bringen muß, wo es schwer wird, das zu wollen, das gegenwärtig zu machen.

Aber daß eben Glück gemeinsames Leben ist, sollte uns ein Anlaß sein, über etwas zu sprechen, was ich in der Nachfolge Nietzsches »Lebensphilosophie« nannte. Ich glaube, daß das das Gegenteil war von dem, über das wir hier sprechen. Ich glaube, das war eine »Todesphilosophie«, die sich darauf berief, Leben heißt gefährlich leben. Das heißt dann auch, wie es heute in der Erklärung von Santa Fé steht, Entspannung ist Tod, Krieg ist Leben.

Gefährlich leben heißt dann: Ich lebe mein Leben in seiner ganzen Brisanz, in dem Grade, in dem ich den anderen ausschließe, indem ich den Ausschluß des anderen, die Zerstörung des anderen, als Leben empfinde. Ich glaube, das ist eine Perversion, ist eine Umkehrung des Lebens. Wir sollten uns immer präsent halten, unsere ganze Sprache über das Leben wird auch nur verständlich sein, wenn wir uns mit diesem umgekehrten Lebensbegriff, diesem Vitalitätsbegriff, auseinandersetzen und wissen, unser Lebensbegriff ist genau das Gegenteil von dem, was hier in dieser langen faschistischen Tradition, die wir haben, als Leben empfunden wird. Da müssen wir wieder

212

ansetzen und von zwei Formen sprechen, das Leben zu interpretieren, den Glauben zu interpretieren.

SÖLLE: Ich möchte mal ein Bild dafür anbringen, das ihr alle kennt, die Propaganda für Kampfwaffen, für Kampfflugzeuge, die wird immer erotischer. Es ist wirklich hinreißend, wie schön die Dinger sind und wie schneidig. Jeder sinnlich empfängliche Mensch sieht das, spürt das; es ist eine Manifestation dieses »gefährlich leben«. Ich sehe das in einer Parallele zu einem schönen Nazitodesengel, Reinhard Heydrich, der ein schneidiger Offizier war von großer, männischer Schönheit. Da werden unsere Bilder selbst besetzt und zerstört. Wir fragen gar nicht mehr: Wozu dienen diese Dinger, was wird damit gemacht? Wer braucht Kampfflugzeuge? Sondern der Technoeros, der uns da verkauft wird, der zerstört uns selber, unsere Wahrnehmungsfähigkeit.

VEIT: Franz, du sagtest eben, wenn ich mich für Gerechtigkeit einsetze, wird es nicht sehr lange dauern, und ich werde verfolgt. In Mittelamerika ist das ganz klar, aber im kleinen denke ich, haben wir es hier bei uns auch. Ich möchte gerne mal wissen, ob nicht manches Schulkind sagen würde: Der Lehrer hat mich im Stich gelassen, weil er sich selbst keinen Ärger machen wollte, gerechterweise hätte er auf meiner Seite stehen müssen. Wir haben da zwei verschiedene Arten von »gefährlich leben«: Können wir die noch genauer unterscheiden, denn Verfolgung riskieren gehört ja offenbar zur Liebe und zum Kampf für Gerechtigkeit. Wir haben hier so ein 0. Gebot von den 10 Geboten, das lautet: Du sollst dir keine Schwierigkeiten machen. Das steht nicht in der Bibel. Wie können wir noch genauer erkennen, was und wann gefährlich leben vielleicht vom Glauben her geboten ist?

HINKELAMMERT: Ich möchte noch einmal auf die gegensätzlichen Bedeutungen hinweisen, die Leben in unserer Zeit hat. Gefährlich leben als der Genuß der Zerstörung des anderen. Es ist ja doch sehr merkwürdig, wie weit in Filmen Sexualität und Tod verbunden werden und wie weit Sexualität und Vergewaltigung verbunden werden. Es wird auch in vielen Zeitschriften so dargestellt, als wenn der Sexualakt ein Kampfakt sei.

Das Leben kann auch Genuß der Zerstörung des anderen sein oder auch Genuß der Zerstörung der Natur, der Zerstörung von Schönheiten; eine Schönheit kann man doppelt genießen: Man kann sie dadurch genießen, daß man mit ihr lebt,

man kann sie aber auch dadurch genießen, daß man sie kaputt-
schlägt. Es ist offensichtlich, daß es einen Genuß durch Zerstörung der Schönheiten gibt. Je schöner etwas ist, um so größer der
Genuß der Zerstörung.

Wir haben oft diskutiert über die Folter, diese enorme Verbrei-
tung der Folter heute in Lateinamerika. Hier ist offensichtlich
mehr dahinter als eine pragmatische Folterung, um Nachrichten
zu bekommen. Es ist anscheinend der Genuß der Zerstörung des
Menschen. Je schöner der Mensch ist, um so schöner ist offensichtlich die Folterung. Wir müssen diese Dimension des
Menschlichen durchaus mitdenken, wenn wir von Genuß
schlechthin sprechen, der Genuß kann auch in der Zerstörung
des anderen liegen.

Das Leben auf die Zerstörung des anderen hin ist mit der Kategorie des Habens verbunden, ist überhaupt das gleiche wie die
Kategorie »Haben« in vieler Beziehung. Wenn wir das Leben als
ein gemeinsames wollen, müssen wir uns mit der Kategorie des
»Habens« auseinandersetzen, nicht nur theoretisch, sondern
praktisch, und das ist konfliktträchtig.

Es ist nicht der Genuß der Gefahr, auch nicht der Genuß der
Zerstörung, aber es beinhaltet Gefahren.

SÖLLE: Ich möchte noch einmal aufgreifen, was Franz gesagt hat
über unsere Fähigkeit, einerseits mit Genuß zu zerstören, andererseits die Fähigkeit, die wir haben, Glück anders zu erleben.
Diese Fähigkeit, Glück anders zu erleben, schließt ein, daß wir
etwas tun, was die Liebe immer tut mit uns, sie macht uns verwundbar. Es gibt keine Liebe, die auf das Ideal der Unverwundbarkeit festgelegt wäre. Dieses Ideal der Unverwundbarkeit, des
glatten Durchkommens, des Sich-keine-Schwierigkeiten-Ma-
chens ist sicher eins der falschen Ideale, die uns immerzu beglei-
ten.

Ich bin sehr erschrocken gewesen, als ich vor einigen Jahren
zum ersten Mal diesen Militärausdruck gehört habe: Das Fenster
der Verwundbarkeit muß geschlossen werden. Das ist eine mili-
tärstrategische Ausdrucksweise, mit der das Militär des Westens
behauptet, es könnte das Fenster zugemauert werden, damit niemand mehr verwundbar ist. Das ist genau das Gegenteil dessen,
was wir aus dem Christentum lernen können. Christus ist kein
Siegfried, er hat nicht im Blut irgendeines erschlagenen Drachen
gebadet, wo er dann eine Hornhaut bekam, durch die kein einzi-
ger Pfeil durchging, die ihn sicher machte für immer. Das ist ein
Männer-Ideal, Ideal eines bestimmten Typs von Helden, Kämp-

214

fer, »gefährlich leben«, idealisierte Philosophie, Nietzsche, »Der Wille zur Macht«, all das sammelt sich in dem strahlend schönen Siegfried mit seiner Unverwundbarkeit. Wenn wir uns hier versammelt haben auf diesem Kirchentag, dann doch im Namen eines anderen, eines, der verwundbar war. Man muß sich ganz klarmachen, daß der am Kreuz mit diesem Siegfried nicht das geringste gemein hat und daß, wenn immer wir diesem Siegfried ein Stückchen in unserem Herzen einräumen, oder dem Rambo oder wie immer wir den heute nennen, wir weggehen von dem, der da ans Kreuz geschlagen wurde, weil er die Liebe gelebt hat.

Je mehr du dich einsetzt oder an bestimmten Stellen die Wahrheit sagst, um so größer sind die Schwierigkeiten. Du machst dich verwundbar, du machst dich kenntlich, du tauchst auf aus dieser Anonymität, der gleichgeschalteten Masse, du bist plötzlich die, die da immer wieder spricht, was zu meckern hat, du bist jemand, der nicht einfach mitmacht, du fragst nach, auch im Kollegenkreis. Ich spreche über ganz simple Alltagserfahrungen, damit machst du dich weniger beliebt. In dieses Risiko müssen wir uns einüben. Ich meine, daß das eine Aufgabe unserer Kirche heute ist, uns allen dabei zu helfen, widerstandsfähig zu werden, und das fängt auch mit ganz kleinen Sachen an.

VEIT: Wir sind am Ende des Dialogs. Ich möchte beiden, die hier miteinander gesprochen haben, sehr herzlich danken.

»Ein total individualisiertes Christentum halte ich für eine Zerrform dessen, was Jesus und die Propheten gemeint haben«

Gespräch mit Harry M. Kuitert über die politische Dimension des Christentums und die Aufgaben der Kirche in der Welt

BIERSTEKER: Herr Kuitert hat gerade Theologen wie Sie herausgefordert, also Sie sind an der Reihe jetzt.

SÖLLE: Ja, ich bin kritisch gegen seine These, daß die Politisierung der Kirchen ein Unglück sei. Ich halte das für eine notwendige Konsequenz aus dem Evangelium, und ich möchte das an meinem Kontext beschreiben. Ich bin eine Deutsche, und ich lebe nach dem größten Unglück der Geschichte meines Volkes, nach Auschwitz. Wenn ich jetzt die Kirche anschaue, dann hat es einige wenige Leute gegeben, die Widerstand geleistet haben gegen die Nazis. Es hat auf der rechten Seite ein paar gegeben, die waren Deutsche Christen, haben mit den Wölfen mitgeheult, aber die große, breite Menge von ganz lieben, netten Christen war völlig unpolitisch wie immer; die haben nach der Kristallnacht wahrscheinlich gepredigt, daß die Blätter jetzt abfallen, weil November kommt, und im Frühjahr haben sie über den Frühling und die Auferstehung gepredigt, egal, was passierte. Das Entsetzen über diese Realität von Christen, das ist eigentlich, was es für

Das Gespräch wurde am 22. September 1987 vom niederländischen Fernsehen aufgezeichnet; Interviewpartner war Henk Biersteker. Veröffentlicht in der holländischen Originalausgabe: *Harry M. Kuitert/Dorothee Sölle*, De politiek en de reserves van de kerk. een vraaggesprek over politiek en messiaans heil, Baarn 1987 (Uitgeverij Ten Have). Grundlage des Gesprächs war das Buch »Alles is politiek, maar politiek is niet alles«, in dem sich der renommierte holländische Theologe Harry M. Kuitert kritisch mit der Politischen Theologie auseinandergesetzt hat.

217

mich notwendig macht, den eigenen Kontext zu begreifen, ihn als politisch zu begreifen. Ich lebe in einer politischen Welt, ob ich das will oder nicht. Ich muß Stellung nehmen, und als Christin muß ich mich in einem spezifischen Sinn engagieren. Dieser Hintergrund, die Nazizeit, hat mein ganzes Denken geprägt. Ich kann nicht mehr so tun, als könnte ich sagen: Politik ist ja schließlich nicht alles. Was hieß denn das, um Gottes willen, 1943, als die Züge durch Deutschland rollten? Wie kann ein Mensch so etwas sagen? Und ich möchte die Frage noch weitertreiben: Ist es nicht heute so ähnlich? Das ist jedenfalls der Ursprung der deutschen politischen Theologie, ich denke da auch an meine Kollegen Jürgen Moltmann, Johann Baptist Metz, die ganz ähnlich am Ende der sechziger Jahre ihre Theologie politisiert haben. Das fing an mit einer Politisierung des Gewissens, und auf die möchte ich auf gar keinen Fall verzichten.

KUITERT: Ja, danke schön. Ich freue mich, daß ich mich mit Ihnen unterhalten kann. Ich kann das ganz gut verstehen, was Sie sagen, und glaube auch, daß unpolitische Bürger reif sind für jede Diktatur und jede Art von Nazismus oder Faschismus. Das bestreite ich nicht im mindesten. Also, wenn Sie nur befürworten, daß man politisieren soll bis zu einem gewissen Grade, dann bin ich ganz einverstanden. Es heißt ja auch: »Alles ist politisch«, das bestreite ich nicht. Doch es gibt Sachen, die nicht ganz politisch sind. Man kann sagen, daß im Leben alles eine politische Seite hat. Dennoch, was ich wahrhaben möchte, ist, daß die christliche Kirche weiß, daß es noch mehr gibt als Politik. Und mit Politik meine ich das Machtspiel, das gespielt wird in Europa hier bei uns und das sehr wichtig ist, auch heute noch für uns. Doch wenn das das einzige wäre, was die Kirche befürwortete, dann wäre es schlecht bestellt mit der Kirche. Denn die Kirche hat eben zwei Worte zu reden: ein Wort für das Leben, so wie wir es führen und versuchen, es zum Besten zu leiten; dann hat sie noch ein anderes Wort, das ist die Botschaft des Heils Gottes, und das ist, was nur die Kirche predigen kann. Die Kirche redet mit zwei Worten, sie hat im großen und ganzen etwas im Politischen zu sagen, aber daneben hat sie noch etwas, was die Politik nicht weiß und auch nicht wissen kann. Ich möchte hervorheben, daß die Kirche im Begriff ist, das zweite zu verlieren.

SÖLLE: Können das erste und das zweite denn so getrennt werden? De facto ist es ja gerade so, daß die Kirche, wenn sie sich auf ihre innerste Botschaft, also ihr Fundament, ihr Proprium, oder wie immer die Theologen das nennen, zurückzieht, dann verliert

sie es gerade. Das ist die wirkliche Erfahrung der Kirchengeschichte, und nur wenn sie das einbettet in die dreckige Realität, in
der wir leben, hat dieses Wort Kraft und Gestalt und ändert etwas.

KUITERT: Genau, genau. So möchte ich es auch sagen, denn das
eigentliche Leben ist das Leben, das wir haben in der Schöpfung.
Es gibt nur eine Geschichte, in der wir leben, nur eine Welt, aber in
dieser Welt machen wir die Erfahrung: Das kann doch nicht alles
sein, was wir jetzt machen, es muß doch mehr geben. Alles, was wir
einander geben können, um es mit zwei pointierten Worten von
Herrn Gollwitzer zu sagen, das ist das Wohl, aber dennoch wissen
wir, daß es auch noch etwas anderes geben müßte, und das ist das
Heil, das Heil Gottes. Und das ist bestimmt etwas, was man nicht
so auf die Straße werfen kann, wie Bonhoeffer sagte. Das hat etwas Geheimnisvolles in sich, etwas, was man miteinander besprechen kann, wenn jeder gut zuhört. Doch es ist nicht dasselbe wie
das politische Heil. Das ist mein Meinungsunterschied.

SÖLLE: Bonhoeffer hat gesagt: Nur wer für die Juden schreit, darf
auch gregorianisch singen. Ich singe auch sehr gern gregorianisch.
Ich weiß, daß das eine große geistige Heimat für mich ist. Das ist
wie ein wunderbares altes Haus.

BIERSTEKER: Das innere Mysterium?

SÖLLE: Ja, der Kirche, des Christseins. Aber sobald das zu einem
Rückzugsort wird, abgetrennt von diesem Schreien für die Juden,
dann zerstört sich dieses Haus selber. Dann wird es genau diese
ekelhafte Institution einer verbürgerlichten Kirche, die wir aus
dem 19. Jahrhundert, wo sie vor dem Proletariat versagt hat, kennen und aus dem 20. Jahrhundert, wo sie vor dem Pazifismus versagt hat und vor den heutigen Entwicklungen ständig und immer
wieder versagt. Und in diesem Augenblick, in dem wir leben, in
unserem historischen Kairos, finde ich Ihr Buch gefährlich.

BIERSTECKER: Kairos, was ist das?

SÖLLE: Kairos ist der Zeitpunkt, an dem Gott will, daß wir handeln und die Wahrheit sagen. Und die südafrikanischen Theologen haben das zur Grundlage eines Dokuments gemacht. Aber es
gilt für uns alle.

BIERSTEKER: Ist das das Gebot der Stunde?

SÖLLE: Das ist das Gebot der Stunde, aber das Gebot *Gottes* in
dieser Stunde. Zum Beispiel war es das Gebot Gottes 1933, daß
ein Pfarrer auf der Kanzel sagen sollte: Dieser Jesus von Nazareth
hatte weder blaue Augen noch blonde Haare, sondern war ein Ju-
de. Das war das Gebot Gottes in diesem Augenblick.

KUITERT: Ich meine nicht nur in jenem Augenblick, das sollte er immer gesagt haben, denn Jesus war kein Germane oder ein Arier oder so etwas. Ich bin ganz überzeugt, daß Politik eine notwendige Sache ist, und das befürworte ich in meinem Buch, das kann kein Unterschied zwischen Ihnen und mir sein.

SÖLLE: Ja, Sie haben da doch eine *reservatio mentalis.*

KUITERT: Ich habe eine *reservatio mentalis,* und das ist, daß man sich nicht einreden lassen sollte, daß . . .

BIERSTEKER: Was ist eine *reservatio mentalis?*

KUITERT: Das ist, daß man doch noch etwas in der Hinterhand hat, und damit nachher kommt. Man sollte nicht glauben, daß Politik, politisches Handeln das messianische Reich oder das messianische Heil herbeibringen könnte und daß Politik, politisches Handeln nur politische Probleme lösen kann und keine anderen. Die Kirche weiß, daß es auch noch andere Probleme gibt als gesellschaftliche und politische Probleme. Ich möchte beide hervorheben, denn in unserem Leben, so wie wir es leben, sind beide gleich wichtig. Es kann nicht sein, daß man vor der Politik ausweicht in der Kirche, und es kann auch nicht so sein, daß man vor der Kirche ausweicht in der Politik. Das letzte sehe ich jetzt ganz offen geschehen, daß man eigentlich denkt, daß der politische Gottesdienst der einzige Gottesdienst ist. Damit bin ich nicht einverstanden.

BIERSTEKER: Können Sie uns dazu Beispiele geben?

KUITERT: Ja. Ich hoffe nicht, daß ich Sie damit ärgere, zum Beispiel manche meiner Freunde, die Christen für den Sozialismus waren, sie haben die Religion, den Glauben ganz und gar in das politische Handeln hineingesteckt. Ich denke, daß sie zuviel von dem erwarten, was politisch möglich ist: Politik kann nicht alles. Das weiß die Kirche genau, und das soll sie sagen.

SÖLLE: Das ist ein Punkt, wo ich Ihnen folgen kann, weil gerade die Niederlage die Grunderfahrung des Christen ist. Ich glaube, da stimmen Sie voll mit überein, wenn man sich im Sinne dieses Jesus von Nazareth engagiert für den Frieden, die Gerechtigkeit oder den Respekt vor der Schöpfung, dann isoliert man sich, dann macht man sich zum Gespött, man wird als überflüssig, ärgerlich, sauertöpfisch, als Hexe, wenn man eine Frau zu sein das Pech hat, angesehen. Das ist die Realität. Und in dieser Niederlage hilft uns eine rein politisierte Hoffnung nicht weiter. Man hat dann alles darauf gesetzt, daß jetzt etwas geschieht, und verzweifelt. Aber meine Erfahrung ist anders, nämlich, daß im Zusammenhang mit dieser Politisierung sich in den letzten fünfzehn

Jahren an vielen Stellen der Welt eine neue christlich-politische Kultur gebildet hat. Die Menschen haben neu beten gelernt. Sie lesen die Bibel anders. Sie glauben den Theologen nicht mehr alles – Gott sei Dank.

KUITERT: Gott sei Dank ... Darin sind wir uns einig.

SÖLLE: Sie ziehen sich zurück von den dogmatischen Wichtigkeiten, weil die praktischen Notwendigkeiten für sie viel wichtiger sind.

BIERSTEKER: Sie meinen jetzt den Kirchentag zum Beispiel, den Deutschen Evangelischen Kirchentag.

SÖLLE: Ja, der Kirchentag ist ein wunderbares Beispiel, eine Massenbewegung in einem Land, in dem es kein Kulturfestival von diesem Ausmaß gibt. Es gibt nirgends in Westdeutschland einen Ort, wo sich einhunderttausend Menschen morgens von 9 bis 11 Uhr hinsetzen und ein altes Buch lesen, nämlich die Bibel. Das finde ich ungeheuer stark, daß sie über einen so fremden Gegenstand nachdenken und ihn auf ihr eigenes Leben beziehen. Da sehe ich ein Stück befreiende Theologie am Werk, in der Musik, in den Gebeten, in den Gottesdiensten, in den liturgischen Nächten und so weiter. Und viel stärker noch sehe ich das natürlich bei Gottes Lieblingskindern, zu denen wir in Europa nicht gehören, bei den Armen. Ich sehe das auf den Philippinen, in Lateinamerika, in Südafrika und an vielen Orten, wo Menschen um ihre menschliche Würde kämpfen und leiden, und das im Namen Jesu Christi tun. Das finde ich ungeheuer schön und stark. Also da passiert etwas im Christentum, das vom rein abendländischen Gesichtspunkt aus gar nicht verstanden wird. Der Geist Gottes ist ja schon viel weiter, die Geistin, möchte ich eigentlich lieber sagen, wirkt in der Dritten Welt und bekehrt die Menschen zu diesem Kampf um die Freiheit. Und das ist keine oberflächliche Politisierung, die sozusagen nur den Kopf politisiert und nur den Erfolg will, sondern es ist eine ganz andere Beziehung zum Leben, die dort entsteht. Das ist das, was wir mit diesem Christus meinen. Es gibt eine neue Qualität von Frömmigkeit, von Liturgie.

BIERSTEKER: Aber das ist also keine Niederlage?

SÖLLE: Damit unterliegt man immer wieder. Man wird auch immer aufs neue enttäuscht.

KUITERT: Ich habe nichts dagegen, nur daß ich nicht so sicher bin, ob es sich darum handelt, aber wenn Sie meinen ...

BIERSTEKER: Worum handelt?

KUITERT: Ob es sich um solche Erneuerungen handelt. Das

könnte sein, und wenn es so ist, dann denke ich schon, daß das eine schöne Sache ist, eine Erfahrung, die man mit dem Evangelium in der Welt macht. Ich nenne das aber nicht politisches Handeln. Das, was Sie Politisierung nennen, das ist für mich eine Art Bewußtsein, und wenn Politik nur das meint, ja, dann kann man kein Unglück damit machen. Aber Politik hat ja so viele Bedeutungen. Das Wort und was man damit meistens meint, sind politische Alternativen zwischen politischen Parteien und Ideologien, und dann denke ich, ich möchte nicht gern sehen, daß der Geist Gottes so nur zu einer Partei oder einer Ideologie gesagt wird. Der Geist Gottes gehört zu denen, die unterdrückt sind, zu denen, die arm sind. Das alles ist etwas, was wir aus dem Evangelium holen können, aber sobald es um Machtergreifung, um politisch etwas zu erreichen geht, dann gibt es Tote, dann wird der Wahrheit Gewalt angetan, dann sind wir im weltlichen Reich, um mit Luther zu reden. Das weltliche Reich ist ein notwendiges Reich, um Befreiung von Unterdrückung zu erreichen, aber es bleibt weltlich. Ich meine, daß wir deswegen nicht vom Evangelium her praktische Politik betreiben können, das geht ja genau nicht.

SÖLLE: Ja aber, Moment, wir müssen doch vom Evangelium her einige klare Werte begreifen und ergreifen, und einige Prioritäten, und die Hauptprioritäten der westdeutschen Politik jedenfalls – und ich glaube nicht, daß die holländische sehr viel besser ist – sind Gewalt, Militarismus und Ausbeutung.

BIERSTEKER: Also Erhaltung von dem, was war? Was wir haben?

SÖLLE: Dessen, was ist. Ich bin gestern ins Geschäft gegangen und habe Kaffee gekauft, und ich war schockiert, weil der Kaffee wieder eine Mark billiger war. Der Kapitalist in mir freut sich und denkt: Schön billig! – eine uns allen anerzogene Reaktion. Aber die Christin in mir sagt: Wer bezahlt das eigentlich? Wer kriegt eigentlich jetzt noch weniger Lohn? Auf wessen Kosten ist denn eigentlich mein Kaffee billig? Es hat mich wirklich geärgert. Ich kann jetzt nicht hingehen und sagen: Ich will aber 10 Mark für meinen Kaffee bezahlen statt 6,99 DM.

KUITERT: Das kann ich mir denken, aber ich halte das für eine Art Unbehagen, das man in bezug auf seine eigene Kultur hat und das ich teile.

BIERSTEKER: Und das die Kirche nicht lösen kann.

KUITERT: Ich meine, das Unbehagen selber ist noch keine Lösung. Eine Lösung aller Probleme bedeutet, daß man eingreifen muß, und eingreifen bedeutet, daß man – ob man es will oder nicht – Unrecht tun muß, um Gerechtigkeit zu erreichen, daß man töten muß, um lebendig zu machen. Das müssen wir tun, aber wir dürfen es eigentlich nicht. Wenn wir wirklich politisch etwas tun müssen, so tun wir es mit unreinen Händen und als Bürger.

BIERSTEKER: Als Bürger – als Staatsbürger.

SÖLLE: Ich weiß nicht, warum diese Notwendigkeit besteht, das verstehe ich nicht ganz. Meinen Sie, daß der Mensch den Menschen ein Wolf ist und wir die Wölfe nie zähmen werden? Wollen Sie das sagen? Ich kann mir zum Beispiel durchaus eine amerikanische Regierung vorstellen, die sagt: Die Sandinisten sind gut für Nicaragua, die Kinder gehen in die Schule, die Ärmsten kriegen was zu essen, laßt sie doch mal endlich. Laßt sie doch bloß mal in Ruhe. Das ist doch nicht utopisch? Das ist auch nicht zuviel verlangt! Da muß man ja auch niemand umbringen. Dann muß man vielleicht Herrn Reagan mal absetzen und ein paar vernünftige Menschen, die etwas Menschlichkeit haben, dahin bringen. Aber sehr viel mehr brauche ich gar nicht dazu. Es ist doch nicht so, als müßten wir da ständig durch Blut waten. Meine politische Option für diese Kinder in Nicaragua ist eine, die ganz klar sieht, wo die Kämpfe liegen, wer kein Interesse daran hat, daß es den Nicas gutgeht, sondern wer ein Interesse an billigem Kaffee hat. Und das kann ich doch darstellen, oder? Es ist doch nicht so, als seien das alles totale Rätsel. Da hat die Kirche in der Tat eine Aufgabe, die von den Massenmedien weithin verdummten, also brutal gemachten Menschen zu erziehen, ihnen etwas über die Wahrheit zu erzählen, die Dritte Welt bekannt zu machen. Das sind reale Aufgaben der Kirche in unserer Welt.

KUITERT: Da bin ich nicht sicher. Ich denke erstens, daß die Wahrheit über Nicaragua etwas nuancierter sein könnte, als Sie es jetzt äußern, aber das Wichtigste ist, es gibt eben die Vereinigten Staaten, und die sind kein Lamm, die sind ein Wolf. Und Sie können zehnmal sagen, daß das doch nicht so schwierig wäre für einen Wolf, ein Lamm zu werden. Ich sehe vor meinen Augen, daß es sehr schwierig ist. Und dann denke ich, wie kann man den Leuten, die ausgebeutet werden, helfen? Man kann ihnen nicht helfen mit der Illusion, daß sie doch eigentlich von ihren Beherrschern schön behandelt werden könnten. Das tun ihre Herrscher nicht.

BIERSTEKER: Nur mit Gewalt.

KUITERT: Wenn ein Volk schließlich frei sein möchte, so muß es zum Schluß, wenn nichts mehr hilft, Gewalt anwenden, und das ist eben nicht messianisch. Gewalt ist nicht Bergpredigt, Gewalt ist nicht, was der Messias wollte. Aber wenn man die Bergpredigt befolgt, so verrät man seine Armen. Das ist, was ich meine. Und darum gibt es zwei Reiche; in dem einen herrscht keine Gewalt, und in dem anderen herrscht, wenn es nicht anders geht, Gewalt. Das ist meine Position.

BIERSTEKER: Dann sprechen Sie schon von zwei Reichen.

KUITERT: Dann spreche ich von zwei Reichen oder zwei Regimentern, oder wie man es nennen mag.

BIERSTEKER: Die Bergpredigt kann man also in dieser Welt nicht gebrauchen?

KUITERT: Nein, gerade weil sie messianisch ist. Man kann sie üben, einüben und keine Gewalt anwenden, dann wird man ein »dropout« in dieser Welt, aber man verrät die Armen. Das ist die Kehrseite.

SÖLLE: Ich weiß nicht, ob ich die ganze Bergpredigt befolge, aber daß ich bestimmte Lebensentscheidungen nach der Bergpredigt treffe. »Trachtet am ehesten nach der Gerechtigkeit, nach dem Reich Gottes, so wird euch solches alles zufallen.« Das heißt konkret für mich, daß ich mir zum Beispiel Schwierigkeiten in meiner Karriere an einer deutschen Universität einhandle oder im Deutschen Fernsehen oder sonstwo. Daß ich so etwas bezahlen muß, das finde ich vollkommen natürlich und selbstverständlich. Und der Versuch, mit einer größeren christlichen Klarheit für das einzustehen, was das Christentum wirklich beinhaltet, das ist Gerechtigkeit und, darauf gegründet, Frieden. Das scheint mir gar nicht so wahnsinnig kompliziert. Ich habe immer das Gefühl, auch in Ihrem Buch, daß Sie ein »terrible complicateur« sind, der die Einfachheit Jesu so kompliziert, daß sie unlebbar wird. Ich habe gerade mit einem schwarzen Freund aus Amerika gesprochen, einem Pfarrer, und der sagte den schönen Satz: Jesus will ja eigentlich nicht, daß wir auf die Fragen, die wir nicht beantworten können, Antwort geben, also etwa nach dem ewigen Leben, sondern Jesus möchte bloß, daß wir endlich mal auf die Fragen, die wir beantworten können, Antwort geben. Und Nicaragua ist eine Frage, die relativ leicht beantwortbar ist. Es gibt genug Friedenspläne; es ist nicht so, als ob das ungeheuer kompliziert und eigentlich unmöglich wäre, sondern es ist durchaus naheliegend. So ähnlich ist es auch mit der Abrüstung. Es ist nicht so, als wüßten wir alle nicht, was zu tun sei; das stimmt doch überhaupt nicht. Jede Hausfrau weiß es doch. Die Spatzen pfeifen es von den Dächern. Was die Wahrheit ist über diese Mittelstreckenraketen, haben sogar die Politiker gemerkt. Aber immerhin haben es auch in diesem Land doch vor zehn Jahren schon Millionen von Menschen klar und deutlich gesagt. Da war ein Stück Bergpredigt schon mal auf der Straße, und das ist nichts Irreales. Es muß noch technisch-politisch übersetzt werden, aber das kann doch nicht das zentrale Problem sein. In Wirklichkeit ist das zentrale Problem: Wollen wir diese Werte, wollen wir Gerechtigkeit und Liebe, oder wollen wir Macht und Ausplünderung?

BIERSTEKER: Es gab eine Welle von Widerstand, aber Herr Kuitert fragt sich, wie man den Frieden realisieren soll.

KUITERT: Nein, aber das ist auch nicht die Frage: Wollen wir es, oder wollen wir es nicht? Ich denke, was wir wollen, sind »incontestable truths«, wie die Engländer das nennen. Jeder will Gerechtigkeit, Frieden und eine heile Welt; aber wie erreichen wir das? Das ist meine Frage. Ohne daß wir die Armen oder die Unterdrückten verraten. Dann kann man mit der Bergpredigt eigentlich nichts anfangen, gerade weil sie sich nicht auf die Politik übertragen läßt.

BIERSTEKER: Sie verzichtet auf Gewalt.

KUITERT: Ja, das ist es. Im persönlichen Leben kann man die Bergpredigt befolgen, darin stimme ich ganz mit Frau Sölle überein. Aber sobald man anfängt, andere in die eigene Entscheidung für die Bergpredigt mit einzubeziehen, dann setze ich mich über ihre Wünsche hinweg und bringe sie in Situationen, in die sie gar nicht geraten wollten. Ich denke schon, daß genau da das Problem liegt. Es läßt sich nicht in eine politische Entscheidung umsetzen. Wenn wir das versuchten, wären wir imstande, uns unsere Geschichte wie eine Fortschrittsgeschichte vorzustellen. Es geht immer besser und besser, und das Reich Gottes können wir immer besser realisieren. Aber das tun wir nicht, das geht nicht. Alles, was wir können, ist, unsere Schöpfung so gut wie möglich zu erhalten, und schon das ist nicht einfach. Es ist nicht so, daß jede Hausfrau weiß, was Abrüstung ist. Wir wissen alle, daß wir keine Kernwaffen haben möchten, aber wenn sie einmal da sind, wie schaffen wir sie wieder ab? Wie können wir es schaffen, daß sie nicht angewendet werden? Das ist die große Frage, und nicht, ob wir sie wollen oder nicht wollen. Ich kenne keinen, der sie will, aber sie sind da. Und es gibt Wölfe, die da sind.

SÖLLE: Ich kann damit nicht übereinstimmen, daß wir alle die Gerechtigkeit wollen. Es gibt, wie zur Zeit des Neuen Testaments, zwei grundlegend verschiedene Begriffe von Frieden. Der eine ist die *Pax Christi*, und das bedeutet der Schalom, der Friede, der auf Gerechtigkeit, auf Aufhören des Hungers und des Elends gegründet ist, und die Friedenshoffnung auf diese veränderte Politik. Und der andere ist der römische Frieden, die *Pax Romana*, und das heißt, wir müssen aufrüsten, nur durch Gewalt kann Friede gestaltet werden. Das ist die römisch-militaristische Weisheit. Die ist in Brüssel bei der Nato genauso herrschend wie im *Imperium Romanum.*

KUITERT: Man soll nicht glauben, aber man soll wissen, daß die Welt nicht aus Lämmern besteht, sondern aus Wölfen.

BIERSTEKER: Aus 150 souveränen Staaten.

KUITERT: Ja, das ist doch schrecklich, das ist die Wirklichkeit, und dann denke ich . . .

BIERSTEKER: Also, man soll die Vereinten Nationen haben.

KUITERT: Ja. Wir tun, was wir können, um ein bißchen Frieden zu bewahren. Und das ist eben die Politik, daß wir einzuschätzen versuchen, was unsere Handlungen bewirken und was sie nicht bewirken. Ich habe oft das Beispiel herangezogen, was wir über Vietnam gedacht haben. Da waren Sie und ich vielleicht einig, das war ein Schock für mich, daß die Amerikaner Vietnam bombardierten. Und ich war mit in dieser Gegenbewegung, und als endlich die Amerikaner Vietnam und Kambodscha verließen, da habe ich mich gefreut und in die Hände geklatscht. Dennoch habe ich gesehen, daß, sobald sie sich verabschiedet hatten, es noch schlimmer wurde, als es war. Das wußten wir nicht, das konnten wir nicht wissen, aber es geschah, und das ist die Schwierigkeit der Politik: Man weiß nicht, was passiert. Man versucht, was und soviel man kann, die Schöpfung zu bewahren und dem Frieden ein bißchen Form zu geben, aber das ist alles. Ich bin nicht so optimistisch.

SÖLLE: Ich weiß gar nicht, ob ich optimistischer bin als Sie. Ich glaube, daß Christsein bedeutet, sich jetzt in unserer Welt in diesen Prozeß für Gerechtigkeit, Frieden und die Bewahrung der Schöpfung zu integrieren. Das sind die Aufgaben der Kirche für den Rest des Jahrtausends und vielleicht darüber hinaus. Und da hat die Kirche eine politische Aufgabe, aber das Wort »politisch« kommt mir fast zu klein vor für das, was da existentiell gefordert ist, aber es kann auf keinen Fall weniger sein als Politik. Es muß auf jeden Fall dies enthalten, und es kann die Privatisierung, die doch gerade der Protestantismus als individualistische Religion nun seit 400 Jahren betreibt . . .

BIERSTEKER: Nur Gott und mich.

SÖLLE: Ja, Jesus liebt mich und dich, aber mit uns zusammen hat das eigentlich sehr wenig zu tun.

Das ist die extreme Form des Fundamentalismus, die haben nichts anderes zu predigen als das: ein total individualisiertes Christentum. Das halte ich für eine Zerrform dessen, was Jesus und die Propheten gemeint haben. Unsere wirkliche theologische Aufgabe ist, an den Inhalten der Bibel, an diesem auf Gerechtigkeit gegründeten Frieden festzuhalten; und das heißt praktisch, daß die Kirche innerhalb der reichen Ersten Welt zum Widerstand aufrufen muß. Damit bin ich noch mal bei meinem Anfang der Nazizeit. Es geht uns heute nicht sehr viel besser, ein bißchen ja, ich sehe den Unterschied schon, aber die Dinge, die heute in der Dritten Welt geschehen, also die 40 000 sterbenden Kinder, um nur irgendeine Zahl zu nennen, jeden Tag . . .

BIERSTEKER: Geschieht das alles in unserem Namen, Dorothee?

SÖLLE: Ja, mit unserer Billigung, sei es direkt oder indirekt. Nicht alle Deutschen wollten Auschwitz, natürlich nicht, die wollten ihre Ruhe, die wollten ihr Schrebergärtchen. Die wollten ein gutes Leben und möglichst nichts damit zu tun haben, es war ja alles so gräßlich. Das waren nette Privatpersonen, aber gerade das ist doch das Problem. Sie haben es zugelassen, sie haben es mitgemacht, sie haben die Augen, die Ohren und dann den Mund zugemacht, wie die drei asiatischen Affen.

BIERSTEKER: Und was machen wir jetzt mit der Dritten Welt?

SÖLLE: Ja, das ist meine Frage.

KUITERT: Nein, ich meine, das kann man nicht vergleichen. Was im Dritten Reich passiert ist, das war ein Augenverschließen vor dem, was geschah. Wenn nur ein bißchen mehr Gewalt gegen die Nazis gewesen wäre, dann hätten wir vielleicht vorbeugen können. Ich möchte auf drei Dinge eingehen, denn Frau Sölle hat drei Sachen hintereinander angesprochen. Erstens die Dritte Welt, ob wir mitbeteiligt sind an dem Hunger der Dritten Welt. Ich glaube, man muß sehr viel besser unterscheiden zwischen dem, was die Engländer »acts and omissions« nennen. Das ist nicht dasselbe. Man kann viele Sachen nicht tun, und dennoch ist das nicht dasselbe, als wenn man tötete. Das ist eine viel zu grobe Annäherung an das Problem. Aber das ist eine Kleinigkeit, gemessen an dem anderen, nämlich was Christsein heute bedeutet: Engagiertsein im Erhalten des Friedens und der Umwelt. Ich denke schon, daß das auch das Christsein bedeutet, man wäre ein Hinterwäldler, wenn man das nicht täte.

BIERSTEKER: Das wissen die anderen auch, sagen Sie?

KUITERT: Aber mein Standpunkt ist: Dafür braucht man kein

Christ zu sein. Auch die Christen tun das, aber wenn nur die Christen das täten oder wüßten, dann wäre es eine arme Welt. Sie haben manche Freunde, die das auch wissen, obwohl sie keine Christen sind und sich auch engagieren. Also das tun die Christen mit allen anderen zusammen, und darin sind sie stark, hoffe ich, aus dem Glauben heraus. Aber haben sie noch etwas mehr, oder nicht? Und dann denke ich, das Christsein ist mehr, als nur engagiert zu sein. Es gibt noch etwas darüber hinaus, und das hat etwas zu tun mit dem Heil Gottes für jede Person. Das ist das zweite: Individualisierung. Man ist persönlich verantwortlich. Hätten die Deutschen das nur gewußt im Kollektivismus der Nazizeit! Und man ist auch persönlich im Heil Gottes inbegriffen. Das sind zwei Dinge, von denen ich finde, daß sie nicht unter den Tisch fallen dürfen.

BIERSTEKER: Darf ich hier unterbrechen? Ich kenne Sie beide schon seit 25 Jahren. Sie waren damals beide mit Bibelkritik beschäftigt. Sie übten beide Kritik an den geltenden Konfessionen der Kirchen. Sie waren beide auch sehr an Politik und Gesellschaft interessiert; also waren Sie beide moderne Theologen. Sie waren damals, meiner Ansicht nach, mehr oder weniger einer Meinung. Einer muß sich also umgedreht haben.

KUITERT: Oder beide?

BIERSTEKER: Oder beide. Können Sie vielleicht in der persönlichen Entwicklung ...

KUITERT: Oder beide ein bißchen?

BIERSTEKER: Das weiß ich nicht. Ich denke, Sie haben sich radikaler umgedreht. Was Sie sagten über Ihre Enttäuschung über die Demonstration für Vietnam.

KUITERT: Das war eine Enttäuschung, ja.

BIERSTEKER: War das der entscheidende Moment?

KUITERT: *Ein* entscheidender Moment. Ich habe das Buch »Die Hinreise« von Dorothee Sölle mit Entzücken begrüßt und darüber eine Rezension in einer Zeitung geschrieben, von der ich weiß, daß sie in manchen Frauenkreisen zum Verstehen dieses Büchleins genutzt wurde. Also habe ich von dem Buch profitiert. Das war etwas, was ich verstand. Und so glaube ich, daß man sich durchaus in einen politischen Streit begeben kann als Christ, aber dann nachher ...

BIERSTEKER: Was war es gerade in »Hinreise«, was Sie getroffen hat?

KUITERT: Das Bild, daß Elia Abschied nehmen möchte, er in die Wüste zog zum Berg Gottes. Und dann empfing er von Gott einen neuen Auftrag, und er hatte wieder Mut zum Leben. Ich glaube, daß auf diese Weise – das habe ich auch beschrieben – die Christen sich vielleicht auf die Dauer im richtigen Sinne politisch bemühen können. Aber das Heil der Politik – das ist eigentlich mein Punkt – ist nicht das messianische Heil. Das ist, was zwischen Ihnen und mir steht.

BIERSTEKER: Sie haben »Die Hinreise« geschrieben, Dorothee.

SÖLLE: Ich möchte eigentlich auch nicht sagen, daß das messianische Heil als Erwartung, also als ein Staat, den ich beschreiben könnte, dasselbe ist, was ich politisch mache. Aber wohl meine ich, daß die klare Option für die Armen, das heißt gegen die Aufrüstung, gegen diese Weltwirtschaftsordnung, die die Armen zu mehr Hunger verurteilt jeden Tag, daß diese Option zu meinem Christsein dazugehört. Und wenn ich mich etwas verändert habe in den letzten Jahren, dann dahingehend, daß ich das, was ich theologisch-politisch denke, nicht auseinanderhalten kann, diese beiden Dinge gehören für mich zusammen. Das ist mir immer klarer in der Bibel begründet erschienen. Ich lese die Bibel immer mehr im Sinne dieser Armen, im Sinne der Menschen, die im Imperium Romanum auch nichts zu erwarten hatten außer dem Martyrium. Und die darin eigentlich lebten, handelten, alles taten, einen Versuch machten, mit Gewalt und mit dem Eigentum, mit den zwei zentralen Fragen des menschlichen Lebens, anders umzugehen als alle vorher. Darin fühle ich mich eigentlich immer mehr beheimatet. Aber für mich sind Politik und Religion stärker ineinandergewachsen. Ich würde heute sagen: Sage mir, was deine Politik ist, und ich sage dir, was du mit dem Wort »Gott« meinst. Denn das Wort benutzen doch Hunderte; die meinen noch völlig verschiedene Sachen. Der Papst redet auch über Gott, oder Ronald Reagan. Und wenn er vielleicht nach Libyen gerade ein paar Bomben schickt, dann tut er das wahrscheinlich im Namen Gottes. Das kann ja allein noch nichts aussagen. Wir müssen doch Kriterien dafür finden, wo da etwas vom Geist Gottes, also dem Geist der Gerechtigkeit und der Liebe, stattfindet. Und nach diesen Kriterien suche ich, das sind theologisch-politische Kriterien und nicht rein religiöse. Ich glaube, daß das rein Religiöse zur Schummelei, also zum Opiumverkauf führt und nicht in die Vertiefung der Wahrheit. Ich muß ganz ehrlich sein: Die Menschen, die ich am meisten liebe in unserem Jahrhundert, die Opfer eigentlich, also Martin Luther King, Steve Biko, Ita Ford, Dorothy Day, ich könnte noch viele, viele andere nennen, das sind für mich die Heiligen des Jahrhunderts, für die kann ich überhaupt mit der Trennung »... das war doch nur politisch!«, »... das sind ja gar keine Märtyrer!« nichts anfangen. Das halte ich für ein obszönes, reaktionäres Zeug, denen sozusagen auch noch ihren Tod wegzunehmen, weil er nur politisch sei...

KUITERT: Das sage ich ja gar nicht, daß es nur politisch ist. Ich meine nur, daß ich nichts begreife von einem Wort wie »theologisch-politisch«. Das ist eine Verbindung, die ich nicht verstehe.

BIERSTEKER: Ich wollte eigentlich fragen: Würden Sie das alles auch gedacht haben, wenn Sie keine Theologin gewesen wären? Dann haben Sie diesen Respekt für das Martyrium dieser Genossen auch nicht als Staatsbürgerin.

SÖLLE: Das bezweifele ich wirklich manchmal...

BIERSTEKER: Das haben Sie von der Theologie her?

SÖLLE: Ich meine, es gibt viele Staatsbürger, die aus humanistischen Gründen handeln und die im Sinne der christlichen Tradition interpretieren. Ich nehme an, daß das allmählich zugrunde geht. Mit der Entfernung von der christlichen Tradition wird dieser noch postchristliche Humanismus sterben, weil er keine Institution hat, kein heiliges Buch hat...

KUITERT: Das halte ich für ein schreckliches Fazit. Denn das bedeutet, daß man Christ sein muß, um ein guter Politiker zu sein. Das glaube ich nicht. Das Gutsein der Menschen, soweit es geht, das stirbt nicht aus, wenn das Christentum ausstirbt. Das ist auch etwas, was in die Zwei-Reiche-Lehre hineingehört, daß wir nicht die Wahrheit erfunden haben, wenn es um gutes Handeln geht. Und dann geht mir das viel zu weit, und das ist eben, was ich spüre in »theologisch-politisch«. Dann denke ich, das ist zuviel des Guten. Das haben wir Theologen nicht herausgefunden. Was wir können und was zu unserer Sache gehört, das ist zu zeigen, wo man das Wörtlein »Gott« im Sinne einer Ideologie anwendet. Und dann muß ich Ihnen ehrlicherweise sagen, daß ich das auf der rechten Seite, aber auch gleichwohl auf der linken Seite sehe. Man wendet das Wort überall an, wenn man ein bißchen mehr Macht und ein bißchen mehr Autorität in seinen Worten oder seinen politischen Idealen haben möchte.

Also ich bin einverstanden mit Ihnen, daß man kritisch sein soll im Namen Gottes, aber dann auf der einen *und* auf der anderen Seite. Gott ist nicht rechts, und Gott ist auch nicht links. Gott ist für die Armen, und Gott ist für die Unterdrückten; das ist nicht dasselbe, daß Gott für die ist, die sich aufwerfen als Behüter oder die Helfer der Armen, das ist etwas anderes. Da kommt die Ideologie hinein und die politischen Blaudrucke und alles ...

SÖLLE: Ja, aber für die Menschen, die im Namen Gottes für die Armen wirklich einstehen – ich denke tatsächlich an die Christinnen und Christen der Dritten Welt, von denen ich am meisten lerne –, für die hat ein Satz wie: »Gott ist nicht rechts oder links« eigentlich keinen Sinn. Gott ist nicht für die Großgrundbesitzer. Nein, solange sie solchen Großgrundbesitz haben, ist es eine Schande.

KUITERT: Dagegen soll man predigen, das würde ich auch machen.

SÖLLE: Es ist merkwürdig, daß ich in unserem Gespräch jetzt als sozusagen fundamentalistischer oder als naiv christlicher erscheine als Sie.

BIERSTEKER: Warum?

SÖLLE: Als traute ich dem Evangelium mehr zu als der humanen Vernunft. Und das ist wahr: Ich habe meinen Skeptizismus gegen die humane Vernunft.

BIERSTEKER: Denn Sie kommen aus der ganz säkularisierten Geschichte.

SÖLLE: Ja, und aus einer Klasse der deutschen Bourgeoisie, die angesichts der Herausforderung an diese Klasse von 1933 an total versagt hat, mit wenigen großartigen Ausnahmen.

KUITERT: Das hat bei uns die Bourgeoisie nicht, und in Norwegen hat die Bourgeoisie es auch nicht.

SÖLLE: Ja, das glaube ich auch. Das ist eine historisch andere Erfahrung, die auch meine Politisierung des Gewissens sehr stark prägt. Aber deswegen kann ich auf die humane Vernunft allein nicht genug vertrauen. Ich möchte nur ganz einfach sagen, daß die Menschen Gott brauchen. Auch die Humanisten, auch die, die es gar nicht wissen, und auch die Kommunisten natürlich, um Gottes willen.

KUITERT: Aber das widerspricht dem nicht, denn so viel wissen Sie auch von der klassischen Theologie, daß sie das Wissen um gut und böse vom offenbaren Gott ableitete, dem allgemeinen, offenbaren Gott. Das möchte ich so behalten, das ist eine sehr gute Theologie, daß Gott nicht mit einem Wort spricht, nicht nur in der Kirche. Nein, die klassische theologische Antwort wäre, daß Gott in zwei Worten spricht. Er spricht auch im Verstand, in der Welt, in dem, was für jeden zu greifen ist.

SÖLLE: Auch in dem, was Gorbatschow heute die »Koalition der Vernunft« nennt.

KUITERT: Genau, er ist vernünftiger als Reagan; das sieht man.

SÖLLE: Ja, ja ...

KUITERT: Das kann jetzt jede Hausfrau begreifen, meine ich.

BIERSTEKER: Aber am Ende möchte ich Sie fragen, Herr Kuitert, ich weiß nicht, ob Frau Dorothee Sölle auch damit übereinstimmt: Glauben Sie, daß man die Bergpredigt und alles, was Jesus gesagt hat, heute in dieser Welt nicht brauchen kann?

KUITERT: Man soll es versuchen, soweit es die persönlichen Verhältnisse innerhalb der Kirche betrifft. Aber soll ich zu den armen Bauern in Kolumbien sagen: Haltet euren Unterdrückkern jetzt die andere Wange hin, oder: Wenn dein Hemd genommen wurde, gib auch deinen Mantel? Das sage ich nicht zu ihm, sondern ich sage: Du sollst ein Gewehr haben und dich wehren. Ich weiß, daß das hart ist, das ist nicht messianisch, aber es ist christlich und menschlich, und das will ich behalten. Man muß in zwei Worten reden, ob man es will oder nicht.

BIERSTEKER: Und darum soll man nicht all diese Dinge zu Glaubenssachen machen oder zu theologischen Sachen?

KUITERT: Darum kann nicht jede politische Alternative zu einer Glaubenssache gemacht werden, denn Theologie ist nicht Politologie, so, wie wir das nennen. Dennoch hat alles mit dem Glauben zu tun, denn man lebt aus dem Glauben. Aber der Glaube sagt mir ja, daß ich den Armen nicht verraten soll, und darum soll ich ihm ein Gewehr geben.

SÖLLE: Damit stimme ich vollkommen überein.

BIERSTEKER: Aber kann man das in der Kirche sagen?

KUITERT: Das möchte ich auf dem Predigtstuhl sagen, ja.

SÖLLE: Noch nicht klar genug, aber daran arbeiten wir, daß es deutlicher gesagt wird.

BIERSTEKER: Möchten Sie noch etwas hinzufügen?

SÖLLE: Ich dachte eben an einen Satz, den der Innenminister von Nicaragua gesagt hat: »Die Revolution kämpft gegen die Theologie des Todes.« Ich glaube, das ist wirklich wahr. Es gibt eine Theologie des Todes. Es gibt eine Theologie des Status quo. Es gibt eine Theologie, die im wesentlichen alles so lassen will, wie es ist, damit diejenigen, die davon profitieren, davon weiter profitieren können. Die Revolution kämpft nicht nur gegen eine andere politische Ideologie, sondern sie kämpft tatsächlich gegen eine falsche Theologie, eine Theologie des Todes.

BIERSTEKER: Will vielleicht die Zwei-Reiche-Lehre hier alles so lassen, wie es ist?

KUITERT: Nein, sie will es nur nicht schlimmer haben, als es ist; und das ist: Man soll sehr vorsichtig, wie in einem Minenfeld, gehen, wenn es sich um Politik handelt.

BIERSTEKER: Da sind Sie nicht einig, denke ich.

SÖLLE: Ich bin an zwei Punkten nicht einig. Da ist zum einen ein übertriebener Skeptizismus, also Kinder, die noch vor 15 Jahren die wahrscheinliche Erwartung hatten, mit drei Jahren tot zu sein, und die jetzt leben, da weiß man schon, worum es sich handelt. Man kann eine ganze Menge wissen. Es gibt genug beantwortbare Fragen für uns alle jeden Tag.

KUITERT: Man kann wissen, was man nicht will und nicht kann. Man kann keine Juden verfolgen. Das sind Sachen, die man wissen kann, aber es gibt nicht so viele Sachen, die man ganz genau wissen kann.

BIERSTEKER: Sie meinen jeden politischen Abgott . . .

SÖLLE: Der Völkermord in der Dritten Welt, der heute geschieht, den kann man doch . . .

KUITERT: Man soll den Hunger dort nicht fortbestehen lassen, aber wie soll man das tun, soll man Geld dorthin schicken, oder soll man Entwicklungspolitik machen? Was ist die Alternative?

BIERSTEKER: Es gibt viel Enttäuschung.

KUITERT: Ja, und Alternativen, die man nicht so bestimmt wissen kann. Wenn man den Glauben und die Theologie darauf anwendet, wird man leicht zum Fanatiker, und das halte ich für eine sehr gefährliche Sache.

BIERSTEKER: Für die Kirche, für den Glauben . . .?

KUITERT: Für beide, für die Politik, für den Glauben, für die Kirche . . .

BIERSTEKER: Was ist bedroht, ich frage, was ist bedroht?

SÖLLE: Wo wechselt denn die Kirche auf die linke Seite, in welchem Land leben Sie denn? Wo passiert denn das? Die Wahrheit ist doch umgekehrt, daß die Kirche im Augenblick Positionen, die noch vor zehn Jahren völlig klar waren, wieder zurücknimmt, daß wir einen furchtbaren Papst als Oberhaupt der katholischen Kirche haben . . .

KUITERT: Das ist die katholische Kirche; ich bin nicht katholisch.

SÖLLE: Ich auch nicht, aber daß wir auch innerhalb der evangelischen Kirchen bestimmte Friedenspositionen, die relativ klar und weit entwickelt waren, schon wieder zurücknehmen, das ist etwas, was ich in Ihrem Buch nicht verstehe. Warum haben Sie es jetzt geschrieben? Warum fallen Sie uns jetzt in den Rücken?

KUITERT: Ich falle Ihnen nicht in den Rücken. Ich versuche – das klingt sehr stark, was ich jetzt sage – darzustellen: Wenn die Enttäuschung kommt, dann gibt es noch etwas, worauf man zurückgreifen kann, um weiterzumachen. Das ist, was ich in dem Buch zu tun versuche. Das ist mein politischer Ort. Es ist nicht umsonst, daß es in der Mitte ein großes Stück, zwei oder drei Paragraphen, gibt, wo auseinandergesetzt wird, daß Politik sein muß. Sie soll sein, und sie soll von Christen ausgeübt werden. Aber dennoch soll man nicht glauben, daß Politik alles ist.

SÖLLE: Aber wer kann sich leisten, das zu sagen? Doch nur jemand, der nicht unmittelbar bedroht ist von dieser verbrecherischen Welthandelspolitik. Wenn ich als Mutter vier Kinder habe und in einem Slum sitze, dann ist das nicht wahr. Politik ist in der Tat für mich die Entscheidung irgendwelcher Herren in Wallstreet, die meine Kinder tötet. Das ist doch die Realität.

KUITERT: Aber wenn das Kind tot ist, was dann? Haben Sie dann noch etwas? Dann finde ich, dann kommt das zweite: Politik ist nicht alles. Da haben Sie noch etwas, auch wenn das Kind tot ist, können Sie noch etwas sagen zu dieser Mutter. Das ist, was ich meine. Es gibt Probleme, die die Politik nicht lösen kann, und dafür hat die Kirche auch noch ein Wort. *Auch* – das muß man so bescheiden sagen – dafür hat die Kirche noch ein Wort.

SÖLLE: Mir kommt es immer so vor, als sei dieses »auch noch ein Wort«, also für andere Probleme, als sei das etwas, das irgendwann einmal vielleicht für alle Menschen wahr sein wird. Aber wir leben in einer Zeit, in der diese mörderische Politik, die wir unterstützen in der reichen Welt, tatsächlich der ganze Tod der Armen ist, so daß es fast wie ein Luxus erscheint zu sagen, Politik ist nicht alles. Es gibt noch andere Probleme; wir in der Kirche müssen uns auch sonst um das Leben sorgen, den Menschen Trost geben und so weiter.

KUITERT: Genau das meine ich. Wenn das politische Spiel ausgespielt ist, dann liegen da die Toten – in Nicaragua 60 000 Tote, nachdem Somoza vertrieben wurde. Ich meine, das sind Realitäten im alltäglichen Leben jedes Menschen. Das hat nichts mit Luxus zu tun. Das ist das Schwerste, was sie durchmachen können, daß sie ihre Söhne gegeben haben für die Freiheit. Jetzt haben sie keine mehr. Das ist schrecklich; und ich glaube nicht, daß man sagen kann, das ist ein Luxus. Das ist ein Basisproblem aller Menschen, der Tod, und ich glaube, daß die Kirche dann auch noch etwas dazu zu sagen hat, was nicht politisch ist. Es ist doch die Ehre der Kirche, daß sie nicht nur politisch ist.

BIERSTEKER: Ich muß leider beenden. Vielleicht wollen Sie noch eine kurze Antwort geben?

SÖLLE: Ich dachte eigentlich, daß wir uns gerade streiten über das, was die Liebe ist, und natürlich ist die Liebe mehr, als was wir politisch von ihr realisieren können. Das bleibt immer hinter dem, was sie eigentlich ist, zurück, und deswegen haben wir diese merkwürdige Marotte, von Gott zu reden – weil wir noch ein »Mehr« brauchen. Ich verstehe das, aber ich möchte es um gar keinen Preis, sozusagen auf Kosten der Politik . . .

KUITERT: Da sind wir ganz einverstanden.

BIERSTEKER: Nicht nur, wenn man einverstanden ist, braucht man ein Gespräch zu beenden, aber leider muß ich es tun, um der Zeit willen. Danke sehr Ihnen beiden für diese Konversation.

Nachwort

Dorothee Sölle

Wie entsteht denn eigentlich Theologie? werde ich manchmal gefragt. Während ich diese Gespräche durchblättere, lese ich in einem irischen Märchenbuch von den schrecklichen Prüfungen, denen Menschen unterworfen werden, wenn sie hinter einem Prinzen oder einer Prinzessin her sind. Der Königssohn, mit dem ich mich gerade angefreundet habe, muß einen Stall säubern, der seit 120 Jahren voller Mist steckt, und wenn immer er eine Schaufel hinauswirft, so fliegen durch die vierzig offenen Fenster je drei Schaufeln stinkender Jauche wieder herein!

Mir und den Millionen, die hinter dem »prince of peace« her sind, geht es nicht besser. Es sieht zwar so aus, als würden wir die Mittelstreckenraketen los, aber gleichzeitig heulen die Wölfe in Brüssel schon auf und verlangen mehr konventionelle Waffen. »Wie entsteht denn eigentlich Theologie?« fragt mich der Freund und Mitarbeiter Theo Christiansen und schließt die Beobachtung an, daß die hier gesammelten Gespräche zunehmend theologischer werden, obwohl, vor allem in den letzten Jahren, relativ selten explizit theologische Fragen im Mittelpunkt stehen. Vielleicht muß ich erst einmal festhalten, *wo* denn Theologie, wie ich sie verstehe, entsteht. Ich glaube, tatsächlich im Stall, der vom historischen Unrecht stinkt. Da stehen wir mit unseren viel zu kleinen Schaufeln und reden miteinander. Lebendige Theologie entsteht nicht außerhalb der Situation, sie fällt nicht senkrecht als »Wort Gottes« vom Himmel herab. Sie konstituiert sich tatsächlich im Gespräch der Betroffenen. Es ist ja nicht so, als verfolgte ich in diesen Gesprächen religionspädagogische Absichten einem religionslosen Zuhörer gegenüber. Wohl aber setze ich ein Stück »Praxis« in dem Sinn voraus, den die lateinamerikanische Theologie der Befreiung dem Wort gegeben hat. In einem Brief zu diesem Gesprächsband schreibt mir Theo: »Mir fiel auch auf, daß Du eben diese nicht-theologischen Fragen dadurch sehr ernst nimmst, daß Du den oder die Fragende als Subjekt des Gesprächsprozesses gleichberechtigt mit einbeziehst. Die Frage, der

›Hunger nach Geist‹, ist demnach nicht nur formaler Anlaß für eine wissende, belehrende Antwort, sondern Bestandteil und Ausgangspunkt eines Prozesses, in dessen Verlauf sich Theologie herausbildet.« So ist es in der Tat, weil die Theologie ja der »zweite Schritt« ist, die Reflexion nach der Aktion, die Theorie nach der Praxiserfahrung und vor der neuen, anderen Erfahrung. Statt »Praxis« kann ich auch von »Glauben« sprechen und meine damit diese Mischung aus Vertrauen und Angst, Hoffnung und Zweifel – die der Jesus der Evangelien großen oder kleinen Glauben nannte –, diese Lebensintensität, diese Suche nach dem wahren Prinzen und das Trachten nach dem Reich Gottes. Ein Gespräch im vollen Sinn des Wortes entsteht dann, wenn Menschen miteinander den Hunger nach Geist in der bleiernen, der geistlosen Zeit teilen. Die Satten brauchen nicht miteinander zu reden.

Mit anderen Worten versuche ich im Gespräch nicht, mit der Theologie zu beginnen; sie bliebe dann ja aufgesetzt und »von oben«, als wäre es unser Interesse, Umfrageergebnisse darüber, wieviel Prozent der Menschen »noch« an Gott glauben, auszutauschen. Was ich versuche, ist, mit der Partnerin oder dem Partner zusammen theologiefähig zu werden. Wir sehen uns den Stall an, und daraus erwachsen – wie ich meine notwendigerweise – Fragen wie die biblische »Wie lange noch?« Und das ist jedenfalls innerhalb der jüdischen und christlichen Tradition die Frage nach Gott.

Theo erinnert mich auch daran, daß ich meine Theologie lieber »näher an der Kunst als an der Wissenschaft« sehe. »Könntest Du rückblickend sagen, daß Dein Quasi-Berufsverbot in Westdeutschland Dich davor bewahrt hat, die künstlerische Freiheit der Gestaltung religiösen und theologischen Materials allzusehr dem universitären Wissenschaftsbetrieb auszusetzen oder anzugleichen?« Ich denke, meine Schwierigkeiten mit den großen Institutionen Kirche und Universität hängen vor allem mit meinem Frausein zusammen. Und für Frauen ist der Wissenschaftsbetrieb, speziell in der Theologie, integritätsbedrohend und identitätszerstörend. Rückblickend sehe ich darum in meiner Erfahrung des oft Ausgeschlossenseins eine Bestätigung des wunderbaren Satzes von Paul Claudel, daß Gott auch auf krummen Linien gerade schreibt. Der wissenschaftliche Betrieb, der an geraden Linien orientiert ist, läßt meistens nicht zu, daß der Prozeß, in dem wir »theologiefähig« werden, stattfindet. Es gibt eine schreckliche Kirchenimmanenz unter Theologen. Das Existentielle, der Hunger nach lebendigem Geist, wird einfach vorausgesetzt und damit trivialisert, ja zerstört. Dann laufen die Theologen oberkellnerhaft um die übersättigten Partygäste herum und bieten Häppchen an: Gott, Jesus, Bibel, Gebet – ohne überhaupt die Notwendigkeit einer kontextuellen Entwicklung, historisch und gegenwärtig, zu ihrer Sache zu machen. Kontextualität ist ja auch Responsivität, der Antwortcharakter der Theologie. Übrigens ist Martin Luther einer der Theologen, der für seine Responsivität zu rühmen ist; die allermeisten seiner Schriften sind aus gegebenem Anlaß, als Antwort, sozusagen im Stall angesichts des eingeschaufelten Mistes entstanden.

Ohne diese Responsivität kann ich gar nicht sein. Der andere Herausgeber dieses Buches, mein mich geduldig lektorierender Freund Johannes Thiele, hat einmal geschrieben, daß ich das Gespräch brauche »wie die Luft zum Atmen«. Das ist wahr, und Johannes »weiß« es nicht nur, er hat es bei vielen Gelegenheiten »gesehen«. Es gibt ein Wort von Hölderlin, das mich seit meiner Studienzeit begleitet hat: »seit ein Gespräch wir sind und hören können voneinander«. Daß wir das Gespräch nicht »führen«, sondern »sind«, war für mich eine Offenbarung, die mich heute noch genauso wie damals begeistert.

Und damit bin ich bei der letzten Frage, die sich der theologisch vorgebildete Leser dieses Buches stellen mag: Gibt es eine Kontinuität in der langen Entwicklung von über zwanzig Jahren? Ist dieser Weg von »Stellvertretung« bis zu der vor drei Jahren erschienenen Theologie der Schöpfung ein linearer Prozeß? Oder sind beide Ansätze, der vom Tode und der vom Leben Gottes sprechende, auch heute noch aufeinander bezogen? Ich denke, es war von Anfang an ein dialektisches Unternehmen, eine »nichttheistische« Sprache von Gott zu finden, als »Atheist« zu sein einem Auschwitz duldenden Weltenlenker gegenüber und zugleich an den Gott, der nicht über uns, sondern mit uns sein will, zu glauben. Von Gott zu reden – und es nicht nur wollen, sondern müssen – angesichts des Stalles und der unmöglichen Aufgaben, die sich uns heute stellen, darin hat sich für mich nicht viel geändert, obwohl ich mich vielleicht jetzt manchmal leichter tue, von dem, was Gott zum Beispiel in Mutlangen oder Greenham Common tut, zu reden. Das liegt wohl daran, daß die Destruktionsarbeit der patriarchalen Überlegenheitssprache gegenüber weiter fortgeschritten ist. Aufklärung und ein tiefes Vertrauen in die »gut« gemeinte, noch unvollendete Schöpfung schließen sich dann nicht aus, und der Beitrag einer theologischen Arbeiterin, etwas vom Schmerz Gottes und von Gottes Freude mitzuteilen, hat seine innere Kontinuität. Vielleicht ist meine Sprache »frömmer« geworden, aber dahin hat nicht nur meine subjektive Entwicklung allein geführt, sondern die Anteilhabe an der weltweiten christlichen Bewegung auf einen konziliaren Prozeß hin, in dem Gerechtigkeit, Frieden und die Unversehrtheit der Schöpfung endlich wieder deutlich die Mitte des Glaubens darstellen. Ich denke, daß ich heute, theologisch gesprochen, weniger allein bin als vor Jahren, und das sagen zu können, ist eine Art Glück: Gracias a Dios!